서승의 동아시아 평화기행

1955년
쿄오또 아라시야마에서 찍은 가족사진(맨 뒷줄은 삼촌, 아버지, 여동생 서영실, 어머니이고, 중간줄은 첫째 동생 서준식과 서승, 그리고 맨 앞이 둘째 동생 서경식).

1961년
고등학교 1학년 학원제를 마치고 찍은 기념사진
(앞줄 맨 오른쪽이 서승).

1964년
대학교 1학년 때.

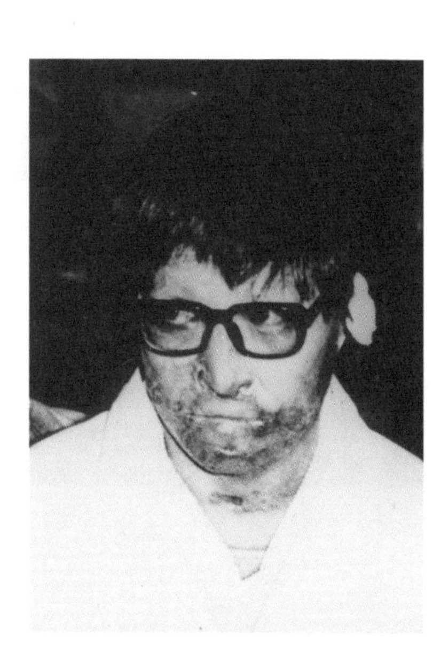

1971년
서울지방법원에서.

2000년
다시 찾은
서울구치소에서.

2007년
쯔꾸바산 정상에서
가족과 함께.

1990년
출소 직후 서울대에서
백낙청 선생님,
조카 순자와 함께.

1990년
홋까이도오 하꼬다떼에서
강연하는 모습.

1998년
일본 시라하마 온천
해변에서
고(故) 리영희 선생님과
함께.

1999년
서울법대 백주년기념회관에서
리쯔메이깐대학과
한국 법학자와의 심포지엄을
마치고.

1999년
리쯔메이깐대학에서 열린
김순덕 할머니의 증언 집회.

2002년
도라산역에서 열린
제1회 한겨레 통일포럼.

2003년
쿄오또
마이즈루 우끼시마호 사건
기념비 앞에서
한일공동연구팀과 함께.

2004년
'나눔의 집'을 방문하여.

2005년
평양 순안 비행장에서
남북공동선언 5주년 기념
민족대회 대표단과 함께.

2005년
오끼나와 쿠다까지마에서.

2006년
코리아연구쎈터
제1회 한국영화제에 초청
된 영화배우 문소리씨와
함께.

2006년
혜화동에서
고 김수환 추기경님과 함께.

2007년
타이뻬이 류장리
공동묘지에서 백색테러
희생자 묘를 찾아.

2007년
일본평화학회를 마치고
제주 강정마을에서.

2007년
학생들을 인솔하고
평택 대추리를 방문하여.

2007년
리쯔메이깐대학에서
고 김대중 대통령
초청강연을 앞두고.

2007년
뉴욕에서 열린
야스꾸니반대시위.

2007년
타이뻬이 마창정 백색테러
희생자 추모비 앞에서 중국과
일본의 심포지엄 참가자들과
함께 .

2007년
야스꾸니반대 촛불행동을
마치고 타이완 입법위원
치와스 아리와 함께.

2008년
타이완 원주민 칭류마을을
찾아.

2009년
토오꾜오 야스꾸니
반대시위 모습.

2009년
봉은사에서
명진스님, 임헌영 민족문
제연구소 소장, 혜진스님,
문소리씨 등과 함께.

2009년
베를린에서의
강의 모습.

2011년
서울에서 열린
출판기념회 및 퇴임 모임.

2011년
호주 씨드니에서
법륜스님과 함께.

서승의 동아시아 평화기행

한국, 타이완, 오끼나와를 가다

— 서승 徐勝 지음 —

창비

책머리에

동아시아의 냄새, 빛과 바람—동아시아의 평화 만들기

감옥에서 나온 지 21년, 일본 쿄오또(京都)에 있는 리쯔메이깐대학에 자리를 잡은 지 12년 된 올해 3월 나는 퇴임했다.

해방둥이인 나는 예순여섯이 되었고 이제 거의 일흔을 앞두고 있지만 정년이라는 사실이 도무지 실감나지 않는다. 최근 들어 목덜미부터 어깨, 팔꿈치에 이르기까지 몹시 아프고 팔이 올라가지 않아 고생했는데, 오십견이라 한다. 오십견이 20년 늦게 이제야 나타났나 했더니, 예순에도 오십견이라 한다는데, 사실인지는 모르지만 일흔이 되면 오히려 없어진다고 한다. 몇년 견디면 괜찮을 수도 있다는 이야기지만, 옛날사람들이 일흔을 고희(古稀)라 했으니, 그 나이까지 살 가능성은 거의 없어서 그런 고민을 안해도 된다는 뜻인가 생각하니 서운함이 솟구친다. 그러더니 노안이 오고, 이가 몇개 빠지고, 흰머리가 늘어나는 노인 증후군이 한꺼번에 닥쳐왔다. 친구들에게 증상을 하소연하니 "다른 사람이라면 벌써 20년 전에 왔을 것인데…… 당연한 거 아뇨?" 하면서 냉담하다. 화상 탓이겠지만, 주름살 하나 없고 피부도 제법 팽팽하고, 학생들과 팔씨름해도 아직 거의 져본 적이 없다. 그런 나를 보고 친구들은 "감옥에 19년 영치되었으니까, 19년 빼면 제 나이 된다"고 놀려댄다.

그러나 세상이 그어놓은 나이테는 나의 주관적인 욕망과 바람에 아랑곳없이 밀려온다. 통과의례가 아닌 종말의례를 치러야 하는 것이다. 그래서 짧은 교수생활이 끝나고 특임교수로 재임용된 학교에서는 월급이 거의 3분의 1로 깎이고, 반갑지도 않은 퇴임식을 하게 되었다. 올해 1월 19일 학교에서 마지막 강의를 한 다음에 달가워하지 않는 나를 어르듯이 후배들은 '새출발 기념식'이니 하면서 2월부터 오끼나와(沖繩), 쿄오또, 서울, 토오꾜오(東京), 제주에서 퇴임식을 모두 다섯 번이나 마련해주었다. 일단 그간 해온 일을 정리해야 한다 하니, 그 반년은 내가 때때로 분개와 비통함, 호기심과 의무로 써갈긴 어쭙잖은 글들을 정리하여 일본과 한국에서 몇권의 책을 펴냈고, 앞으로는 중국에서까지 책을 펴내게 된 것이다.

이 책은 그러한 과정에서 펴낸 책 중, 장사가 안되는 쿄오또의 한 출판사 편집장이 잘 팔고 싶다는 의도를 솔직하게 드러내면서 "까다로운 논문 말고, 읽기 쉬운 재미있는 글만 모아달라"는 주문에 따라 출간한 『서승의 동아시아 평화기행—한국, 타이완, 오끼나와를 돌며(徐勝の東アジア平和紀行—韓國, 臺灣, 沖繩をめぐって)』(かもがわ出版 2011)를 중심으로 재구성한 것이다. 책장수의 기대대로 팔릴지는 모르겠고, 내 동생 경식(京植)처럼 글쓰기를 업으로 하는 사람이 아

닌 내가 피치 못할 현실적 요청에 따라 항상 마감에 쫓겨 쓴 기행문이나 평론, 수필 따위를 모은 책이라 독자들에게 얼마만큼의 감흥을 줄지 헤아릴 수 없는 노릇이기도 하다.

이 글 속을 한가닥 붉은 실같이 관통하는 것은 내가 태어나고 자란 일본, 그리고 우리나라와 동아시아라는 역사·지리적인 줄기와 평화라는 시대정신이라고 할 수 있다.

내가 처음으로 타이완(臺灣)을 방문한 것은 1994년이었다. 감옥에서 나온 직후 쿄오또의 어느 다방에서 타이완 감옥에서 34년간 살다 나온 린 슈양(林書揚) 선생과 만난 것이 계기였다. 그는 '타이완의 넬슨 만델라'라고 일컬어지는, 타이완에서 가장 오랜 옥살이를 한 분답지 않게 온화하고 기품이 있었다.

타이완에서는 타이뻬이(臺北) 강연을 마치고 옛 정치범 감옥과 수용소, 유배의 섬 뤼따오(綠島) 신생훈도소(新生訓導所, 정치범 수용소) 터, 그리고 학살현장, 매장터 등을 돌며, 녹음이 우거진 아름다운 풍광과 어울리지 않게 적나라한 동아시아 국가폭력의 정체를 똑똑히 보았다.

나는 옥중에서 나와 같은 처지에 있는 세계 정치범들의 운명에 대해 상상의 나래를 펴보기도 했다. 특히 우리처럼 일제의 식민지지배를 경험하고 나라의 분단 속에서 신음한 타이완 정치범의 운명이 궁금했다. 타이완 방문은 나에게 거기에도 우리 같은 정치수난자들이 있다는 것을 확인시켜준 기회였다.

그후 타이완부터 오끼나와, 제주, 중국의 연변(延邊, 옌볜)으로 이어지는 동아시아 국가폭력의 현장을 도는 나의 여정은 이어졌다. 그래서 우리나라와 타이완, 오끼나와 등 동아시아의 '정치수난자'를 잇는 동시대성과 역사성을 밝혀내고, 그 억압의 정체를 폭로하고 제거하는 것을 나의 과제로 삼아왔다. 즉 '동아시아'란 무엇인가, 식민지·냉전·분단체제에 지배당해온 동아시아 민중은 누구인가를 탐구하고, 그 시대를 관통하는 전쟁과 침략, 식민지지배와 국가테러리즘으로 점철된 '미국과 일본 중심의 지역지배질서'를 '민중 중심의 지역질서'로 전환하고, 이 지역에 항구적인 평화를 가져오는 길을 모색하는 나날을 보냈다.

동아시아는 그저 세계지도에 그려진 지리적 구분만은 아니다. 루쉰(魯迅)은 "걸어가는 사람이 많아지면 곧 길이 된다"고 했다. 근대 이후 500년간 구미 열강의 침략과 지배의 발자취를 따라 아프리카가, 라틴아메리카가, 아시아가 만들어져왔다. 원래 아시아란 그리스에서 볼 때 건너편 지중해 동해안 어간을 가리키는 말이었다가, 서구의 팽창과 더불어 근동, 중동, 극동으로 그 폭을 넓히고, 조선, 일본에 이르러 '아시아'라는 판도가 완성되었으니, 아시아는 역사·정치적인 지역질서 개념이다.

에도막부(江戶幕府) 말기부터 일본은 압도적인 서구의 풍압을 받아 자주독립을 모색함에 있어서 크게 두 가지 길이 있었다. 하나는 동아시아 이웃나라들과 함께 서구 백인 제국들에 항거하는 길이며, 또 하나는 서구를 모방하여 이웃나라를 침략하는 '구화주의(歐化主義)'의 길이었다. 거기서 일본은 '아시아의 악우(惡友)'와 결별하여 이웃나라들을 침략·지배하고 '서구 신사제군'과 어깨를 나란히 하여, '문명'의 반열에 끼는 길을 택했다.

아이러니컬하게도 거기서 일본은 서구가 만들어낸 타자 개념인 '아시아'를 일본 중심의 지역질서 개념으로 환골탈태시킨 것이다. 서구의 눈으로 본 '아시아' 개념에 일본이라는 굴절렌즈를 끼워 일본판 아시아를 만든 것이다.

코꾸분 료오세이(國分良成) 씨는 '아시아란 일본이다'라고 갈파했다. 일본은 전근대 중화 중심의 '화이질서'라는 지역질서를 일본 중심의 지역질서로 바꾸기 위해 '아시아'를 변조했다. 일본은 그것을 '일본주의'라고 하는 대신 '아시아주의'라고 했다. 일본은 그후 대일본제국 건설의 야심을 동아, 대동아라는 이름 아래 감추며 지역지배를 넓혀왔다. '대동아공영권' '대동아성전'은 그 귀결이자 본질을 드러낸 것이다.

1945년 일본 패전에 따른 군국주의 해체, 식민지지배체제 청산이라는 과제는 냉전의 시작으로 중절(中絶)되어, 동아시아 각 지역의 지배질서는 미국의 지휘 아래 재편성되었다. 일본은 미국의 동아시아 전략의 하수인으로 종사하면서 구 식민지지배의 협력자(친일파)와 관계를 재생하여, 미국의 거대한 폭력을 배경으로 옛 대동아공영권이던 많은 지역에서 영향력을 유지했으며, 그로 인해 동아시아 민중들은 참된 해방을 맞을 수가 없었다. 그 와중에 친일파가 되살아났고, 동아시아 각지에서 분출한 민중해방의 에너지를 억압하기 위해 국가폭력이 동원되어 '제주 4·3항쟁'부터 '타이완 백색테러' '광주민중항쟁'에 이르는 민중학살로 이어져온 것이다.

그런데 그런 결과를 가져온 미국의 동아시아 지배는 고전적인 '분할지배' 수법으로 이루어졌기에, 그후 항일을 위해 연대했던 동아시아 여러 민족은 냉전과 국경의 벽으로 갈라지고 동아시아 민중연대의 기억을 잃어버렸다. 그런 이유로 동아시아 냉전구조 해체와 과거청산, 동아시아 민중의 참된 해방을 향하여, 한국·일본·타이완·오끼나와의 수난자, 운동가, 연구자의 3자가 결합하여 증언, 현장답사, 연구로 이루어진 순수 민간의 국제학술대회 '동아시아 냉전과 국가테러리즘'이 구상되었다. 제2차 세계대전 후 동아시아 민중연대운동으로는 전례가 없는 것이었다. 학술대회는 1997년 타이뻬이를 시작으로 1999년 여름에 제주, 겨울에 오끼나와, 2000년 광주, 2002년 3월 쿄오또, 10월 여수의 순으로 여섯 차례에 걸쳐 개최되었다.

이어서 일본의 140년간의 동아시아 지배를 극복하려는 운동은 '야스꾸니반대 동아시아 공동행동'으로 계승되었다. 야스꾸니는 일본의 침략전쟁을 찬미하여 천황에 대한 무조건적인 충성심을 심어주고, 물불 가리지 않고 목숨을 던질 수 있도록 인간을 살인무기로 만들기 위한 심리전용(用) 군사시설이다. 종전의 일본 진보파들의 야스꾸니반대운동은 정치와 종교의 분리라는 일본 헌법 제20조 위반을 문제삼는 관점에서 이루어져왔다. 그러나 '야스꾸니반대공동행동'은 아시아 침략을 정당화하는 '대동아성전 사관'을 비판하는 역사인식의 문제이자, 무엇보다도 2만 8천명의 타이완 사람과 2만 2천명의 조선사람을 유족들의 의사를 무시한 채 강제 합사한 인권침해 문제로 주목하여, 일본에 과거청산을 압박하고 동아시아의 미래를 열어나가려 하는 것이다. 2006년 8월 '평화의 촛불을! 야스꾸니의 어둠에' 촛불행동을 시작하여, 그후 해마다 8월이면 토오꾜오에서 집회와 시위를 해왔다. 그 밖에 한국·타이완·오끼나와에서 각종 행사가 열렸고, 미국과 독일에서도 행사가 있었다.

돌이켜 생각하건대 우리 집안은 일제강점기에 조선의 시골구석에서 일본으로 건너왔고, 나는 일본에서 한국으로, 그리고 미국, 유럽, 타이완, 오끼나와, 중국으로 돌아다녔다. 이 책은 그 여행 틈틈이 쓴 수필이고, 평론이다. 다시 읽어보니 지난 20여년 동안 만난 수많은 분들의 얼굴이 떠오르고, 스쳐지나간 장면과 사건 들이 신선한 호기심과 감동, 웃음과 노여움으로 되살아난다. 그것은 또한 아시아의 냄새, 빛과 바람에 몸을 내맡기고 넉넉하고 포근하게 흘러간 시간의 흐름이기도 하다. 독자 여러분께서 그 여행의 일부나마 공유해 주실 수 있다면 정말 다행이다.

이 책은 4부로 구성되어 있다. 제1부는 자기소개를 겸한 나의 가족과 나에 대한 회상으로, 일본에서 했던 강연을 바탕으로 거의 다시 쓴 글이다. 제2부는 내가 여러 잡지에 쓴 기행문이고, 제3부는 주로 일본의 계간 『군슈꾸치뀨우시민(軍縮地球市民)』에 발표한 '서승의 동아시아 인권기행' 씨리즈 글로 구성되어 있고, 제4부는 한국의 잡지에 기고한 평론 등으로 꾸며졌다. 이 책을 내면서 전체적으로 글을 다듬어 중복된 부분을 가려냈으며 한국 독자를 위해 일본에서 나온 글 중 이미 한국에 널리 알려진 내용의 글들은 덜어내고, 우리말로 쓴 글을 보충했다.

창비에서 보잘것없는 내 책을 출간하면서 오랫동안 보살펴주신 백낙청 선생님, 나의 오랜 친구 백영서 선생의 배려에 감사드린다. 그리고 실제 책을 펴내는 과정에서 수고해준 염종선 부장과 꼼꼼하게 편집을 챙겨준 황혜숙 팀장의 수고에 깊이 감사드린다.

무엇보다도 평소 일본에서 생활하는 내게는 이 책을 통해서 한국의 독자들과 만나서 교류할 수 있다는 것이 가장 큰 기쁨이자, 보람이다.

2011년 가을 쿄오또 아라시야마에서

서승(徐勝)

차례

제4부 한반도와 동아시아의 평화를 바란다

일러두기

1. 외국의 인명과 지명 등은 현지 발음에 따라 우리말로 표기하고 최초로 등장할 때 괄호 안에 원어를 병기하되 우리말로 굳어진 경우에는 관용을 존중했다. 단, 일부 중국 지명은 연변조선족이 쓰는 한자식 지명을 허용하자는 필자의 뜻을 존중해서 표기했음을 밝혀둔다.
2. 일부 원고에 등장하는 타이완 원주민의 이름은 원주민 발음을 한자화한 것을 다시 우리말로 표기해야 했기에 중국어 표기법에 따르지 않고 현지 원주민 발음에 최대한 가깝게 표기하고자 했다.

[제1부]

여행의 시작, 아득한 길

여행의 시작, 아득한 길

금강 가에 둥지를 튼 2천년

나의 조부모는 1928년 충청남도에서 일본으로 건너갔다. 일본이 한국을 강제점령하고 10년이 지난 1920년까지 일본으로 간 조선인은 약 3만명 정도였는데, 1930년에는 그 열배인 30만명에 이르렀다. 일본으로 가는 도항제한이 완화된 탓도 있지만, 조선에서는 생활이 어려웠기 때문이기도 하다. 1910년 병합 이후 일본은 조선에서 갖가지 자원을 수탈했지만, 특히 농촌지역에서는 토지조사사업으로 조선총독부와 일본인 대지주들의 토지수탈이 진행되어 조선사람들은 토지를 잃고 북쪽으로는 만주, 남쪽으로는 일본까지 유랑하게 되었다.

충남 청양(靑陽)은 농촌이기는 하나 완만한 구릉과 산의 중간지대로, 낮은 산이 답답하게 뒤얽히고 그 사이에 논밭이 끼어 있어 농사라고 해봐야 별볼일없었다. 우리 집안은 부여(扶餘)가 본관이고 본적지는 그 이웃 청양이니 엎드리면 코 닿을 어간에서 우리 조상은 대대로 살아왔다. 부여는 원래 만주 북방에 있던 지명이며, 백제의 조상은 그곳에서 한반도로 이주했다고 한다. 아마도 우리 집안은 백제시대부터 2천년 가까이 금강 가에 둥지를 틀고 한곳에서 땅을 파먹고 살았을 것이다.

나의 증조부는 좁은 땅에서 농사도 짓고, 때로는 배에 쌀을 싣고 금강을 따라 강경까지 가서 장사도 했다고 한다. 누구나 자기네 조상은 잘살았다고 떠벌리게 마련이지만, 내가 1964년 처음 고향에 갔을 때 만난 고모할머니는 "집에서 금강까지 남의 땅 안 밟고 갈 수 있었지"라고 자랑하셨다. 할아버지가 사시던 곳은 청양군 목면 대평리인데, 금강까지 5리도 못되는 거리니 그래봤자 큰 부자는 아니었을 게다.

할아버지는 칠남매의 막내였다. 큰아들은 태어날 때부터 좀 모자랐고 딸 다섯을 낳고 마지막으로 낳았으니, 증조할아버지는 할아버지를 끔찍이 여기셨다. "동변(童便)이 약이다" 하면서 매일 아침 할아버지의 오줌을 받아 드실 정도였다. 증조할아버지는 할아버지가 어렸을 때 돌아가셨는데, 누나들에게 금이야 옥이야 귀염을 받으며 자란 할아버지는 응석받이에다가 무능 무위한 분이었다. 태어나서부터 돌아가실 때까지 "젓가락보다 무거운 것을 든 일이 없다"는 이야기가 고모할머니들의 자랑(?)이었으니 얼마나 무능한 분이었을까. 시골에서 그저 살림살이가 조금 나은 편이었다고는 하지만, 그나마 있던 논밭도 할아버지가 십대에 한양에 올라가 기생놀이에 빠져 기생에게 땅문서와 도장을 맡기고 몽땅 날려버렸다고 한다. 그야말로 반봉건운동의 타도대상이 될 만한 분이었다. 그렇게 몰락해서 오도 가도 못하게 된 할아버지는 고향사람에 의지해 도망치듯 일본으로 건너왔다.

조선에서 쿄오또로

우리 부모님은 대여섯살 무렵인 1928년에 조부모님과 함께 각각 일본에 건너오셨다. 타이쇼오(大正, 1912~26) 시대는 비교적 자유로웠고 강압적인 정치가 조금이나마 완화된 시기였다고 한다. 그러나 조선사람에 대한 억압과 편견은 뿌리가 깊어, 부모님이 태어난 이듬해에 칸또오(關東)대지진이 일어나 6천명이 넘는 조선사람이 학살당하기도 했다.

먼저 쿄오또로 옮겨온 것은 어머니 쪽이었다. 어머니 쪽은 본적이 공주군 우성면이고 아버지 쪽은 청양군 목면이라서 이웃마을 사람인 셈이다. 외할아버지는 당시 부역으로 마을 도로공사에 동원되던 중에 돈도 못 받는 힘든 일은 더이상 못해먹겠다며 집에 그거라도 보태줄 요량으로 곡괭이를 담장 너머 던져놓고, 그길로 부산으로 도망쳐 일본에 건너오신 모양이다.

해외로 나간 동포들이 다 그렇겠지만, 일본으로 건너온 사람들도 각 지역마다 한데 몰려사는 경향이 있다. 먼저 온 사람의 연줄로 친척이나 고향사람들이 모여들기 때문이다. 쿄오또에는 경상도 상주나 강원도 울진 사람들이 많고, 오오사까(大阪)에는 제주 사람들이 모여산다.

할아버지도 고향사람인 외할아버지를 의지해 일본에 왔다. 외할아버지는 일본에 와서 처음에는 쿄오또 시내 우즈마사(太秦)에 살았는데, 짐마차 끄는 일을 하거나 목장에서 목동 일을 하다가 그후 쿄오또 시내에서 80킬로미터쯤 떨어진 동해안의 탄고반도(丹後半島)로 옮겨갔다.

어머니

어머니는 오빠 하나, 남동생 하나, 여동생 둘과 함께 오남매의 맏딸로 태어났다. 외할아버지는 팔방미인이라 불릴 만큼 건장하고 활달하고 입담이 좋고 외향적인 분이었고, 외할머니는 "난 말할 줄도 모리고 못났으니께……"라는 말을 입버릇처럼 하시며 나무그늘에 가려 겨우 숨쉬는 야생초처럼 자그마하고 묵묵히 일만 하는 분이었다. 해방후 고향으로 돌아가셨고, 외할아버지가 세상을 떠난 후에야 아들을 의지해 일본에 오신 터라 내가 함께 지낸 적이 없어서였는지, 계시는지 안 계시는지 모를 정도로 눈에 띄지 않는 분이었다.

어머니는 어려서부터 일에 부대낀 탓도 있겠지만 뼈대가 굵고 땅딸막한 분이었다. 어머니 손은 손가락 사이에도 살이 올라 유난히도

두툼했는데, 그 손으로 내 손을 폭 감싸던 따뜻함이 지금도 생생하게 느껴진다. 어머니는 약한 자와 어린 자에게 애정이 많고 강한 자나 잘난 체하는 사람에게 굽히는 것을 싫어하셨다. 글을 모르니 그랬겠지만, 웬만한 것은 다 기억하고 무엇보다 매사에 적극적으로 연구하고 의견을 표하시는 분이었다. 공장의 고물기계가 고장나서 기술자들이 끙끙대고 있을 때, 어머니가 "이렇게 하면 어떨까?" 하고 제안하셔서 고친 적도 몇번이나 있었다.

어머니는 학교에 다닐 기회가 전혀 없어 평생 소원이 학교 한번 다녀보는 것이었다. 일제강점기 조선에는 의무교육제도가 없었기 때문이기도 하고, 옛날사람인 외할아버지의 봉건적인 사고방식에 집안도 가난했으니 "계집애가 공부하믄 뭐 혀" 하면서 어머니를 학교에 안 보냈다. 그런데 이모 두 분은 모두 소학교는 다녔으니, 어머니 경우는 일본에 당도하자마자 형편이 어려웠기 때문이기도 했겠다. 그래서 어머니는 학교다니는 대신 어려서부터 남의 집 아기 봐주는 일을 했다.

어머니는 우리가 어렸을 때는 당신 이야기를 별로 안하셨다. 우리는 남자 넷에다가 막내 여동생이 있는 오남매여서 언제나 집 안이 정신없이 시끄러웠고, 한때는 가내공장을 운영해서 가사만으로도 벅차 차분히 앉아 이야기할 겨를이 없었기 때문이기도 하다. 어머니의 옛이야기는 내가 감옥에 간 다음에야 들을 수 있었다. 첫째 동생(서준식徐俊植)도 체포되었기 때문에 식구 중 두 명이 없어지고, 둘째 동생(서경식徐京植)은 토오꾜오에서 와세다(早稻田)대학을 다니고 형은 지방으로 장사하러 가, 집에 부모님과 여동생만 남게 되어 겨우 짬이 생기자 어릴 적 이야기를 조금씩 하기 시작하셨다.

어머니의 유고집 『아침을 보지 못하고(朝を見ることなく)』(社會思想社 1981)에는 당신의 생애에 대해 신문기자와 20시간 정도 인터뷰한 내용이 수록되어 있다. 거기에는 내가 처음 듣는 이야기도 많다.

어머니가 어렸을 때 가장 부러웠던 것은 학교다니는 아이들이었다고 한다. 애보개로 들어간 목수집의 또래 아이가 학교에 다니고 있어 너무나 부러웠던 모양이다. 매일 아침 그애가 학교에 가면, 어머니는 아이를 등에 업고 집을 나서서 마을을 한바퀴 돌다 발걸음이 저절로 소학교 쪽으로 향했다고 한다. 교실 창문 너머로 공부하는 아이들 모습을 보면서 책 읽는 소리에 귀기울였다. 어머니는 좀더 커서 쿄오또에서 유명한 특산품인 명주를 짜는 직녀가 되었다. 일본에서는 호오꼬오(奉公)라고 하는데, 입주해서 일하면서 가사도 배우는 것이다. 먹여주고 재워주고 설과 추석 명절에 두 번 옷을 해입히고 약간의 용돈을 쥐어 집에 보내준다. 몇푼 안되는 급료마저 본인에게 주지 않고 부모에게 준다. 매우 고달픈 생활이었던 것 같다.

목수집에 있을 때 주인 식구는 타따미방에서 밥을 먹고 어머니는 마루 밑 흙바닥에 쪼그리고 앉아 밥을 먹었다고 한다. 일하러 간 첫날 주인아주머니가 "야야, 반찬이 뭐가 좋니?"라고 묻기에 "단무지만 있으면 밥을 먹습니다"라고 하자 일하는 내내 단무지밖에 나오지 않았다고 한다. 물론 인정있는 사람들과 만나기도 한 덕에 인간에 대한 사랑이나 믿음은 잃지 않았던 것 같다. 어머니는 당신이 할 바를 정직하게 열심히 하고, 가난한 사람과 어려운 사람에게 동정심을 갖고 살았다. 인터뷰에서 기자가 "식민지 민족의 어린아이로서 여러 가지 고생도 많았네요?"라고 묻자, 어머니는 "저만 특별히 고생했다고 생각하지 않아유. 일본사람 중에도 시골에서 올라와 남의 집살이하는 여자아이들은 손발이 다 터져 저보다 더 고생했슈"라고 대답했다.

어머니는 남의집살이를 하면서 가끔 도망치기도 하셨다 한다. 일이 힘들거나 학대받아서가 아니었다. 일을 오래하면 부지런히 정직하게 일하는 어머니를 주인이 어여삐 여겨 "시이짱(어머니의 일본식 이름)은 우리가 시집보내야지" 하면서 잘해주었고, 그러면 어머니는 이대로 있다가는 일본사람이 되지 않을까 하는 두려움이 슬그머니 솟아나 도망쳤다고 한다. 요즘 타이완이나 한국, 재일동포 젊은이 중에는 일본사람이 되고 싶어하는 사람들도 있는 모양인데, 예전에는 어린아이들에게도 식민지 백성은 일본사람과는 다르다는 본능 같은 의식이 뚜렷하게 있었던 것 같다. 그렇게 도망쳐나오면 외할아버지는 별로 탓하지 않고 "음, 돌아왔냐?"라고 하면서 쉬게 했고, 얼마 있다가는 "또 일하러 나가야지?" 하셨다. 외할아버지는 옛날사람이었으나 자기 자식들에게 특별히 엄한 분은 아니었다고 한다.

또 막노동을 하시던 어머니의 큰아버지가 어머니를 예뻐해주셨는데, 설날에 세배선물로 여자아이들이 명절에 신는 나막신을 사주신 적이 있다고 한다. 너무 기뻐서 신을 신고 밖으로 뛰어나갔는데 자갈길에 나막신 이가 자꾸만 빠지고 흙 묻는 것이 아까워 신을 품에 안고 맨발로 걸었다는 이야기도 들은 적이 있다. 아까워서 신을 수 없었다니……

외할아버지가 일본의 명승지 아마노하시다떼(天橋立) 근처의 탄고야마다(丹後山田)로 옮겨가신 이유는 고철 때문이었다. 탄고 쪽에서 비단 직물기계의 고철이 나온다는 소문을 듣고 그쪽으로 가신 것 같다.

외할아버지는 그곳에서 고철장사를 하셨는데, 탄고야마다에서 산 하나 너머 미네야마(峰山)에 조선반도를 겨냥한 군용비행장이 만들어졌다. 그 공사에서 노동자를 모집하여 조선사람들이 많이 모이자 인부들에게 숙식을 제공하는 한바(飯場)를 차렸다. 외할아버지가 운영한 한바는 소 내장과 뼈를 이와따끼(岩滝)의 도살장에서 사와 국을 끓여주었기 때문에 인부들에게 인기였다고 한다. 외할아버지는 거기서 돈을 좀 벌어 탄고야마다 기차역 건너 바로 앞 경찰서 옆에 꽤나 큰 집을 사셨다. 외할아버지는 일본말도 조금 할 줄 알았고, 파나마모자에 금테안경을 쓰고 하얀 모시 양복을 입고 다니셨다. 말솜씨도 좋고 사교적인데다 일본 순사에게 막걸리와 불고기를 대접할 만큼 마을 유지였다고 한다. 정규교육을 받지 못했고 글도 그다지 잘 알지 못했지만, 한바에서 일하던 조선사람들의 표를 얻어 탄고야마다 촌의회(村議會) 의원으로 당선되었다. 당시로서는 대단한 일이었다.

탄고에는 오오에야마(大江山) 광산을 파기 위해 중국사람과 조선사람 들이 동원되었고 영국인 전쟁포로도 강제노동을 당했다. 어렸을 적엔 '어머니가 저런 시골에서 사셨구나!'라고만 생각했지만, 어머니의 큰어머니도 아미노(網野)에 사셨고 그 무렵에는 탄고에 조선사람들이 많이 살았다고 한다.

아버지

나의 친할아버지는 우즈마사, 타까노(高野), 다까가미네(鷹峰) 등 쿄오또 시내를 전전하셨지만 나중에는 시내에서 북쪽으로 버스로 산길을 한 시간 정도 가는 키따꾸와다군(北桑田郡) 슈우잔쪼오(周山町)로 옮겼다. 아버지는 슈우잔고등소학교에 다녔다. 할아버지는 생활력이 없어 주로 할머니가 여러 가지 일을 떠맡았고 아버지도 일찍부터 일하며 생계를 꾸려갔다. 할아버지는 왜소한 체구에 우유부단하고 무골호인이었고, 할머니는 금강 건너 이웃마을인 공주군 탄천면의 임씨 집안 출신인데, 실오라기 하나 그냥 버리지 않는 검약하고 생활력이 강한, 소문난 미인이었다고 한다. 할아버지는 평생 일을 안하고 아버지에게 얹혀살다시피 하셨다. 지금 생각하면 그게 옳은 일이었는지 모르겠지만, 아버지는 불평 한마디 안하고 할아버지를 극진히 모신 이름난 효자였다 한다. 아버지는 고등소학교 졸업 후 슈우잔의 자전거가게에서 도제로 일하다가 나중에는 폐품장사도 하셨다. 폐품장수로 일할 때 헌책이 들어오면 일하다가도 폐품더미 위에 앉아 책을 읽었다고 한다. 더러 부정확하기는 했지만 아버지의 폭넓은 잡학지식은 그때 얻으신 것 같다.

아버지는 할머니를 닮아 미남인데다 인문학적 욕구와 예술가적 기질이 있던 분으로, 고등소학교 때에는 미술대회에서 상을 여러 차례 받았지만 평생 그 재능을 살리지 못하고 일개 장사꾼으로 생을 마치셨다. 그러고 보면 동생 경식이 미술평론을 하는 것도 아버지의 핏줄을 이어받은 덕이 아닌가 싶다.

전시, 슈우잔에서

나는 1945년 4월 3일 오끼나와에 미군이 상륙한 직후, 슈우잔에서 태어났다. 아주 궁벽한 산골마을이었는데, 왜 그런 곳에서 태어났는지 어려서부터 이상하게 생각했다. 지금은 쿄오또 시내에서 차로 불과 30분 정도면 가는 곳이지만, 당시는 포장도로도 없고 타까오(高雄)에서 스기사까(杉坂)를 넘어가는 길이 험해 때때로 버스가 낭떠러지로 굴러떨어지기도 했다.

우리 가족이 그곳에 정착한 것은 전쟁 때문이었다. 조부모님은 당시 쿄오또의 토끼와(常盤)에 살았는데, 부모님이 결혼한 후 태평양전쟁이 터지자 만주사변 이래 계속된 전시체제로 조선사람도 징용소집을 당했다. 아버지는 맏아들이었고, 아래로 남동생 둘, 여동생 둘 그리고 조부모님, 나의 형 등 모두 아홉 식구에 당시 일손은 오직 아버지뿐이었다. 아버지가 징용으로 끌려가면 우리 가족은 굶어죽을 판이라 어머니는 우즈마사 구장에게 필사적으로 울며 매달려서 유예를 받은 대신, 슈우잔에 다시 가서 농사를 지어 공출미를 상납하기로 했다.

한 정보(町步)는 우리나라식으로 열다섯 마지기(3천평)이고, 농민들이 통상 짓는 것보다 두배 정도 되는 땅이었다. 나중에 할머니가 돌아가시고 아버지가 징용을 피해 도주생활을 하자, 거의 어머니 혼자 그 땅에서 농사를 지었다고 한다. 그나마 수확한 쌀은 모두 나라에 바치고, 그루갈이한 보리도 지주에게 지대로 모두 바쳤다. 정미할 때 떨어지는 쌀겨와 싸라기, 논두렁에 심은 콩이 우리 몫이었으니 여덟 식구는 아버지가 도망다니는 틈틈이 행상으로 벌어오는 돈에 초근목피를 보태 연명했다. 시골이란 배타적인데다, 생각보다 인심이 야박하고 심술궂어서 슈우잔에서 사는 5년간 마을에서 벗어난 외딴 집에 사는 조선사람 일가를 도와주려는 사람은 하나도 없었다고 한다. 오죽했으면 어머니가 "지긋지긋해서 하루라도 있고 싶지 않는 곳"이라고 했을까.

아버지는 전쟁상황이 심각해지자 징용유예가 취소되어 그후로 키류우(桐生), 아시까가(足利), 우에다(上田) 등 일본 전역을 전전하며 제사공장에서 나오는 자투리 실을 중개하면서 도망다녔다. 그러다보니 장사는 잘 안되고, 빈손으로 집에 돌아오기도 뭣해서 때로는 달랑 사과 한 알만 들고 돌아오실 때도 있었다. 그러나 어머니는 가족을 생각하는 그 마음이 너무 고맙고 측은해서 가슴이 뜨거워졌다고 당시를 회상했다.

내가 태어났을 때 어머니는 굶주려 젖이 전혀 나오지 않았다. 어머니는 나에게 싸라기로 쑨 미음과 입으로 으깬 볶은 콩을 먹였다. 그러나 갓난아기가 그것을 받아들일 리 없었고, 설사를 해서 나무꼬챙이처럼 말라비틀어져 언제 죽을지 모를 지경이었단다.

슈우잔에서 쿄오또로 가려면 고개를 여러 개 넘어야 하는데, 그중 가장 험한 고개가 카사또오게(笠峠)였다. 전쟁이 끝나기 2년 전에 할머니가 임신을 하셨는데, 한밤중에 복통을 호소하며 고통스러워했다. 시골 산파가 "아이가 거꾸로 섰네. 쿄오또의 대학병원에서 수술해야지 여기서는 방법이 없네"라고 해서 슈우잔에 딱 한 대뿐인 트럭에 할머니를 태우고 쿄오또로 향했다. 전시라 휘발유가 없었던 일본에서는 나무나 목탄을 태워 달리는 목탄차를 탔다. 카사또오게에 다다르자 이 목탄차가 힘없이 멈춰버렸다. 모두 내려서 안간힘을 쓰며 트럭을 밀었지만 꼼짝도 하지 않았다. 결국 할머니는 날이 밝기 전에 짐칸에서 돌아가시고 말았다.

어머니가 탄고야마다에 살 무렵, 당시 열여섯살이던 어머니의 사촌도 징용으로 탄고야마다 역에서 전철수를 하고 있었는데, 비오는 날 밤에 미끄러져 레일에 발이 낀 채 빠져나오지 못하고 달려오는 기차에 허벅지를 잘려 목숨을 잃었다. 식민지지배는 가혹했다. 많은 조선사람이 전쟁터나 광산, 공장 등에서 죽어갔다.

1945년 8월 15일에는 아버지가 몰래 집에 돌아와 어머니와 함께 땡볕 아래서 김을 매다가 일본의 패전소식을 들었다고 한다. 그 소식을 듣고 아버지와 어머니는 논바닥에 주저앉아 서로 끌어안고 울었다고 한다. 일본이 패해서 기쁘다든가 반갑다든가 하는 심사보다 굶주리던 식구들이 절체절명의 궁지에서 벗어난다는 생각에 눈앞의 커다란 벽이 무너져내린 것 같았다고 한다. 전쟁이 한달만 더 지속되었다면 나는 굶어죽었을 것이다. 우리 가족은 그렇게 해방을 맞이했다.

나의 유년시절

1945년 일본이 패전했을 때 일본에 사는 조선사람은 240만명 정도였다. 통계에 의하면 그중 80만명 정도라지만, 실제로는 60퍼센트에 이르는 140만~160만명 정도가 강제연행당한 것으로 알려져 있다. 전쟁이 끝나자 조선사람 대부분은 고향으로 돌아갔다. 나의 할아버지, 숙모와 숙부 들도 해방후 고향으로 돌아갔다.

아버지는 해방되자마자 도망치듯이 쿄오또로 돌아와 시작한, 털실을 짜는 홈스펀(homespun) 사업이 번창했다. 전후 일본에는 모든 물자가 부족했는데, 특히 의식주를 해결하는 데 필요한 생필품이 턱없이 부족했으니, 가내공업으로 털실을 짜는 사업은 잠잘 새도 없을 정도로 잘되었다고 한다. 그렇게 번 돈을 귀국하시는 할아버지에게 모두 드리고, 아버지는 돈도 좀더 벌고 뒤처리도 한 다음 가시려고 일본에 남았는데, 1950년 한국전쟁이 터져 돌아갈 수 없게 되었다.

귀국한 할아버지는 논산에 정착해 여관을 하며 생활이 안정될 듯 보였는데, 친구다 여자다 온갖 사람에게 돈을 뜯겨 일본에서 가져간 돈을 다 날려버리고 한국전쟁 통에 가난 속에서 돌아가셨다. 게다가 고모부는 초등학교 교사 하다가 빨갱이라고 학살당하고, 또다른 고모와 삼촌은 고아가 되어 뿔뿔이 흩어졌다. 우리집은 고향과 끈이 떨어져버린 채 일본에 눌러앉게 되었다.

우리 가족은 우즈마사에서 묘오신지(妙心寺) 옆에 있는 하나조노 콘뽀꾸쪼오(花園艮北町)의 연립주택으로 이사했고, 거기서 나는 유치원 2년을 다니고 오무로(御室)소학교 5학년 1학기까지 유년시절을 보냈다. 어머니 말씀에 의하면 내가 서너살쯤에 동네아이들이 우리집에 와서 카르타(carta, 일종의 카드) 놀이를 하는데, 아직 글자도 깨치지 못한 내가 패의 그림과 글을 다 외우고 손위 아이들과 겨루어 늘 이겼다고 한다. 그뿐만 아니라 패를 읽어내는 역을 맡아 자리에 깔려 있는 그림 패를 보면서 패에 적힌 글자를 읽는 척 외워대는 모습이 너무 우스웠다고 한다. 당시에는 동네에 카미시바이(紙芝居, 종이연극, 그림이야기) 아저씨가 매일 왔다. 아저씨는 관람료로 아이들에게 과자나 오징어, 아이스크림 등을 10원이나 20원에 팔고 카미시바이를 한바탕 보여주고서는 마지막에 퀴즈를 낸다. 답을 맞히면 여러 가지 상품을 주는 것이다. 나는 아이들 중에서 가장 어린 편이었지만, 항상 맨 앞줄에 서서 퀴즈를 재빨리 맞히고 상품을 타곤 했다. 그런데 나만 상품을 싹쓸이하다시피 하니 하루는 아저씨가 "너는 답하지 마!"라고 해서 무척 억울해했던 기억이 난다. 어릴 때는 신동, 커서는 보통사람의 예에 빠지지 않았지만, 더 커서는 무엇을 외우지 못해 항상 고생한 것을 생각하면 어머니 말씀은 믿기가 어렵다.

아버지는 섬유관련 장사를 하셨는데, 경기가 좋을 때도 있었지만 때로는 집에 쌀 한 톨이 없어 수제비를 끓여먹기도 했다. 그래도 우리는 일본사람과 한동네에 살았고, 조선 부락에 모여사는 가난에 찌든 대부분의 동포들에 비하면 생활이 나은 편이었다. 부모님은 어릴 때부터 내가 책을 산다 하면 어떻게든 변통해서 용돈을 주셨기 때문에 책을 많이 읽었고, 나는 소학교를 마칠 때쯤에는 책꽂이에 수백 권 책이 꽂혀 있는 '장서가'가 되었다.

나는 학교 들어가기 전에 글을 깨쳤고 그림책도 많이 보았다. 소학교에 들어가서는 일본 옛날이야기 책도 많이 읽었지만 『걸리버 여행기』 『보물섬』 『정글북』 『로빈슨 크루쏘우』 『몬테크리스토 백작』 『15소년 표류기』 등 소년소녀세계명작을 차례로 읽었다.

소학교 3학년 때쯤 내가 가장 관심을 가진 책은 『양쯔강 소년』(엘리자베스 루이스 지음)이었다. 근대 문물이 들어오기 시작한 충칭(重慶)에 홀어머니와 함께 시골에서 올라와 놋그릇 장인 탕(唐) 사부의 도제가 된 푸(傅) 소년의 성장기이다. 전근대에서 근대로 역동적으로 변화하는 충칭을 배경으로 근대화에 따라 바뀌어가는 인간관계와 의식의 변화도 흥미로웠지만, 중국의 생활과 풍습, 문물, 경관 묘사에 끌려 책을 몇번이나 읽었다. 중국 또는 동아시아에 대한 관심은 이 책에서 시작했다고 할 수 있을 것이다. 그 관심은 펄 벅의 『대지』, 그리고 『서유기』 『수호전』 『삼국지』로 이어졌고 대륙에 대한 나의 동경은 점점 더 커져갔다. 중학교 1학년 여름방학 때는 학교도서관에서 요시까와 에이지(吉川英治)의 『삼국지』 10권을 탐독해 거의 외우다시피했고, 동생이나 동네아이들을 모아놓고 손짓발짓해가며 삼국지를 들려주는 이야기꾼이 되기도 했다. 그리고 중학생 때는 '교양'이니 '고전'이니 하는 말에 매혹되어 아꾸따가와 류우노스께(芥川龍之介), 모리 오오가이(森鷗外), 똘스또이, 헤르만 헤세 등이 쓴 소설을 읽게 되었다.

소학교 4, 5학년쯤에는 이야기책이나 소설책뿐만 아니라 위인전,

일본역사, 세계역사, 일본지리, 세계지리, 동물의 세계, 곤충의 세계, 조류도감, 식물도감 등 각 10권쯤 되는 전집을 차례로 읽었다. 그중에서 특히 지리책을 읽을 때면 가보지 못한 땅을 머릿속에 그리며 상상의 나래를 펴고 공상에 빠지기도 했다. 그뿐 아니라 내 상상 속의 나라를 지도로 그리고 거기에 철도나 도로 등을 그려넣는 '나라 만들기'도 좋아했다. 그러다보니 일본과 세계 주요도시와 산, 강, 바다 이름을 모두 외우다시피했다.

내 독서편력을 다 말할 수는 없지만 학교공부를 게을리한 내가 대학에 이르기까지 학원도 다니지 않고, 이렇다 할 공부를 안해도 그나마 국어, 사회 등의 과목에서 남보다 나은 성적을 낼 수 있었던 것은 오로지 소학교와 중학교 때의 독서 덕분이라 할 수 있다. 시간 가는 줄 모르고 책에 빠졌던 그 시절이 내게 가장 행복한 시절이었던 것 같다. 그에 비해 내가 처음 한국을 찾았던 1960년대 한국에서는 책이 별로 보급되지 않았던 것 같다. 온양에 살던 이모님 댁에서 사촌들의 책꽂이에 책다운 책이 없는 것을 보고 놀랐다. 한국에 유학가서 놀러 간 서울 법대생의 하숙집 책꽂이에 학교교재와 육법전서밖에 없는 것을 보고 크게 실망하기도 했다.

소학교 시절 나는 책읽기도 좋아했지만 밖에 나가 놀기도 좋아했다. 쿄오또 시내 서쪽에 자리한 콘뽀꾸쪼오는 어린아이들에게는 아주 좋은 놀이터가 많았었다. 전쟁 전에는 쿄오또고등잠사(蠶絲)전문학교였고 후에 쿄오또공예섬유대학 섬유학부로 명칭이 바뀐 학교의 후문에 우리집이 있었는데, 무서운 수위의 눈을 피해 학교로 들어가면 운동장도 있고 뽕밭도 있었다. 풀벌레도 잡고 탐험하며 놀기에 무척 좋은 곳이었고, 교문 옆에는 조오간지(常願寺)라는 조그마한 절이 있어 초파일이나 행사가 있으면 놀러 가기도 했다. 게다가 절 뒤에는 울창한 대나무숲에 둘러싸인 묘지가 있어 여름에는 큰 아이들이 유령놀이를 하며 어린아이들의 담력을 시험하기도 했다. 어린아이들은 밤에 그 으스스한 묘지에 혼자 들어가 물건을 가져오라는 명을 받으면 울며 오줌을 쌀 정도로 겁을 먹었다. 동네에서 조금 가면 임제종 묘오신지파의 본산인 묘오신지가 있었는데 그곳의 장엄하고 넓은 경내 연못에서 송사리나 거북이를 잡거나 물 위에 떠 있는 통나무에 올라가 뗏목놀이를 하기도 했다. 좀더 멀리 나가면 구릉이 이어지는 순례자들의 기원장소인 오무로 88개소(御室八十八所, 닌나지仁和寺 뒷산의 시꼬꾸四國 88개 순례소 모형지)가 있었고 아이들은 곤충이나 나비, 새를 잡으러 다녔다. 그중에서 내가 가장 사랑한 장소는 집에서 10리나 떨어진 히로사와(廣澤) 연못이었다. 양어장이자 농업용 저수지인 이 연못은 멀리 쿄오또의 최고봉 아따고산(愛宕山)을 올려다보며, 예쁘고 모양 좋은 산 아래의 고요한 못으로, 봄이면 벚꽃이 만발하고 가을이면 단풍이 수면에 어려 아마도 쿄오또에서 가장 온화하고 수려한 장소일 것이다. 나의 즐거움은 오징어다리를 줄에 매달아 못가 축댓돌 사이에 사는 가재를 잡는 일이었다. 나는 학교에서 돌아오자마자 가방을 던져놓고 타잔놀이나 칼싸움, 구슬치기, 죽마, 연날리기, 개구리나 잠자리 잡기 등을 하면서 한시도 가만있지 않았다. 동네아이들을 울리거나 다치게 한 것도 한두 번이 아니었고 항상 어머니를 골치 아프게 한 개구쟁이, 말썽꾸러기였다.

내가 소년시절에 열광했던 또 하나는 텔레비전이었다. 일본에 텔레비전이 보급되기 시작한 1950년대에는 프로레슬링 선수인 역도산(力道山) 붐이 일어났다. 역도산은 일본 전체를 열광시켰다. 악에 맞서는 정의의 사나이 역도산은 일본사람에게는 백인 악역을 쓰러뜨리며 미국에 패한 울분을 달래주는 존재였으며, 재일동포에게는 조선사람으로서 미국놈과 일본놈을 때려눕히는 영웅이었다. 내가 살던 곳은 일본사람 동네라서 재일동포는 우리집을 포함해 딱 두 집이었다. 그 다른 한 집 아저씨는 택시기사로 일했고 집에서는 우동가게를 했다. 우리 동네에서 텔레비전을 맨 먼저 산 집이 그 우동가게였다. 손님을 끌기 위해서였는데, 텔레비전을 보기 위해 우동 먹으러 오는 손님이 늘었고 특히 역도산의 시합이 있을 때에는 우동값을 곱절로 받는데도 자리는 꽉 찼고 서서 보는 손님까지 있어 가게가 미어터졌다. 그러다가 어머니에게 "우리도 텔레비전 사자"고 졸라서 내가 소학교 2학년 때 우리집이 동네에서 두번째로 텔레비전을 사게 되었다. 동네아이들이 우리집 현관방에 모여들어 텔레비전을 봤는데, 나는 항상 맨 앞자리에 앉아 다이얼을 돌리는 독재적인 특권을 누렸다. 하도 다이얼을 돌려대 우리집 텔레비전 다이얼은 2년도 못 가서 빠져버릴 정도였으니까. 내가 소학교 5학년에 안경을 쓰게 된 이유는 아무리 생각해봐도 텔레비전을 너무 가까이에서 본 것과 시간 가는 줄 모르고 누워서 책을 읽는 습관 때문이었을 것이다.

소학교 5학년 2학기 때 나까꾜오(中京)로 옮겨 학교를 다녔는데,

그 무렵 나는 병정놀이에 빠졌다. 군사 마니아들이 보는 잡지를 탐독하고 일본군의 비행기와 군함 이름, 계급과 편제, 장군의 이름, 중요한 전투까지 줄줄 외웠다. 또 동네아이들을 모아 돈을 거둬 계급장이나 군기를 만들고 나무를 잘라 총칼도 만들고, 군대를 편성해 매일 키따노뗀만구우(北野天滿宮) 옆 하천 둑에서 군사훈련이나 전쟁놀이에 열중하기도 했다. 정말 전쟁이 무엇인지, 얼마나 비참한지 전혀 모르는 철부지였지만 패전 후에도 군국주의에 대한 향수가 곳곳에 남아 있었으니, 저녁이면 바람쐬러 나온 동네아저씨들이 길가 평상에 앉아 전쟁터에서 사람을 죽이거나 부녀자들을 폭행한 혁혁한 '전공'을 서로 자랑하곤 하는 모습을 목격했다. 그런 분위기에 나도 모르게 영향을 받은 군국소년이던 내가 지금은 평화를 가장 소중하게 생각하게 된 것은 조선사람이라는 자의식을 가지면서 동아시아에서 벌어진 전쟁과 지배의 원흉이 일본이라는 것을 알게 되었기 때문이다.

나는 조선사람이다

내가 조선사람이라고 의식하기 시작한 것은 거슬러올라가면 유치원에 다닐 무렵부터였다. 나는 이웃사람들과 다르다는 깨달음이 있었다. 그 계기는 대여섯살 때 아버지에 이끌려서 간 동포들의 집회에서 본 기억이 맨 처음이다. 단상에는 큰 태극기가 걸렸고 사람들이 "동해물과……"를 부르고, 영화가 시작했다. 흔들리는 깃발, 야산을 개미처럼 메운 군대, 그들에게 기총사격을 퍼붓는 쌕쌕이. 한국전쟁 모습을 전하는 뉴스 화면은 어둡고 비가 내리듯이 상처투성이였다. 어둡고 비참한 나라. 그것이 내 기억 속에 있는 우리나라의 첫 풍경이었다. 다음으로 고국으로 가신 할아버지가 한국전쟁 때 돌아가시자 집에서 전혀 낯선 조선식 장례를 치른 기억이다. 문상온 손님이 상주 앞에서 양손을 바닥에 짚고 고개를 숙이는 조선식 절을 하고서 "아이고, 아이고" 하며 곡을 하자 아버지와 어머니는 대나무 지팡이를 짚고 닭똥 같은 눈물과 구슬땀이 범벅이 되어 "어-이, 어-이" 하고 답을 했다. 인근의 조선사람들이 총동원해 부침개를 부치거나 나물을 무치며 소란스러웠다.

또 집에 놀러온 아버지 친구들도 조선말을 썼고 부모님도 서로 조선말을 했기 때문에 어릴 때부터 나는 일본인과는 다르다는 것을 알고 있었다. 가끔 이웃아이들과 싸움을 하거나 하면 "쪼오센징!"이라고 욕을 먹으면서 내가 조선사람이란 것을 일본인에게 배웠다. 소학교에 들어가니 한 반에 네댓 명씩 조선아이들이 있었다. 대부분 가난해서 급식비나 교재비를 못 내 선생님에게 불려다녔고 숙제를 안 해서 야단맞기도 했는데, 그들이 조선아이라는 것을 알고는 내가 조선사람이라는 사실이 부끄러운 적도 있었다.

소학교 5학년 때 옮겨간 스자꾸(朱雀) 제4소학교에는 조선학생이 많아서 민족학급이 있었다. 민족학급은 방과후에 조선학생만 모아서 조선어와 간단한 조선역사를 가르치는 과외학급제도이다. 첫번째 담임은 백발 섞인 머리를 짧게 깎아올린 쉰살가량의 근엄한 김선생님이었다. 나중에는 리쯔메이깐(立命館)대학교 야간부에 다니는 서른살쯤 되어 보이는 유상근 선생님으로 바뀌었다. 까칠한 수염에 졸린 듯 실눈을 뜨고 옷깃을 세운 학생복을 입은 유선생님의 부기있는 창백한 얼굴이 지금도 생생하다. 민족학급은 의무는 아닌 과외수업이었기에 아이들은 조선사람이라고 불리는 것이 싫어 선생님이 잡으러 와도 모두 피했다. 일주일에 한두 번 조선어와 조선역사를 가르쳤지만 제대로 배우지 않았다. 1년 정도 다니는 동안 거기서 배운 조선말은 "사람은 인도로, 차는 차도로"와 "선생님, 안녕하십니까?"라는 겨우 두 문장밖에 없었다. 말은 배울 수 없었지만 자신이 조선사람이라는 사실과 신라의 첨성대, 이순신 장군의 거북선 등을 설명하던 선생님의 말은 어렴풋이 기억하고 있다. 조선의 역사에 관해서도 '아아, 그런 일이 있었구나' 하는 정도였지만 민족의식이 조금은 생겼다.

그러다가 6학년 졸업을 앞두고 선생님이 우리에게 "여러분들 장래에 무엇이 되고 싶은가요?"라고 물어보셨다. 모두 야구선수다, 소방관이다, 간호원이다 등등 자신의 희망을 말했지만 나는 '장래'라는 말이 너무 눈부셔, 그따위 것은 아니라는 생각이 들었다. 그래서 손을 번쩍 들어, "저는 크면 비행기를 타고 조선으로 돌아가겠습니다"라고 말했는데 그 말이 나오자 교실은 찬물을 끼얹은 것처럼 얼어붙어버렸다.

쿄오또 한복판에서 중고등학교를 다니다

중학교에 올라가 사춘기에 접어들자 자신이 누구인가에 관한 고민이 시작되었다. 일본인이 아닌 것은 분명했다. 당시 일본인에게는 식민지지배의 역사에서 이어지는 꽤 강한 우월감과 차별의식이 있었다. 니시노꾜오(西ノ京)중학교에는 독립적인 운동장이 없었고 야구장이 3면이나 들어갈 수 있는 큰 시영 운동장 옆에 부속물처럼 붙어 있었다. 학교는 시내 한가운데였으나, 학구(學區)는 국철 니조오(二条)역 뒤까지 퍼져 있으며, 급조한 비좁고 허술한 집들이 다닥다닥 붙어 있어서, 역사적 전통의 깊이와 우아함을 느끼게 하는 쿄오또 거리답지 않게 전쟁의 폐허 위에 생긴 거리처럼 안정감이 없고, 초라해 보였다. 전쟁 후에 급조된 학교는 허술한 목조였으며, 북쪽 변두리에는 별 특징도 긴장감도 없이 늘어져 있는 니조오 상가가 경계를 그었고, 남쪽은 조선사람들도 섞여 사는 산조오구찌(三条口) 백정마을이 자리잡고 있었다. 이 학교를 다니는 동안 나도 손님처럼 정착하지 못하고, 어딘가 들뜬 듯하고, 당시의 기억은 기억상실증 환자처럼 짙음과 엷음으로 얼룩져 있다. 그것은 아마 내 중학생활이 시작부터 엇박자였던 까닭일 것이다.

입학하자 4월에 학생회장 선거가 있었다. 일본의 전후 교육은 7년 동안 이어진 미군정에 많은 영향을 받았다. 일본군국주의의 부활을 막아내기 위해 민주주의의 보급이 필요하다고 생각했었다. 그래서 학교에서도 선생님은 뒤에 물러앉고 민주주의를 체험하게 해주는 학생자치회가 운영되었다. 내가 어릴 때부터 조직이니 정치니 하는 인간의 집단형성과 그 힘의 행사에 관심이 있었던 모양이다. 계기는 우연했다. 우리집 옆골목에 후지이(藤井)라는 3학년의 이름난 수재가 살았다. 그가 나에게 느닷없이 "연설문은 내가 써줄 터이니, 학생회장 선거에 출마해보지. 경험도 되니……"라고 하는 것이다. 아마도 장난이었을지도 모르지만, 그는 평소에 장난치거나 농담하는 학생이 아니었으니, 자신이 출마하고 싶은데 그 욕망의 대상으로 나를 꼬드겼는지 모르겠다. 그의 말은 초등학교 때 반장이나 전교위원 등을 해본 나의 호기심을 자극했다. '어차피 출마해도 1학년 학생이 당선될 리 없을 테니 경험삼아 해볼까?' 하는 가벼운 마음으로 입후보했다. 뒤에 안 일이지만 회장은 관례적으로 3학년 학생들이 선출되어왔으며, 신입생이 학생회장 선거에 출마한 것만 해도 전무후무한 파격이었다. 모래바람 부는 드넓은 운동장 한구석에 교장선생님 이하 교직원과 1천여명의 학생이 모인 가운데 연설회가 열렸는데, 무슨 연설을 했는지 기억은 나지 않는다. 잘하지는 못해도 떨지는 않은 것 같다. 입후보자는 3학년 3명, 1학년 1명이었다. 표를 열어보니 천만뜻밖으로 내가 큰 표차로 당선했다. 2, 3학년 표는 셋으로 나뉘었고, 1학년은 연설내용이나 인물은 묻지 않고 같은 학년이라는 이유만으로 나에게 몰표를 준 결과였다. 아무도 예상 못한 결과에 신입생은 환호했으나 모두 크게 놀랐다. 선생님들은 난처한 표정이었으나, 그렇다고 공개투표를 무를 수는 없는 노릇이었다. 내가 학생회장이 되고 3학년 선배들이 부회장과 회계를 나눠 맡는 코미디가 벌어진 것이다. 중학교 생활에 대해서는 좌도 우도 모르고 가

나다라도 모르는 내가 회장을 하다니! 정말 소가 웃을 일이었다. 그래서 1년 동안 3학년 부회장들로부터 냉소와 혐오의 따가운 눈총을 받아가며, 선생님과 선배들에게 무엇을 해야 하는지 물어물어 겨우 임기를 채웠다. 항상 '실력도 없으면서 꼼수로 회장된 놈…… 뻔뻔스러운 놈'이라는 눈총을 받는 듯한 느낌이었고, 기회 있을 때마다 학생대표로 나서 말하는 게 스스로가 사기꾼 같아서 항상 불편했다. 그렇게 1년이 지나니 나는 중학생활을 다한 것과 마찬가지였다. '전(前) 학생회장'이라는 이름표가 항상 따라다니고 원로 취급을 받아, 중학생다운 생활은 할 수가 없게 되었다. 그래서 중학교 2, 3학년 때는 내가 좋아했던 1학년 때의 담임 시로따니 타이린(城谷大倫) 선생님을 따라, 몇몇 학생들과 주말에 쿄오또의 최고봉인 아따고산(해발 924미터)에 오르고 독서와 시내의 고풍스러운 뒷골목을 탐색하는 것으로 시간을 보냈다.

중학교 3학년이 되던 1960년 4월에 한국에서는 이승만 대통령의 독재에 반대해 학생들이 '4·19혁명'을 일으켰다. 그 직전 마산에서는 김주열 학생이 3·15부정선거를 규탄하는 시위에 참가했다가 최루탄이 눈에 박힌 채 바다에 버려진 사건이 벌어져 4월혁명의 방아쇠를 당겼다. 초·중학생을 포함해 청년, 학생 200여명이 희생되면서, 군대와 경찰의 총부리에도 굴하지 않고 반정부시위를 했다. 결국 이승만은 대통령직에서 물러나 하와이로 망명했다. 그때 나는 텔레비전에서 보도되는 학생들의 시위를 보면서 '한국의 중학생들은 왜 총부리 앞에서도 겁먹지 않고 시위를 하는 것일까' 궁금했다.

그 무렵 마침 일본에서도 미일안보조약에 반대하며 역사상 최대의 시위가 일어났다. 1960년대는 아시아와 아프리카의 많은 국가들이 독립한 '황금의 60년대'라고 불린다. 그후 베트남전쟁 반대운동이 확산되고 국제평화운동으로 발전했다. 세계적으로 학생운동이 한창인 시대였고 일본에서도 전공투(전국학생공동투쟁회의, 각 대학에 결성된 주요 각파의 전학련이나 학생이 공동 투쟁한 조직이나 운동체)로 대표되는 학생운동의 전성기였다. 나는 그런 시대에 중학교, 고등학교, 대학교를 다니며 청년시절을 보냈다.

나는 4·19 이듬해에 쿄오또 부립 사이꾜오(西京)고등학교에 입학했다가, 3학년 때 학제가 바뀌어 상업학교가 되는 바람에 쿄오또 시립 호리까와(堀川)고등학교로 전학하여 졸업했다. 고등학교에서는 소학교 5~6학년 때 했던 악단 활동에 미련이 있어서 관악대에 들어가서 튜바를 맡았다. 그와 동시에 4·19로 격발된 나의 민족의식은 '정체성 찾기'를 갈구했다. 우선 일본식 통명(通名)을 본명인 서승으로 바꾸고, 동포학생과 관심있는 일본학생을 모아 조선의 역사와 문화를 배우는 '조선문화연구회'를 만들었다. 학교 문화제에서 전시를 하고 자료집이나 기관지를 만들고, 다른 고등학교와 교류도 했다. 학업에서 가장 중요한 1~2학년을 완전히 학생운동으로 날려버렸다. 덕분에 일본어로 된 조선 관련 책들은 많이 보았다. 하따따 타까시(旗田巍)의 『조선사』나 박경식의 『조선인 강제연행의 기록』, 김석범의 『까마귀 죽음』, 김봉현의 『제주도 피의 역사』 등부터 조선총독부가 펴낸 책까지 조선과 관계된 책은 눈에 띄는 대로 읽었다. 우리말도 배워보려고 했지만 독학으로는 무리가 있었다. 동시에 역사와 사회의 모순에 대한 깊은 관심도 싹터서 사회과학 입문서와 마오

쩌뚱(毛澤東)의 『모순론』 『실천론』, 에드거 스노우(Edgar Snow)의 『중국의 붉은 별』 등도 읽었다. 나의 고등학교 생활은 한마디로 학교공부와는 완전히 등돌린 생활이라서 졸업에 가까워져 보니, 진학지도교사가 "대학은 어떻게 가노?" 할 정도로 성적이 참담했다. 그러나 대학진학을 포기할 정도로 다른 구체적인 구상이 있었던 것이 아니라서 입시를 한달 앞둔 억지공부로 토오꾜오교육대학에 경제학 전공으로 입학하게 되었다.

고향

대학교 1학년 때인 1964년 처음으로 쿄오또 재일교포 청년학생 모국방문단으로 한국을 방문했다. 그때까지 우리 가족은 누구도 한국에 간 적이 없었다. 아버지와 어머니도 다섯살 무렵 고향을 떠난 후 한번도 고향땅을 밟지 못했다. 1964년 가족 중에서는 내가 처음으로 고향에 계신 외할아버지를 만났다.

서울에서 경주를 돌아보는 단체일정이 끝난 다음 당시 논산에 살고 계시던 외할아버지를 찾았다. 서울에서 기차를 타고 처음으로 내려선 논산 역전 조그마한 광장의 하얀 모래바닥이 8월의 따가운 볕을 반사했고, 몰려드는 구두닦이, 껌팔이 꼬마들마저 아지랑이 속에 아득하게 환영처럼 일렁이고 있었다. 선물을 장만하기 위해 들른 논산시장은 온통 뽀얀 모래먼지를 뒤집어쓰고 있었고, 생선가게 처마 밑에 매달려 말라비틀어진 굴비는 먼지투성인데다 새끼줄에 목이 졸려 고통스럽게 눈을 까뒤집고는 혓바닥을 늘어뜨리고 있었다. 굵은소금에 범벅이 된 갈치와 고등어는 원래의 화려한 은빛, 푸른빛 거죽은 간데없고 적갈색으로 변한 맨살을 드러내고 있었다. 정육점에 가니 그다지 크지 않은 진열장에 변명이라도 하듯 녹아내린 조그만 얼음 위에는 앙상한 뼈에 달라붙은 고기가 두서너 점 뒹굴고 있었다. 도무지 이것들이 사람이 먹는 음식이라니! 거기서 몇가지 선물을 장만하고 외할아버지가 사시는 논산군 부적면 말구벌까지 모든 부속을 억지로 끼워맞춰 겨우 달리는 듯한 택시를 타고 갔다. 차창 문을 열어젖히고 뜨거운 모래바람을 맞아 간신히 숨을 쉬면서 울퉁불퉁한 시골길을 지나 마을에 들어섰다.

넓은 논산벌 한가운데 자리한 마을은 나지막하게 엎드린 스무채 가량의 초가 사이에 수직으로 뻗어서 그늘도 없는 미루나무 몇그루뿐인 왜소한 동네였다. 거기 우뚝 서 있는 2층 목조주택은 일제강점기 논산벌을 지배하던 후지(不二) 농장의 마름이 살던 집인데, 외할아버지는 그 옆 쌀창고에 살고 계셨다. 기와지붕도, 하얗게 회칠한 벽의 횟가루도 반은 떨어져나갔지만 동네에 단 두 채밖에 없는 기와집이었고, 무엇보다 두꺼운 흙벽 안의 마루방은 어둑하고 시원했다. 외할아버지가 진두지휘해서 손바닥만한 텃밭에서 파도 뽑아오고 간장과 사카린으로 간을 맞추어가면서 스끼야끼(鋤燒, 전골)를 만들어주셨다. 문턱에 몰려든 마을사람들의 호기심 어린 눈길을 받으며 논산시장에서 사온 쇠고기로 잔치를 벌였다. 뜨거운 여름 해가 뻘건 석양이 되어 지평선 너머로 가라앉은 후에 넓은 벌에 엎드린 캄캄한 마을, 희미하게 일렁이는 호롱불 아래 어두운 밤은 내가 겪어보지 못한 고향의 기억으로 아득한 환영처럼 남아 있다.

한일회담 반대운동으로 시작한 나의 대학생활

내가 한국을 처음 찾아갔을 당시에는 한일회담이 진행되고 있었다. 한일기본조약은 이듬해인 1965년에 체결된다. 일본은 패전하고 조선의 식민지지배를 포기했지만 공식적으로는 이를 인정하지 않았고 한국과 국교도 맺지 않았다. 따라서 조약상 식민지지배를 종결하고 한국과 외교관계를 맺으려고 한 것이 한일기본조약의 성격이었다. 그 밖에도 어업권 문제와 재일동포의 법적 지위 문제가 있었다.

베트남전쟁으로 궁지에 몰린 미국에게는 한일 양국을 긴밀한 군사관계 속에 묶는 일이 매우 시급했다. 한국의 권오기(權五琦) 전 부총리는 1996년 12월 『아사히신문(朝日新聞)』과의 인터뷰에서 "한일조약은 미국의 강한 요청에 따라 맺었다"라고 말했다.

한일조약은 일본에게는 식민지지배를 마무리짓고 다시 한국에 경제적으로 진출할 기회를 얻는다는 의미가 있었고, 한국에는 일본의 자금을 군사정권의 정치자금이나 경제개발자금으로 쓸 수 있다는 의미가 있었다.

한국에서는 거족적인 반대운동이 벌어졌다. 그 이유는 첫째로 굴욕외교라는 것이었다. 한일기본조약은 제2조에서 '1910년의 한국병합조약은 이제는 무효이다'라는 식으로 식민지지배 책임에 대해 애매모호하게 타협했다. 일본은 한국병합은 적법하게 이루어졌다는 입장이며, 한국은 처음부터 무효라는 주장이다. 양자의 견해 차이를 애매하게 남겨둔 채 돈문제에 집중하여 일본이 한국에 무상 3억 달러, 유상 2억 달러, 합계 5억 달러를 제공하기로 타결되었다. 역사인식 문제는 조약의 성격상 가장 중요한 문제인데, 그것을 애매하게 남긴 채 명분없는 돈으로 36년간의 식민지지배 책임 문제를 덮어버린 것이다.

당시 일본에서 벌어진 한일회담 반대운동의 주된 이유는, 첫째 미국의 한미일 동북아군사동맹 구상이라는 것과 둘째는 값싼 한국 노동력의 일본 진출, 셋째는 남한하고만 국교를 맺으면 남북분단을 고착화한다는 것이었다. 과거 식민지지배를 어떻게 청산할 것인가에 대한 논의는 거의 없었다.

내가 처음으로 한국에 간 1964년에는 김종필(金鍾泌) 총리가 당시 오오히라 마사요시(太平正芳) 외상과 한일국교수립 밀약을 하고, 국민들 사이에서 '김·오오히라 밀약 메모'에 대한 비판이 고조되던 때였다. 한국에서는 1964년 3월 새학기가 시작하자마자 시위가 벌어졌고, 정부는 6월 3일 위수령(衛戍令)을 선포하고 진압에 나섰다. 위수령은 일정 지역을 한정한 계엄령으로, 헌법을 일시정지시켜 군이 사법권, 행정권, 치안권을 장악하는 것이다. 명령에 위반하면 군사재판에 회부되었다. 시내 곳곳에 전차를 배치하고 주요기관에는 군이 주둔했다.

1965년 8월 재일교포학생 하계학교에 참가하느라 나는 두번째로 조국을 방문했다. 프로그램이 끝난 다음에 어머니와 함께 논산 외할아버지 댁에 갔다가 서울로 돌아왔다. 동숭동 서울대학교 앞에 도착했을 때 학생들은 경찰에게 돌을 던지고 경찰은 최루탄을 발사하고 있었다. 그때 나도 최루탄을 뒤집어써보니 온 얼굴이 타들어갈 것 같은 아픔에 최루탄이란 눈물나게 하는 것이 아니라 피부와 내부기관에 타고 들어가는 독가스임을 체득했다. 고려대학교에서는 교내에서 3천명 가까운 학생들이 스크럼을 짜고 학교 밖으로 밀고 나가려고 했고, 경찰기동대는 최루가스를 뿜어대는 페퍼포그 차량까지 동원했다. 교문 밖에서 최루탄을 정통으로 맞아 얼굴이 피투성이가 된 학생을 다른 학생들이 어깨에 떠메어 교문 안으로 옮겼다. 학생들은 부상당한 학우를 치료도 하지 않고 시위대 선두에 떠메고서 다시 밀고 나가려고 교문에서 경찰과 충돌하고 있었다. 그러고 나서 며칠 후 군대가 전차를 앞세워 고려대 교문을 뚫고 진입해서 학생들을 체포했다. 이른바 '8·29학원난입사건'이었다.

군이 학교를 점령하는 상황에서 역사의 무거운 짐을 짊어진 한국 학생들은 매우 침울한 표정이었다. 당시 한국은 매우 가난했다. 나는 일본에서 안일하게 생활하고 있는 자신을 되돌아보고 어떻게든 한국에서 공부하면서 한국 학생들의 고통과 역사의 짐을 조금이라도 나누고 싶다고 생각했다.

재일한국학생동맹

1964년 대학에 들어가자 한일회담 반대운동이 나를 기다리고 있었다. 새학기가 시작한 4월초에 스이도오바시(水道橋) 근처 어느 회관에서 열린 '재일한국학생동맹'의 한일회담 반대집회에 참가했다. 학생동맹은 한국 국적을 가진 학생들의 모임이고, 4·19 이전에는 우익반공단체였는데, 4·19를 겪으며 학생조직답게 현실비판적인 성격을 띠게 되었다. 그리고 5·16군사쿠데타를 반대하는 '반군정성명'을 낸 다음 상부조직인 재일거류민단으로부터 정권(停權)처분을 받고 쫓겨나 사무실도 없이 떠도는 신세가 되었다. 당시 신주꾸(新宿)의 다방을 근거로 활동하던 학생동맹은 와세다, 호오세이(法政), 메이지(明治) 등 주요 대학에 지부를 두고 오오사까, 쿄오또, 코오베(神戶)에 지방본부를 가진 200명 규모의 조그만 조직이었으나, 한국 학생들과 연대하는 일본의 유일한 학생조직이라는 자부심은 제법이었다. 나는 고등학교 시절부터 학생운동을 했던 탓으로 다른 학생에 비해 몹시 조숙했고, 입학 후 얼마 있다가 선언문과 학습자료, 기관지를 만드는 선전부 차장을 하게 되었다. 뜻하지 않게 신입생이 재일동포 대학생운동의 한가운데에 뛰어들게 된 것이다.

그해 5월인가 이동원(李東元) 외무장관이 토오쿄오를 방문한다는 소식을 듣고, 우리는 시위를 계획했다. 장관이 머무는 시바(芝) 프린스 호텔 주변은 일본 경찰이 삼엄한 경계를 펴고 있어서 우리는 투숙객을 가장하고 접근해 장관에게 달걀을 던지기로 작전을 짰다. 나는 진한 화장에 썬글라스를 낀 여자선배와 팔짱을 끼고 접근했는데, 호텔 문턱에 다다르기도 전에 사복형사의 불심검문에 걸려버렸다. 몸수색에서 호주머니에 있던 날달걀의 용도를 묻는 질문에 대답을 못하고 우물쭈물했다가 외국인등록증 미소지 혐의로 경찰서에 끌려갔다. 스스로 생각해봐도 나는 숙맥에 애송이였다.

츠끼노와서(月ノ輪署)의 형사실에서는 나이 많은 형사와 젊은 형사가 짝을 지어 느글느글 웃으면서 이것저것 물어본 끝에 "너, 멍텅구리가 뭔지 아나?" 하는 것이다. 늙은 쪽은 평양에서 형사를 했던 사람이고 젊은 쪽은 경찰공안학교 조선어과를 나온 사람인데, 자기들끼리 우리말로 유창하게 주고받으면서, 우리말을 몰라 고개를 푹 숙이고 당황해하는 나를 보고 "조선사람이 그것도 몰라" 하면서 아주 통쾌하게 웃어대는 것이었다. 평생 잊지 못할 그때의 굴욕은 내게 우리말을 배워야겠다는 생각을 다시금 일깨워준 사건이었다.

나의 대학생활은 가두시위와 집회의 나날이었는데, 1965년 한일조약이 체결되어버리니, 매일 '출근'했던 학생동맹 사무실에 나갈 기력도 없어지고, 온몸이 텅 빈 것처럼 허전했다. 일본의 대학도 전공투시대라 날마다 학교를 폐쇄하는 바리케이드가 쳐지고 강의도 있다가 없다가 어수선했다. 나는 3학년 때 처음으로 술을 배우고, 학생동맹 친구들과 마작을 하기도 하며 방황의 나날을 보냈다. 밤에 쓸데없이 시간을 보내다가, 점심때쯤 부스스 일어나 학교에 가서 할 일 없이 도서관에서 일고여덟 가지의 문학지를 읽으며 시간을 보내는 무기력하고 퇴락한 생활에 빠져 있었다. '이래서는 안되겠다'는 내면의 소리가 크게 울리기 시작한 것은 엉망인 학업을 수습하고 4년으로 겨우 졸업할 빛이 보이기 시작한 무렵부터였다.

모국으로 유학

1968년 서울대로 유학온 나는 무엇보다도 우리말을 배우고 싶었다. 당시에는 우리말을 못하는 것이 너무 부끄러웠다. 내가 정말로 조선사람인가 생각해보면 우리말과 역사, 문화를 몰랐고, 타자에 의해 자신이 누구인가 규정될지언정 정작 스스로의 내부에서는 '나는 누구인가'를 적극적으로 주장할 만한 알맹이가 아무것도 없다는 것을 깨달았다. 그래서 한국에 가서 온전한 한국사람이 되어 조국의 통일과 민주화에 조금이라도 기여하고 싶었다. 왜냐하면 일본에서 차별받고 있는 재일동포의 현실은 우리나라의 정치와 분단 때문이고, 우리나라가 남부럽지 않은 통일된 나라라면, 그렇게 차별받지 않을 거라고 생각했기 때문이다.

우선 우리말을 배우기 위해 서울대 어학연구소의 한국어 과정에 들어갔다. 한일기본조약 체결 후 한일 간에 공식적인 왕래가 시작되고, 재일동포와 외국인을 위한 한국어 과정이 생겼다. 나는 대략 3기생에 해당하는데, 재일동포학생이 대부분이고, 몇몇 일본사람을 포함하여 4개 반에 100명 정도 학생이 있었던 것 같다. 주로 고등학교를 졸업한 학생들이었으나, 개중에는 나처럼 나이 많은 학생들도 있었으며, 오후 3시까지 수업이 끝나면 대부분 놀러다니기 바빴다. 그 당시 재일동포들의 형편도 좋지 않았지만, 우리나라는 정말 가난했고, 일본 돈과 물건이 가치가 있을 때였으니, 재일동포들은 호기심과 관심의 대상이어서 여자들에게도 인기가 있었다. 그것을 빌미로 여자들을 꼬이거나 유흥업소에 출입하는 학생들도 있었다. 그러나 당시 내가 가장 싫었던 것은 바로 우리나라를 보는 재일동포들의 시각이었다.

일본에서는 차별을 받고 잘살지도 못하면서, 우리나라에 오면 제 눈높이를 일본사람에 맞춰서 한국 물건은 질이 나쁘니, 비위생적이니 하면서 휴지, 치약 따위부터 과자나 반찬까지 일본에서 가져와 일제(日製)의 우수성을 뽐내는 것이었다. 나는 우리나라에 온 이상 가급적 우리나라 학생과 똑같이 살고 싶었다. 우리나라 풍경 속에 녹아들어가고 싶었다. 그래서 시간만 나면 우리나라다운 풍광, 서울 고유의 모습을 찾아 뒷골목을 헤매고 시장을 기웃거리거나 막걸리집에 들어가보거나 길거리 포장마차에서 오징어튀김을 사먹거나 하는 것이 즐거움이었다.

어학연구소의 한국어 과정은 서울대 법대 구내 구석에 있는 목조 단층 건물에서 진행되었다. 소장은 황찬호 교수(영문학과), 우리말은 연구소의 김계순 고영근 정양완 선생들과, 당시 강사였던 정광 선생(뒤에 고대 국문과 교수), 유민영 선생(연극사, 뒤에 단국대 교수), 김경숙 선생 등이 가르쳐주셨고, 국사는 이성무 선생(뒤에 서울대 교수, 한국정신문화원장)이 가르쳐주셨다. 모두 쟁쟁한 분들이고, 뒤에는 우리나라 학계를 주름잡은 분들이었다. 고영근 선생은 뒤에 유명한 국어학자가 되셨는데, 때로는 배움이 더딘 학생들에게 화를 내거나 안타까워하시는 정열적인 분이었다. 새까맣고 농부연한 풍모에 매우 심한 경상도 사투리를 쓰셔서, '왜 저런 사람에게 우리말을 가르치게 하나? 초보자인 우리가 그 경상도 발음을 배우면 어떻게 하나?' 하는 걱정이 일기도 했다. 정양완 선생은 서울의 양반집 규수처럼 보였는데, 행동거지가 우아하고 아주 고운 서울말을 쓰셨다. 때때로 옛 서울의 풍습과 생활에 대해 말씀해주시는 것이 흥미로웠다. 정선생님은 말이 거칠어진 세태를 늘 개탄하시면서 "저희가 클 때에는 '아이! 거지 같아!' 하는 것이 가장 심한 욕이었어요"라고 점잖게 말씀하시던 것이 지금도 생생하다. 유민영 선생님은 문학사를 담당하셨는데, 원각사에서 시작하는 우리나라 근대연극사, 단성사의 내력, 연극「혈의 누」처럼 일본 메이지 문학을 번안한 몇몇 문학의 장면을 손짓 발짓을 섞어서 매우 낭만적으로 들려주셨다.

어학연수생 시절, 나는 처음에는 종로 3가 집창촌 안에 있는 5촌 당숙 집에서 살았다. 5촌당숙은 청양군 구봉에 조그마한 금광산을 가지고 있고, 대전에 본가가 있었다. 그 동생은 만철철도학교를 나와 해방후 충남의 어느 군 인민위원회에서 일하다 정치범으로 13년 감옥살이를 했는데, 형님의 재력으로 풀려났다고 한다. 창백하고 수려한 용모를 가진 그 아저씨를 처음 한국에 간 1964년에 만났는데, 유창한 일본말로 이야기하고 일본 노래를 부르셨다. 만철학교에서 철저한 일본교육을 받아, 해방되었을 때는 우리말 쓰기 읽기를 전혀 몰랐다고 한다.

얼마 후에는 일본에서부터 안면이 있던『고대평론』김홍식 학생의 소개로 연대 앞 창천동에 살던 김상현 의원 집에 기식하게 되었다. 김홍식 씨는 계몽사 회장의 맏아들로, 매우 조숙하고 김상현 의원의 재외동포연구소에 관여하면서 일종의 참모 노릇을 하고 있었다. 나는 김상현 의원의 집과 광화문 뒤 도염동에 있던 사무실에 출입하면서 우리나라 정치가들의 일상과 수많은 정치지망생 또는 정치꾼들의 생태와 생리를 조금이나마 알게 되었다. 연구소의 김응삼씨나 김혁동 비서관들과 어울려 청진동, 광화문, 사직동을 돌며 막걸리집에서 놀기도 했다. 그러던 중 이러다가는 공부가 안되겠다 싶어 독립문 뒤 천연동의 코트라(KOTRA, 대한무역투자진흥공사) 홍콩지사장 댁에서 하숙을 하게 된 것은 대학원 입학 후였다. 천연동 집에서 하숙생은 나 혼자였고 깨끗한 한옥집에 살면서 고향이 영광인 집주인이 차려주는 영광굴비가 매일 나오는 식사를 하는 호사를 누렸다.

어학연수생 시절 무엇보다 기억에 남는 것은 규장각에서의 시간이다. 어학연구소 강사이던 이성무 선생님의 소개로 정창렬 정석종 한상복 송찬식 선생 등으로 구성된 소장학자의 한국학 연구모임인 연사회에 끼어서, 매일 오후 규장각에서 『일성록(日省錄)』이니 왕조실록 따위를 읽고 자료를 찾았다. 아직 한문을 제대로 깨치지 못한 나는 제대로 이해하기는 어려워도 원전을 통해서 우리나라 역사의 향내를 맡고, 기백이 날카롭고 열정적인 소장학자들과 어울려 이야기를 듣는 것이 매우 유익했다. 후에 영남대 교수가 된 정석종 선생님은 그때 고등학교 역사선생이었는데, 일년 사철 얇고 닳아빠진 검은 양복에 검은 넥타이를 맨 단벌신사였고, 우리의 점심식사는 늘 중국집 진아춘의 40원짜리 짜장면이었다. 나는 거기서 짜장면의 마력에 사로잡혀, 오늘날도 한국에 가면 한번은 짜장면을 먹어야 직성이 풀릴 정도이다.

내가 짜장면을 처음 만난 것은 1965년 여름이었다. 40년 만에 처음으로 고향을 찾으신 어머니와 함께 외할아버지를 다시 찾았을 때였다. 어머니는 외할아버지와 지낼 요량이셨지만, 마을사람들에게 인사치레라도 해야 하니 모두 함께 부여로 놀러가기로 했다. 열대여섯 명 일행이 논산에서 부여까지 비포장길을 버스로 가서 낙화암을 돌고 백마강에서 뱃놀이를 했으니 호강이었겠다. 점심을 먹어야 하는데 어머니가 사람들에게 무엇이 좋으냐고 물어보니 남녀노소를 막론하여 이구동성으로 '짜장면'이었다. 부여 읍내 길가에 하얀 모래먼지를 뒤집어쓰고 주저앉아 있는 중국집에 가서 난생처음 짜장면을 보았다. 시꺼먼 음식에 겁이 났다. 도무지 무엇이 들어 있는지, 어떻게 요리한지도 모르는 짜장면은 악마의 음식처럼 보여, 그때는 전혀 손댈 수가 없었다. 그후 짜장면은 우리나라에서 국민적으로 가장 사랑받는 저렴한 민중 음식이라는 것을 알게 되고, 먹다보니 중독되어 미국이나 유럽의 코리안타운에 가면 우선 나오는 말이 "짜장면 있어요?"이다.

서울대 생활의 낭만과 현실

나는 대학시절 경제학, 특히 농업경제학을 공부했고, 한국농업의 전근대성에 초점을 맞추어 졸업논문은 머슴제도를 주제로 썼다. 한국은 당시 수량경제학 일변도이고, 경제학에서 사회학적 또는 역사학적인 접근은 거의 없는 상태라서, 사회학을 공부하기로 하고 1969년 서울대 대학원 사회학과 석사과정에 들어갔다.

대학원에 들어가니 내 동기생으로 차흥봉(뒤에 한림대 교수, 전 보건사회부 장관) 부태삼 정재건, 군대갔다가 좀 늦게 돌아온 한상진(뒤에 서울대 교수, 전 한국정신문화원장) 씨가 있었다. 대학원에 들어가보니 이해영 이만갑 고영복 김채윤 김경동 선생님 등이 계셨고, 후에 외국에서 연구하던 신용하 선생님, 한완상 선생님이 돌아오셨고, 강사로 김진균 선생님이 계셨다. 어학연구소에 있을 때 나는 사회학을 전공하지 않았기에 학부의 조사방법론을 수강했고, 나머지는 사회학이론, 정치사회학, 계층론 등을 들었는데, 조사방법론을 제외하고 다 두꺼운 영어 원서를 교재로 썼다. 일본에서도 물론 대학원에서는 원서강독이 있고 맑스를 독일어로 읽거나 하지만, 교재의 거의 전부가 영어인 경우는 없고, 더욱이 나는 중학교부터 학업을 게을리한 탓에 당황했다. 그래서 두꺼운 영어책을 필사적으로 읽었다. 독립문의 내 하숙집에서 매일 아침 8시쯤 출발하여 연구실에서 차흥봉 형, 한상진 씨와 자정쯤까지 공부했다. 아마도 대학원 2년 동안은 내 평생 가장 열심히 공부한 시절이었던 것 같다.

차흥봉 형은 대구의 찢어지게 가난한 타따미 가게 아들이었다. 한상진 씨는 임실에서 초등학교 교사를 하시는 아버지 슬하에서 자라난 사람으로, 좌도 우도 모르는 나를 아주 잘 보살펴주고 도와주었다. 공부에 지치면 우리는 다같이 북악 스카이웨이를 한바퀴 돌거나 강나루에 가서 장어구이를 먹고 꽃이 만발한 창경원에 밤 벚꽃을 구경하러 가거나 이대 대학원 학생들과 차를 마시거나 하며 낭만을 만끽하기도 했다. 참으로 학창시절다운, 학문에 대한 정열과 우정, 낭만으로 가득한 아름다운 시절이었다. 무엇보다도 일본사람들에 둘러싸여 숨막힐 듯 답답했던 정신적인 억압에서 벗어나, 일본을 떠나 우리나라의 동세대 친구들과 함께 숨쉴 수 있다는 것이 너무나 행복했으며, 길거리의 풍경 하나하나가 정다웠다.

내가 대학원에 들어간 1년 반 뒤 미국에서 한완상 선생님이 돌아오셔서 그 연구실을 쓰고 있던 우리는 거기서 조교 노릇도 하고, 학부생들을 지도하기도 했다. 학생들과 스터디그룹을 만들어 내가 교사를 맡고 같이 라이트 밀즈(C. Wright Mills)와 호세 오르떼가 이 가쎄뜨(Jos Ortega y Gasset)의 책들을 읽었다. 당시 나와 같이 공부한 69학번 학생들은 매우 우수하다고 알려져 있다. 그중에는 감옥에서 다시 만난 친구들도 있고, 실제로 모두들 뒤에 학계·정계·언론계 등 각 분야에서 활발히 활동하여 이름을 남겼다. 그 좁은 동숭동 캠퍼스와 감옥에서 배출된 인재들이 우리 현대사에서 중추적인 역할을 해왔다는 것은 한편 놀랍기도 하다.

캠퍼스 안팎은 학생운동의 시대였다. 세계적으로도 베트남전쟁 반대운동과 학생운동의 시대였다. 한국은 베트남전 파병과 푸에블로(Pueblo)호 사건, 청와대 습격사건, 삼척·울진 무장공비침투 사건, 통일혁명당 사건, 동베를린 사건 등을 겪고 남북관계는 일촉즉발의 상황이었고 군사독재가 더욱더 기승을 부렸다. 학생들은 삼선개헌 반대, 교련반대로 매일같이 시위를 하고 있었고, 우리는 연구실에서 공부하면서도 최루탄이 매캐한 동숭동 캠퍼스 정문께에서 경찰과 대치하고 돌을 던지는 학생들의 모습이 안타깝기만 했다. 시대는 매우 험난했으며, 분단상황은 우리에게 정신적인 고통과 불안을 안겨주었고, 더이상 그런 상황을 지속시킬 수는 없다고 생각했다. 그러나 나는 대학을 갓 졸업한 세상물정 모르는 젊은이에 불과했다. 여러 가지 고민과 희망, 소원은 있어도 그것을 실현하는 방법은 충분히 알지 못했다.

그런 고민과 갈등의 나날 속에 서울대학교 대학원에서 사회학 석사과정을 수료하고 조교가 될 즈음, 1971년 4월 18일에 국가보안법 위반 등의 혐의로 육군보안사령부에 끌려갔다. 반년 후인 10월 22일 1심 판결에서 사형이 선고되었고, 1972년 12월 7일 2심 판결에서 무기징역이 선고되어 상고심에서 기각, 형이 확정되어 본격적인 옥중 생활이 시작되었다.

옥중시절의 어머니

19년 감옥살이를 하는 동안 나의 부모님은 모두 돌아가셨다. 옥중에서 그 소식을 접한 것이 가장 괴로운 일이었다. 어머니는 우리 형제들이 체포되고 나서 현해탄을 50번 이상 건너 면회를 다니셨다.

어머니는 어렸을 때 일본으로 와서 어려운 우리말은 못 알아들었고 글도 쓸 수 없었다. 비행기를 타기 위해서는 서류를 작성해야 했고, 감옥에 와서는 면회신청서나 차입신청서 등도 써야 했다. 그래서 나이 쉰살에 글을 배우기 시작해 한글, 일본어 히라가나와 카따까나, 기초적인 한자까지 깨쳐 신문까지 보시게 되었다. 우리들이 투옥되지 않았다면 어머니는 평생 글도 모르고 활자도 안 보셨을 것이다.

어머니가 글을 연습하신 여러 권의 공책에는 서툰 글씨가 여백없이 빼곡하게 씌어 있다. 그것을 보니 나치 독일이 정신지체아를 수용한 하다마르(Hadamar) 수용소가 생각났다. 나치는 우생론을 신봉해 1930년대 말에 정신발달이 더딘 어린이를 독가스실에 몰아넣고 몰살했다. 아이들은 시험을 통과해 죽음을 면하려고 필사적으로 공부했다. 지금 남겨진 공책에는 그 눈물과 공포의 흔적이 역력한 알파벳과 숫자가 빽빽하다. 이 아이들을 생각할 때마다 어머니가 떠오른다. 글은 인류에게 문화적이고 지적인 발달을 가져다주었지만, 오랫동안 지배자의 통치와 억압의 도구로 쓰여왔으며, 인간을 우열로 나누는 굴레의 구실도 했다.

어머니는 글을 배우고 나서 아침 일찍 일어나면 누구보다도 먼저 신문을 읽으셨다. 세상이 바뀌어 혹시라도 아들들이 석방되지 않을까 하는 기대 때문이었다. 자식을 찾아 감옥을 오가시던 어머니는 1978년 암이 발병해 1980년 5월 20일 돌아가셨다.

한국에서는 1960, 70년대부터 반독재민주화운동이 격화되어 사람들이 잇따라 투옥되었는데, 어머니들을 중심으로 하는 정치범 석방·지원운동이 확산되어 인권이라는 말이 널리 사용되기 시작했다. 나는 한국에서 반독재민주화운동이 고조되고 엠네스티(국제사면위원회) 활동 등 세계적으로 석방운동이 확산되는 분위기 속에서 1990년 2월 28일 석방되었다.

출소 후 버클리대학으로

나는 출소하고 얼마 안되어 일본으로 돌아갔다. 세계 곳곳의 많은 사람들에게 주목받았기 때문에 그것이 귀찮아진 한국정부는 내가 한국을 하루빨리 떠나길 원했다. 석방되긴 했어도 당시에는 여전히 어떻게 될지 불안했다. 한국에는 여전히 정치범이 많았고, 정치범이 새롭게 체포되는 등 위험한 상황이었다. 일본에 있는 관계자들도 모두 걱정했기 때문에 일단 일본으로 돌아갔다.

오랫동안 감옥에 있었기 때문에 일본으로 돌아가니 여러 곳에서 강연 요청이 쇄도했다. 나의 석방운동은 일본을 중심으로 시작했지만, 엠네스티 등 인권단체를 통해 세계적으로 널리 퍼졌다. 그래서 엠네스티뿐만 아니라 미국에서 석방운동을 펼친 재미동포단체, 세계인권감시기구(Human Rights Watch), 한인교회연합(KCC) 등으로부터 "미국에 꼭 한번 오라"는 요청을 받았다. 나는 전과가 있어 미국비자 발급에 문제가 있었는데 에드워드 케네디(Edward Kennedy) 상원의원이 보증인이 되어주었다. 석방된 1990년 여름, 약 1개월간 미국 서부해안에서 동부해안까지 로스앤젤레스, 쌘프란씨스코, 시카고, 보스턴, 뉴욕, 워싱턴 D.C. 등을 돌았다.

그때 버클리의 한국인 대학원생을 중심으로 "버클리에 꼭 와달라"는 초대를 받았다. 오랜 기간 갇혀 있었기 때문에 넓은 세계로 나가보고 싶어져 "좋다"고 답하고 캘리포니아대학교 버클리캠퍼스 사회학과에 가게 되었다. 박현옥 씨(현 캐나다 요크대학 교수), 윤영민 씨

(현 아주대 교수)를 비롯한 사회학과 대학원생들이 열심이었던 것, 서울대에서 사회학을 배운 것이 인연이었다.

그때부터 3년여 나는 버클리에 살았지만 미국 각지와 유럽 등에서 초청을 받아 여러 곳을 여행했다. 엠네스티의 초대를 받아 한달 반 정도 런던, 암스테르담, 코펜하겐, 스톡홀름, 함부르크, 베를린, 프랑크푸르트, 프라이부르크, 스트라스부르, 빠리 등 유럽을 돌아다녔다. 1991년 12월 칠레 싼띠아고에서 세계보건기구(WHO)와 칠레정부가 공동주최한 '조직되지 않는 폭력 피해자의 구제'라는 주제의 국제학술대회에 보스턴대학의 램지 림(Ramsey Liem) 교수, 양길승 선생(녹색병원 원장), 조용환 변호사와 같이 참가했다. 대회도 매우 흥미로웠지만, 1972년 칠레 삐노체뜨의 쿠데타 당시 4천명에 달하는 시민을 학살한 국립경기장과 정치범 감옥을 참관한 것이 매우 인상적이었다. 민주화 이후라서 감옥에는 무기 사용과 관련된 정치범만 남아 있었지만, 감옥 복도에서 어린이들이 뛰어노는 것을 보고 놀랐다. 칠레의 정치범 감옥은 밖에서 철문을 통과할 때는 손바닥에 방문 확인용 도장도 찍는 등 제법 경계가 삼엄한데, 일단 안으로 들어가면 놀라울 정도로 개방적이었다. 낮에는 문을 열어놓아 방을 자유롭게 출입하고, 가족들은 매일이라도 면회가 가능하고 부인과 동침을 할 수도 있다. 내가 찾아간 R씨는 감옥에 벌써 13년째 있었는데 그사이에 자식을 넷이나 낳았다고 한다. 그 아이들이 엄마와 함께 면회와서, 복도에서 뛰어노는 것이었다. 다산 선생이 『목민심서』에서 후사(後嗣)가 없는 죄수는 감옥에서 아이를 만들도록 해주어야 한다고 했지만, 칠레의 정치범 감옥은 우리로서는 상상할 수도 없는 곳이었다. 그 밖에 브라질, 멕시코, 캐나다 등도 방문했다.

나는 버클리에서 인권운동을 한다고 '한국에서의 고문금지운동'(Stop Torture in Korea, STIK)이라는 비영리조직(NPO)을 만들기도 했다. 버클리에서는 한국 학생들을 중심으로 남북대립이 삼엄했던 1991년 가을 남북에서 사람들을 초청해 '한반도통일포럼'이라는 심포지엄을 개최했는데, 거기에도 관여해 바쁜 나날을 보냈다.

리쯔메이깐대학 법학부로

캘리포니아대학교 버클리캠퍼스에서 객원연구원으로 있다가 1994년부터 리쯔메이깐대학 시간강사를 거쳐 1998년에는 법학부 교수로 부임했다.

처음에는 법학부와, 문학부 일본사학과에서 강의를 했다. 법학부에서는 나의 경험을 기초로 '치안법과 인권'을 강의했고, 일본사학과와 오오사까대학 일본학과에서는 '반일론'이라는 주제로 근현대에 일제의 침략을 당한 한국과 타이완이 일본을 어떻게 인식했는가를 당시 선언문, 격문, 농민봉기의 통문(通文), 시, 소설, 신문논설 등을 모아 읽고 토론했다. 일본에 대한 한국인들의 인식을 주로 다루긴 했지만, 식민치하 타이완인들의 일본 인식에 대해서도 강의했다.

법학부 세미나는 재미있었다. 나의 역할은 일본 학생들이 동아시아와 교류할 수 있게 하는 것이라 생각해 학생들을 데리고 타이완, 한국, 오끼나와 등을 돌며 일주일 정도 세미나 조사여행을 했다. 여기에 참가한 일본 학생들은 여행을 통해 한국이나 오끼나와 학생들과 교류하고 자기들끼리도 사이가 좋아졌다. 여름 세미나 여행을 마치고 일본으로 돌아오면 분위가 훨씬 달라진 것을 알 수 있었다. 세미나 여행은 점점 확대되어 당시 전남대학교에 있던 정근식 교수와 함께 서울대·제주대·전남대 교수들과 연계해 겨울에는 일본에서, 여름에는 한국에서 해마다 두 번씩 중대한 인권침해 문제라든가 국가폭력의 피해 현장을 방문해 강의를 듣고 의견을 교류하는 '동아시아 평화인권 학생캠프'도 운영했다. 세미나 참여 학생들은 캠프 운영의 중심이 되어 한일교류를 통해 친구가 되었고, 한국에 유학하거나 한국이나 중국계 기업에 취직하는 등 진로가 열리기도 했다.

학생들과 '나눔의 집'을 방문한 적도 있다. 나눔의 집은 불교계에서 만든 일본군 위안부 할머니를 위한 쉼터인데, 부설 '일본군 위안부 역사관' 창립을 내가 도운 인연도 있다. 관련자료를 수집하기 위해 오끼나와에 가서 지하참호에 들어가거나 향토사학자를 만나서 협력을 구하는 등 역사관 초기 소장품을 수집하는 데 상당부분 협력했다. 또 산업사회학부의 이께우찌 야스꼬(池內靖子) 선생을 대표로 역사관 후원회 일본지부를 만들고 물심양면으로 지원했다.

코리아연구센터

나는 원래 법학 전공자가 아닌데다 나이도 들고 학문적 훈련도 제대로 받았다고 할 수 없는데, 리쯔메이깐대학의 교수로 임용된 것이

고마운 반면 부끄럽기도 했다. 그래서 내가 할 수 있는 일이 무엇일까 고민하다가 연구와 문화적인 면에서 한일관계의 가교 역할을 하는 것이 리쯔메이깐대학에 대한 보답이 아닐까 하는 생각에 이르렀다. 그리하여 2005년에 사립대학 중에서는 일본 최초로 코리아연구센터(Ritsumeikan Center for Korean Studies, RiCKS)를 설립했다.

지역연구에 있어 일본과 한국은 매우 비대칭적이다. 한국의 대학에는 일본학 및 일본어 연구과정이 120개교 정도 있고, 일반교양과목 외에 전공학과로도 개설되어 있다. 대학원 과정도 많고, 일본학 연구쎈터와 일본학연구소가 20여개 정도 있다. 그런데 일본의 대학에는 한국어(조선어) 과목은 있지만 한국학, 한국사, 지역학 전공과정을 개설한 곳은 없었다.

한국과 일본의 인구대비로 보거나 조선 관련 연구자료가 일본에 압도적으로 많다는 것을 고려하면 기이한 현상이다. 하지만 이는 한국과 한반도 문제에 정면대응하려 하지 않는 일본 사회와 문화의 특질이라 생각한다. 식민지지배 책임은 21세기 최대의 인권문제 중 하나로 제기되고 있으며 나도 큰 관심을 가지고 있다. 하지만 그 옳고 그름을 떠나서 예를 들어 아프리카를 식민지로 지배한 영국 런던은 아프리카학 연구의 메카이고, 아프리카를 연구하려면 런던으로 가라고 할 정도라는 점에 주목할 필요가 있다. 게다가 한류(韓流)로 한국에 관한 일본 대중의 관심은 높아가고 있는데, 공식적으로 한국연구를 할 만한 기관이 일본에 없다는 것은 아무래도 비정상적이다. 리쯔메이깐대학 또한 최근 학교의 연구특성을 동아시아 중심으로 삼고 있지만 현실 상황은 매우 미흡하다. 칸사이(關西)지방에는 재일동포가 많이 살고 있으며, 동아시아 교류에서 지리적으로 유리한 조건이다. 코리아연구쎈터는 한국의 학술연구에 머물지 않고, 작년(2010)에 5회를 맞은 한국영화제를 열어 시민들에게 문화교류의 장을 제공하고 있다. 미술전시회와 콘써트를 연 적도 있다. 여러 시도가 어느정도 지지를 얻으면서 관심있는 시민들과 교원들도 늘어가고 있다.

이어지는 여행—동아시아·국가폭력·평화

철이든 다음 나에게는 역사와 현실사회 속에서 산다는 책임감이 머리에서 떠나지 않았다. 그것은 식민지치하 일본에서 태어나서, 해방후에도 해방되지 못한 일본에서 성장하면서 분단의 모순을 성장의 국면마다 느꼈으며 옥중에서는 분단의 현장에 몸을 두었기 때문이었다. 인간이 제각기 받을 만큼의 몫을 받지 못하고 억눌리고 빼앗기는 부조리에 대한 분노와 권리회복을 추구하는 젊은 날의 정의감도 있었다. 그것이 민족의 해방, 통일과 인간으로서의 자존심을 위한 나의 실천이 된 것이다. 물론 나는 올곧게 흔들림없이 그 목표를 추구해왔다고 할 수는 없다. 인간이란 묶여 있으면 조금이라도 편해보려고 몸을 이리저리 뒤척이며 한치의 자유로움을 얻고자 손발을 틀어보게 마련이다. 나는 옥중에서 자유를 원했으며, 원생적인 본능에 쫓겨 감옥에서 오만가지 음식을 상상해보고, 여자 생각도 해봤다. 이런 와중에서 가장 간절했던 것이 생존본능이었음은 말할 나위도 없다. 죽음과 공포와 고통에서의 해방이다. 그러기는 하나 인간은 이차원적인 존재라서 본능과 동시에 이성과 의지를 가지고 있다. 인간은 살아가는 데에 목표나 의미, 또는 할말이라도 있어야 한다. 감옥에서는 그림을 그린 듯이 선명한, 자기 사상이 투철한 정치범도 만나봤지만, 나는 탄탄대로를 곧바로 걸어온 것이 아니다. 온갖 위험과 유혹 속에 꼬불꼬불하고 아슬아슬한 길을 갈지자로 비틀거리면서 넘어졌다가 일어서면서 걸어왔다. 그러다가도 항상 길을 벗어나면 다시 되돌아가야지 하는 생각을 하면서 살아왔다.

감옥에서 출소하니 역사와 사회가 내게 부여한 사명이라는 것이 따라다녔다. 2011년 나는 고문피해자의 구제를 위해 창립된 '진실의 힘' 재단이 제정한 제1회 인권상을 수상했다. 그간 내가 국가폭력에 반대하고 다소의 일도 했지만, 주된 수상 이유는 무엇보다도 내가 고문피해자라는 것이다. 이렇게 내게 따라다니는 호(號)가 너무 무겁고 성가시게 느껴져 몇번이나 벗어던지려고 발버둥쳤지만 소용이 없었다.

출소 후에 내가 우선 먹고사는 일에 급급하지 않았던 것은 다행이었다. 다른 비전향장기수들은 민주화의 진전과 통일의 열망이 끓어오르는 사회 분위기 속에서 많은 사람들의 지원을 받아 기본생활을 했지만, 나는 부모님들이 남겨주신 집과 재산도 있었고 그후에는 대학에 자리를 얻는 행운도 있었다. 그래서 나의 소망과 사회적으로 나에게 부여된 기대를 실현하는 데에 힘쓸 여유가 있었다.

처음에는 그 당시 아직도 해결되지 않았던 장기수의 석방과 고문에 반대하는 인권운동에 힘을 기울이고, 그다음에는 그러한 억압의 배경이 되는 분단, 냉전, 국가폭력, 평화의 문제에 관심을 가지게 되었다. 평화에 대해서는 출소 직후부터 한국전쟁을 겪은 우리에게 가장 소중한 가치라고 생각했다.

1994년 미국에서 일본으로 돌아온 후 나의 가장 큰 관심사는 동아시아에서의 국가폭력 문제였다. 일상의 인권침해도 중요하지만, 근대 이후 서구제국주의 국가의 침탈을 경험해온 동아시아 민중들은 전쟁, 투옥, 고문, 학살 등의 '중대한 인권침해'를 당해왔으며, 거기서는 민족의 자주독립, 평화와 인권이 가장 중요한 가치이기 때문이다.

동아시아에서의 국가폭력 문제에 대한 나의 관심이 구체화된 것은 1994년에 타이완의 출소 정치범들의 모임인 '타이완지구 정치수난인 호조회(臺灣地區政治受難人互助會)'의 초청으로 타이완을 방문한 것이 계기였다. 타이뻬이에서 강연회를 마치고 구 정치범 감옥과 정치범 수용소 터, 사형집행장 터, 정치범 암매장 터, 유배의 섬 등을 돌아볼 기회가 있어, 타이완과 한국의 '수난자'를 연결하는 동시대성, 역사의 공통성을 실감할 수 있었다. 그 이듬해 오끼나와에 초청되어 일제 지배에 의해 형성된 '동아시아'의 역사적·정치적 일체성에 눈을 뜨고 타이완에서 오끼나와, 제주, 연변으로 이어지는 동아시아 국가폭력의 현장을 도는 여행이 시작되었다.

그러는 중 1997년 '2·28사건' 50주년을 기해서 타이뻬이에서 시작한 국제심포지엄 운동 '동아시아 냉전과 국가테러리즘'이 구상되고 제주, 오끼나와, 광주, 쿄오또, 여수 등으로 이어지는 여섯 차례의 국

제심포지엄을 조직했다. 그 성과의 일부로 한국, 타이완에서 국가폭력 사건의 진상규명·명예회복·보상법이 성립되었다.(『東アジア冷戰と國家テロリズム—米日中心の地域秩序の改變のために』, お茶の水書房 2004 참조)

그 운동에 이어서, 메이지 이후의 일본 중심의 지역 헤게모니를 뒤엎는 것이 동아시아 여러 민족의 협동과 평화로의 길이며, 민족해방운동(탈식민지)의 완성이라는 관점에서 2005년경부터 동아시아 공동의 야스꾸니반대투쟁을 시작했다. 즉 천황제 일본군국주의의 전쟁을 찬미하며 황군병사로 동원되었다가 전사한 조선인·타이완인을 사후에도 황군병사로 행군케 하는 야스꾸니에 대한 반대투쟁을 역사인식, 역사 청산 운동으로 인식하는 것이 가장 중요한 과제임을 깨달았다. 그리하여 조선인·타이완인의 강제합사 취하를 청구하고, 평화적 생존권의 문제, 인격권(자기결정권), 사상·신조의 자유문제로서 싸우는 '평화의 촛불을! 야스꾸니의 어둠에' 촛불행동을 2006년부터 오늘날까지 계속해오고 있다.

작년(2010)에 '한국병합' 100년이 크게 다루어지고 한일 양국에서 여러 가지 행사가 있었다. 많은 성명이나 선언이 발표되었는데, 대체로 '한일병합'이 강제로 이루어지고 조약에도 하자가 있음으로 불의 부당하며, 불법이라는 주장이었다. 하지만 '병합' 100년의 논의는 자칫하면 조약의 적법·불법의 논의로 왜소화할 우려가 있고, 다음으로 병합 100년 논의는 외부의 눈으로 볼 때 한일 간의 민족적 대립처럼 보일 수 있으니, 한국병합 100년을 더욱 큰 세계사적 문맥

속에서 보편적인 문제로 논의할 필요가 있었다.

2001년 남아프리카공화국 더반에서 개최된 '반인종주의·차별철폐 세계회의'와 거기서 나온 '더반선언 및 행동계획'(이하 '더반 선언')이 서구 제국의 노예제·식민지지배가 인도에 반하는 범죄임을 천명했다. 서구제국주의가 세계를 지배했던 500년의 세계사를 근본적으로 재검토하는 획기적인 사건이었으며, 21세기 최대의 국제인권문제가 될 것으로 전망된다. 나는 이에 자극을 받아, 동아시아에서 식민지지배 책임을 본격적으로 논의해야 한다고 생각하게 되었다. 한일병합 100년을 계기로 서구의 침략, 전쟁, 식민지지배가 150년에 걸쳐서 동아시아에 막대한 피해를 준 것을 인정하고, 사죄, 배상, 재발 방지라는 '과거청산'이 성실하게 이뤄지는 것이 평화로운 미래를 향한 동아시아 협력에 불가결하다. 이를 위해 2009년부터 시민들에 의한 동아시아판 '더반 선언'을 만들어 2011년 10월 2일, 더반 선언 10주년을 맞아 '동아시아 역사·인권·평화 선언'의 보고집회를 토오꾜오 메이지대학에서 개최했다.

이제 동서남북을 누비고 다닌 나의 여행은 마지막 단계에 접어들고 있다. 대학에서도 아직 강의는 하지만 일단 정년퇴임했으니, 모든 것을 마무리짓는 방향에서 정리해야 할 것이다. 그러나 우리나라의 통일과 민주주의, 동아시아의 평화 실현이라는 과제는 아직도 요원하다. 우선 10월 2일에 개최된 '동아시아 역사·인권·평화 선언'의 선포와 보급, 그 실천을 통하여 동아시아의 과거청산운동들을 결집시키는 '동아시아 진실화해위원회'의 창설, 그것을 통해서 평화로운 동아시아의 미래 창조에 기여하는 일이 가장 중요하다. 그러한 큰 목표에 다가서기 위해 내가 관여하고 있는 현장의 일들도 산적해 있다. 우선 동아시아와 일본의 화해 협력을 위해 극복해야 할 야스꾸니반대공동운동의 성공이다. 다음으로 일본군 위안부 문제가 있고, 제주 강정마을 해군기지 설치 반대운동 지원도 있다. 2011년 여름에 19회째를 맞이한 한일 학생 공동의 '동아시아 평화인권 학생캠프'와 한일 시민교류도 추진해야 할 것이다. 그리고 내외에서의 강의와 강연, 코리아연구쎈터의 사업, 글쓰고 책 내는 일들이 쌓여 있다. 이렇게 생각해보면 내게 주어진 시간 내에 이 일들을 다할 수는 없을 것이다. 그러니 충남 청양에서 시작한 우리 가족들의 여행은 고향을 상실한 이 시대에도 앞으로 이어질 수밖에 없을 것이다.

* 이 글에서는 생략한 나의 옥중생활에 관해서는 『서승의 옥중 19년』(역사비평사 1999)을 읽어주시기 바란다.

[제2부]

영혼이여 되살아나라

아시아의 냄새

오끼나와 자립·독립으로의 힘

조선사람과 오끼나와 사람의 서푼짜리 오페라

카이꼬오 타께시(開高健)의 『일본 서푼짜리 오페라(日本三文オペラ)』(文藝春秋社 1959)를 읽었다. 1945년 패전을 앞두고 마지막 대공습으로 타버린 오오사까 육군조병창(陸軍造兵廠) 터에 산더미처럼 쌓인 고철에 덤벼드는 고철사냥꾼 '아파치'들의 이야기다.

아파치라기보다는 게릴라라고 해야 할 것이다. 그들은 정글 같은 억새덤불 속의 조병창 터 지형과 주변 수로 구석구석을 완전히 꿰고 있으며, 천지인(天地人)이 조화를 이루는 승기(勝機)를 살펴 어둠속에서 도깨비불 같은 눈빛을 번득거리며 대담무쌍 신출귀몰로 출격해서는 전리품을 달구지에 가득 싣고 부락으로 개선한다. 닭장 같은 집으로 들어가면 작업 버선을 벗고 금이 간 마룻귀틀 구석에서 발바닥의 기름때를 긁어내고 방으로 올라가 사발에 찰찰 넘치게 막걸리를 들이켜면서, 검붉은 피거품이 이는 똥창을 대야에서 건져 화로에 구워 김치와 함께 입에 처넣는다. 배설물을 찍찍, 풀풀 흩뿌리면서 새로운 에너지를 씹어대고, 물어뜯고, 삼킨다.

"여기는 잡놈 집구석이야. 조선, 일본, 오끼나와 그리고 국적 없는 놈들이 살지. 세금도 없고 호적도 필요없어. 남선(南鮮)도 북선(北鮮)도 없는 거야."(이하 인용은 『일본 서푼짜리 오페라』) 짓무른 습진 같은 부락에는 일본 국가의 테두리 밖으로 내던져져 똬리를 트는 사람들이 모여들어 뒤얽히면서 생명력을 발산하고 있었다. "물건과의 투쟁에서도 법 망에서 빠져나감에 있어서도 그들은 노회하고 정한(精悍)하고, 비참하고 우스꽝스럽고, 그리고 끝없이 정력적이었다."

내게는 새롭지 않은 정경이었다. 초등학생 시절, 아라이(新井) 군이나 카네하라(金原) 군이 살던 하나조노 역 뒤편 오무로 천(川)을 따라 빼곡히 늘어선 돼지우리와 처마를 맞대고 있는 조선 부락에 자주 놀러 가곤 했다. 사산한 새끼돼지나, 거세한 돼지불알이 버려진 시궁창 같은 내와 돼지우리의 악취, 달콤새콤한 막걸리 냄새, 자극적인 마늘이나 김치 냄새, 이웃한 풀 공장의 썩은 전분이 풍기는 악취가 뒤섞여 있었다. 내가 어릴 때 일본 곳곳에서 빠끔히 상처를 벌리고 있던 조선 부락의 흔한 광경이었다.

『일본 서푼짜리 오페라』에는 오끼나와 청년도 등장한다. 그는 이또만(糸滿, 오끼나와의 어촌)의 어부 출신인데 "윤곽이 뚜렷하고 단정한 이목구비에 깜박거리면 소리가 날까 싶을 정도로 속눈썹이 짙고 길었으며 입술은 두툼했다." 그는 가라앉은 쇳덩어리를 끌어올리기 위해 화학폐기물이 섞인 시커먼 히라노(平野) 천에 뛰어들어간다. 맑고 따뜻한 남쪽 바다에서 자라나 단련된 아름다운 청년은 그 초인적인 폐활량을 밑천으로 썩은 흙탕물에서 고철을 끌어올리는 잠수부가 되었다. 그 아름다운 육신의 털구멍마다 씻어낼 수 없는 시커먼 진흙이 침착해버렸다. 식민지지배로 인해 밑바닥까지 굴러떨어진 조선 농민과 오끼나와 어민의 육체와 영혼은 전후에도 부식되고 오염되었다.

오끼나와와 조선, 그리고 타이완은 일본이 서구를 모방해 자본주의화를 꾀하고 부국강병을 외치면서 아시아 침략으로 나아가는 길목에서 제물로 바쳐졌다. 일본 지배하에서 자원과 노동력을 수탈당하고 동화정책과 황민화운동으로, 나아가 침략전쟁으로 강제동원되어 민족의 삶과 문화가 말살되는 위기를 겪었다. 제2차 세계대전 뒤에는 냉전체제에서 미국의 지배를 받아 반공 최전선의 군사기지로서 엄청난 희생을 강요당해왔다.

일본에서 나서 자란 나에게 조선은 잡다한 지식과 전문(傳聞) 그리고 상상과 소원이 뒤섞인 혼합물이며 실제와는 달랐을지라도 이미 친숙한 곳이었다. 쿄오또 거리를 산책하거나 낯선 도시를 여행할 때 골목길이나 토담, 길모퉁이에서 문득 언젠가 와본 듯한 불가사의한 기분이 들 때가 있다. 곰곰이 생각해보면 꿈속에서 본 장소 또는 무의식의 저변에 가라앉은 형상이라는 것을 깨닫고 신비스러운 생각이 들곤 한다. 대학생이 되어 처음으로 방문한 조국도 그처럼 낯설지 않았다. 나의 몸속에 이미 모국을 알고 있는 DNA가 들어 있는 것 같았다.

내 마음속의 오끼나와도 결코 먼 곳은 아니었지만 쉰살이 넘어서야 겨우 처음 찾았다. 강이 흘러 또다른 강을 만나듯이 오끼나와를 만났다.

오끼나와 인권협회에서 세계인권선언일에 강연을 해달라고 요청이 왔을 때 승낙한 것은 어쩌면 강연보다는 오끼나와를 내 눈으로 보고 오끼나와 사람들을 만나보고 싶었기 때문이었을 것이다. 처음 찾아간 땅에서 낯익은 장소나 낯익은 사람들을 만나고 싶었기 때문일 것이다.

강연은 1년 전부터 준비되었다. 그러나 당시 1995년 9월에 벌어진 미군의 소녀 강간사건에서 촉발된 8만 5천명의 분노에 찬 궐기집회는 한국의 미군 폭행 규탄투쟁이나 미군기지 철폐운동과 궤를 같이하면서 동아시아에서 미국과 일본의 지배구조를 뿌리째 흔들고 있었다. 아시아에서 민중이 주체가 되는 새로운 평화창조구상이 요청되는 시기였으므로, 나의 오끼나와 방문은 아주 시의적절했다.

나하, 아시아의 냄새

12월의 오끼나와는 후덥지근했다. 통명스럽고 나지막한 씨멘트 건물과 남국의 햇빛 때문인지 나하(那覇)는 멕시코의 소도시 같았다. 적어도 일본과는 다른 제3세계의 면모였다.

나하, 국제통, 공설시장. 부산에도 화재와 재건을 거듭해온 목숨

질긴 국제시장이 있다. 숙소인 야시오(八汐)여관에서 가까운 시장으로 그 외잡함과 냄새에 끌려 걸음을 재촉했다. 국제통과 교차하는 평화통에는 싸구려 옷가게와 액세서리 가게, 막과자집, 야채나 과일을 파는 노점이 즐비하고 공설시장의 문을 들어서면 색이 화려한 생선과 새우, 조개 유와 함께 탄탄하고 맛이 진한 벽돌 같은 오끼나와 두부, 홍백의 어묵, 껍질이 붙은 돼지고기 덩어리와 내장, 깨끗이 손질된 족발, 보기만 해도 식욕이 돋는 돼지머리 등이 가득했다. 2층에서는 그러한 별미를 볶고 튀기고 삶고 조리는 진한 냄새가 진동했다. 거기는 아시아였다. 서울의 동대문, 타이뻬이의 난먼(南門)시장, 뻬이징(北京)의 뚱안(東安)시장이 거기에 있었다. 나는 이미 이방인이 아니었다. 어떤 마음의 준비도 없이 그 외잡함과 생명력이 들끓는 냄새 속으로 슬쩍 녹아들어가 자유로워졌다.

저녁에는 류우뀨우(琉球, 오끼나와의 옛 지명) 요리집 '우리즌'에서 조촐한 술자리가 벌어졌다. 한때 홍등가였던 아사또(安里)의 골목길은 어두침침하고 퇴락한 분위기가 곰팡내처럼 스며들어 있었다. 좁은 가게 안으로 들어가니 나무탁자에 매달린 술꾼들로 득실거렸다. 우리 일행 여섯 사람은 다리도 뻗지 못하는 징벌방처럼 좁은 2층 방에 소라게처럼 기어들어갔다.

술잔치를 시작하자마자 무덥고 비좁아 답답했던 생리적인 불쾌감은 사라지고 징벌방은 무릉도원으로 변해갔다. 미미가(돼지 귀) 회, 고야 창푸루(쓴 외 볶음), 라후떼(돼지고기 조림), 스꾸가라스(잔 생선 젓갈) 두부, 특히 자색 고구마 우무꾸지(녹말) 튀김은 일품이었다. 게다가 독하고 깊고 부드러운 꾸스(코슈古酒의 오끼나와식 발음)는 류우뀨우 요리맛을 한층 돋우어주었다. 술은 목구멍과 식도를 확 태우면서 위장에 떨어져 진저리치게 하는 독한 증류주가 좋다. 맑고 순수한 주정(酒精)이 눈과 코를 자극하고 뒷맛이 담담한 향내와 은근한 달콤함이 입 안에 감돌아 코로 빠지는 질좋은 조선의 소주, 중국의 빠이주(白酒), 멕시코의 테낄라의 덕성을 아와모리(泡盛, 오끼나와 소주)는 지니고 있다.

후꾸치 히로아끼(福地曠昭) 선생님은 음담패설을 풀어놓으면서 붉은 코가 더욱 빨개지고, 토오후요오(삭힌 두부)를 안주로 꾸스를 홀짝홀짝 들이켜면, 야마요시(山吉) 씨는 싱글벙글, 낄낄 웃으며 시중을 들었다. 선생님이 말씀하시면 우익에게 칼을 맞은 치열한 투쟁담도 유머러스하고 거침없는 이야기가 되어버린다. 선생님은 『옥중 19년 — 한국 정치범의 투쟁(獄中19年 — 韓國政治犯のたたかい)』(岩波新書 1994)을 읽고 나에 관해 "유머있고 밝고 솔직한 인품인 것 같아서 오끼나와 사람들과 같다"고 쓰셨다. 오끼나와 사람과 닮았다는 것은 나뿐만 아니라 아직 공동체적인 사회와 문화의 흔적이 있는 아시아인이라면 누구나 마찬가지일 것이다. 그것은 느긋함이나 여유라고도 할 수 있는 코리아 타임과 오끼나와 타임의 공통점이기도 할 것이다.

'우리즌'이란 '눅눅함이 쌓이다(潤い積み)'라는 말에서 유래한 이름이라고도 한다. 봄 햇볕이 짙어지고 땅도 촉촉해지는, 남풍이 불어오는 음력 2, 3월 무렵을 가리키는 말이라고 한다. 그 부드러운 발음은 우리말의 '우리들은'이라는 말소리와 비슷하다.

'우리즌'이 썩 마음에 들었다. 다음날 다시 찾아간 것으로도 우리가 얼마나 매료되고 집착했는지 알 수 있을 것이다. 그날도 초만원이었다. 문앞에서 서성거리고 거리를 여러 바퀴 돌고서야 간신히 긴 나무의자 한귀퉁이를 얻었다. 나를 아는 척하는 동석자는 자리를 좁혀주고 살짝 비뚤어진 표주박처럼 생긴 도자기 술병에 든 최상품 꾸스를 아낌없이 부어줬다. 여기서는 일본의 수치의 문화도 신경질적인 자기중심주의도 없다. 누가 주문해도 능력에 따라 마시고 먹고 돈을 낸다. 머리를 맞대고 같은 접시나 사발에서 먹는, 피아(彼我)도 내외도 없는 넉넉한 아시아의 세계로 접어든다.

잔을 거듭하면서 동석자가 중소기업 사장과 공업학교 교사라는 것을 알게 되었다. 일본의 술집에서는 드물게나 들을 법한 시국 이야기와 시대를 비분강개하는 정담(政談)이 오갔다. 내가 조선사람이라는 것을 알고서는 "오끼나와 사람이나 조선사람이나 야마또(일본)에게 당해왔으니까"라며 한숨을 쉬었다.

'우리즌'에는 한국의 대폿집처럼 어깨를 비비며 잔을 주고받는 공동체세계가 있었다. 그냥 '술꾼 공동체'가 아니다. 1960, 70년대 한국의 대폿집처럼 울분과 반역의 장기(瘴氣)가 가득 찬 '불령(不逞)의 아지트'라고 할 만하다.

위령의 언덕

오끼나와에는 돈벌이를 위한 관광가이드가 아니라 사람의 의식변화를 목적으로 하는 평화 가이드가 있다. 이들은 오끼나와전(戰)

의 전적지나 미군기지를 안내하고 일본과 미국의 전쟁과 군대가 인간을 얼마나 파괴했으며, 오끼나와에 평화가 얼마나 소중한지를 가르쳐준다. 전적지 안내는 전(前) 나하시 문화과 직원인 야마우찌 사까에(山內榮) 씨가, 미군기지 안내는 대학교에서 주거환경학을 가르치는 무라까미 유우께이(村上有慶) 씨가 맡아주셨다. 그들은 문제의식을 가지고 각 분야에서 오끼나와를 깊이 연구하는 일류 전문가이자 현실변혁을 지향하는 운동가이기도 하다.

나는 시간제약 때문에 전적지와 미군기지를 잠시 견학했다. 첫날에 가라비호(ガラビ壕), 교꾸센도오(玉泉洞), 평화기념공원, 한국인위령탑, 평화기념자료관 등 남부를 돌고, 그다음에 안보가 보이는 언덕에서 카데나(嘉手納) 기지를 내려다보고 카까즈(嘉數) 고지에서 후뗀마(普天間) 기지를 내려다보았다.

제2차 세계대전에서 일본이 기습으로 승리한 초반의 공세시기가 끝나니, 필리핀을 회복한 미국의 일본 본토 공격은 시간문제였다. 당시 다이혼에이(大本營)는 필리핀을 기점으로 타이완에서 오끼나와, 일본으로 섬을 타고 공격해오는 경로를 상정했으나 예상과 달리 매카서(D. MacArthur)는 타이완을 건너뛰어 오끼나와를 공격했다. 타이완, 오끼나와와 함께 미군의 예상 상륙지로 상정된 곳이 제주도였다.

제주도에서도 일본의 패색이 짙어진 1944년 말 미군상륙에 대비해 나가쯔 히사시게(永津比佐重) 중장을 사령관으로 3개 사단, 1개 독립혼성여단 등으로 구성된 약 6만여 병력으로 제58군이 창설되었다. “그 병력은 오끼나와 수비대의 수에는 미치지 못하나 일본군은 제주도를 오끼나와와 같이 쇼오고오(捷號)작전에 편성하여 온 섬을 해안선에서 한라산 정상까지 요새화했다."(김봉현 『제주도 피의 역사』) 군인 6만 외에 군속, 가족을 포함해 20만명 이상의 일본인들이 있었다니, 당시 제주도 인구가 15만명이었다는 것을 생각하면 상황을 미루어 짐작할 수 있다.

오끼나와전의 지옥도는 미군의 선택에 따라서는 타이완이나 제주도에서도 벌어질 수 있었던 것이다. 어쨌든 일본제국의 무모한 제국주의 전쟁과 천황제 호지(護持)를 위해 아시아 민중들이 희생되는 구도에는 변함이 없었다.

평화기념공원은 일본 복귀(1972) 기념사업으로 전후 일본 초대 총리이자 일본제국의 추축이던 요시다 시게루(吉田茂) 초대 총재와 전범 키시 노부스께(岸信介)의 남동생 사또오 에이사꾸(佐藤榮作) 2대 총재를 사업자로 추대하고, 오끼나와 군사령관 우시지마(牛島)가 전쟁종결의 책임을 방기한 채 자살한 마부니(摩文仁)에 만들어진 전적(戰跡) 공원이다. 조선사람의 감각으로 보면 평화기념공원이라기보다는 전범기념공원이라고 해야 할 것이다. 평화를 핑계로 누구를 기념하고 누구를 기리는 것인가. 일본의 평화주의와 평화의식이 피해자의식에서 시작하고 피해자의식으로 끝난다고 하기 시작한 요즘이지만 아시아의 평화는 천황제 일본군국주의를 근본적으로 비판하는 데에서부터 시작해야 할 것이다. 평화기념공원은 '일본의 평화와 번영을 구축한 귀중한 희생자인 영령'으로서 2만 2천여명의 조선인, 3만명의 타이완인들이 죽어서도 군역이 풀리지 않은 채 천황의 병사로 강제합사된 야스꾸니 신사의 폭거를 상기시킨다.

남쪽 바다를 바라보는 확 트인 넓은 잔디밭에 오끼나와전의 사망자 이름을 새긴 '평화의 초석'이 있다. 거대한 영위가 그 크기만큼 전쟁의 우행(愚行)의 규모를 상기시킨다. 전쟁희생자를 애도해 유골을 수습하는 노력을 누가 비난할 수 있을까. 그러나 그 발상과 방식에서는 워싱턴에 있는 한국전쟁, 베트남전쟁 참전병사기념비와의 유사성을 생각하게 된다. 거기에는 미국이 범한 전쟁범죄에 대한 자기비판은 없고 '나라를 위해' 싸웠던 병사들을 기리는 미국판 야스꾸니 신사가 있다. 그것은 단지 자유와 민주를 내세워 병사 하나하나를 기억한다는 아메리칸 휴머니즘의 사탕발림일 뿐이다.

공원의 광대한 부지 구석에 조선인의 이름이 새겨져 있는데, 창자가 끊어질 만큼 억울하게 죽어간 그들은 황군 병사들과 어깨를 나란히 하고 망망한 남쪽 바다를 바라보면서 어떤 마음일까. 죽으면 죄는 모두 사라진다는 사자(死者)에 대한 너그러움을 내세우고 가해와 피해의 문제를 아예 묻어버리려는 일본의 흔한 위령·평화의 바탕과 무엇이 다르단 말인가.

평화기념공원 옆에는 큰 한국인위령탑이 있다. 1975년 박정희 대통령이 세웠다고 새겨져 있다. 박정희는 만주군관학교와 일본사관학교를 졸업하고 황군 장교로서 중국인과 조선인 동포들에게 총구를 겨누며 싸웠던 사람이다. 1975년은 베트남전에서 미국이 패하고 박정희 군사독재정권의 고립이 깊어져 유신체제라는 준(準)전시동원 체제에서 수많은 정치범을 투옥하고 처형하던 시기다. 그가 왜 그 시기에 이런 것을 여기에 세웠는지는 모르겠으나 한국에서 이 위령탑의 존재를 아는 사람은 거의 없다. 침략전쟁에서 희생된 동포들을 생각한다면 우선 피에 얼룩진 자신의 과거를 반성하고, 일본군 위안부와 강제연행자를 비롯한 진정한 전쟁희생자들에게 사죄와 보상을 하고 민족해방투쟁으로 쓰러져간 사람들을 올바로 평가해야 했을 것이다.

한편 카까즈 고지에는 '한민족 출신 오끼나와전 전몰자 위령'의 '청구지탑(青丘之塔)'이 1971년 일본민주동지회(日本民主同志會)라는 단체에 의해 세워졌다. 비석에는 다음과 같이 새겨져 있다.

> 아아, 여기 오끼나와 땅에 태평양전쟁 말기, 옛 일본군이던 한민족 출신의 군인, 군속 316주(柱)가 산하를 피로 물들이고 슬프게도 산화하여 쓸쓸하게 잠들어 있습니다. 이를 생각하고 일본민주동지회는 38도선 판문점의 잔돌 38개를 사경(寫經)과 함께 초석에 묻어 이데올로기와 국경과 민족을 초월하고 인도주의를 준법하며 슬픈 역사를 담은 이들 영혼을 위령 현창(顯彰)하기 위해서 (…) '청구의 탑'을 건립하여 영원히 영령을 기립니다.

이 단체가 어떤 단체인지 모르겠으나 그 의도는 석연치 않다. 왜 판문점에서 잔돌을 가지고 왔는지도 이해하기 어렵다. 한반도 분단의 비극에 책임이 있는 일본인이 그 "슬픈 역사"를 침략전쟁에 끌려나가 죽어간 조선인 병사들의 운명에 연결시켜 애도의 뜻을 표한다면, 잘못 짚은 것이다. 게다가 이 비문의 기조에는 한국인을 천황의 적자(赤子), 즉 일본인과 같은 황군 병사로 다루어주겠다는 황민화 정책의 '일시동인(一視同仁)'이라는 가짜 평등주의가 흐르고 있다.

"옛 일본군이던" 것이 아니라 옛날에 일본군으로 강제동원되어야 했던 것이다. "이데올로기와 국경과 민족을 초월하고 (…) 영혼을 위령 현창"해야 하는 것이 아니다. 일본의 전쟁범죄에 대한 국가 책임을 밝히고 천황제 이데올로기를 청산하며 '영혼'에게 사죄와 배상을 해야 하는 것이다. 일본인은 그 역사의 무거운 짐을 벗어버리기 위해서 너무나 쉽게 '이데올로기와 국경과 민족을 초월'하고 싶어한다.

류우뀨우의 개화신사

강연 전에 야시오여관 로비에서 한 남자가 나를 기다리고 있었다. 피부색은 까맣고 검은 머리는 단정하게 빗고 금테안경 밑에 반짝반짝 빛나는 둥근 눈, 거기에 콧수염까지 있었으니 멕시코 사람이나 개항기 중국 화난(華南)지방의 개화신사(開化紳士)를 상기시켰다. 타까라 벤(高良勉)이라고 이름을 밝힌 그는 푸른색 명함을 주면서 대학시절부터 나를 알고 있었노라고 입을 뗐다.

그는 "이걸 드세요" 하면서 비닐봉지에 든 사따안다기(흑설탕을 넣어 튀긴 빵)를 내밀었다. 처음 만난, 게다가 강연을 앞두고 있는 나에게 왜 튀긴 빵을 먹으라 했는지 오끼나와의 관습이나 미신과 관련된 것인지 아직도 수수께끼다. 말은 안했지만 마음속으로는 '뭐야 이

거, 아이도 아닌데……'라고 생각했다. 약간 머쓱했지만 서울 길가의 포장마차에서 오징어, 고구마 맛탕 등과 함께 파는 튀긴 빵과 똑같다는 것을 알아차렸다.

그후 1년 사이에 그와 급속히 친해졌다. 그는 후뗀마고등학교 화학교사인데 오끼나와에서는 그보다 시인이자 평론가로 그리고 사회운동가로서 명성이 높다. 그는 아직 근대에 오염되지 않았다. 깊이 고민하고 격렬하게 분노하며 순수하게 감동하는 마음을 지녔다. 그래서 시인이자 류우뀨우인인 것이다. 지금은 어느정도 안정과 명성을 얻은 중년남자가 되었지만 불꽃같은 오뇌와 투쟁의 청년기, 끝없는 이상과 향상의 꿈으로 매진하고 상처받은 사춘기, 아름다운 풍토도 향수(鄕愁)도 가난에 짓눌려버린 소년기를 겪어왔다. 옛날 어릴 때, '지긋지긋한 고구마'를 씹어먹으면서 사따안다기를 얼마나 먹고 싶었을까.

입맛은 아동기에 고착되는 보수적이고 고집스러운 것이다. 이제 일본은 포식시대다. 전세계 새우의 40퍼센트, 장어의 70퍼센트를 일본인들이 먹어치우는 지금도 나는 새우나 게를 결코 맛있다고 느낀 적이 없다. 무와 고추를 넣어 맵고 단 고등어조림이나 가지나물, 김칫국, 시골국수를 좋아한다. 아이스크림이나 소프트크림보다는 옛날에 와싹와싹 씹어먹던 청량감 있는 하드가 좋다. 타까라 벤의 튀긴 빵은 그의 유년기에 스며든 더없는 먹을거리였을 것이다.

낮은 섬, 낮은 하늘

이번 여행의 특별한 계획은 사끼시마(先島)로 가는 것이었다. 야에야마(八重山), 이시가끼(石垣), 미야꼬(宮古), 이리오모떼(西表) 등 사끼시마에 대해 이름은 알고 있었지만 구체적인 지식도 이미지도 없었다. 여행자의 이국취미라고 말해도 어쩔 수 없겠다. 먼 데로 가고 싶은 낭만주의의 피가 아직도 식지 않았기 때문이다. 오끼나와에 온 이상 그 끝까지 알고 싶었다.

울창한 푸른 나무, 향기 짙고 색이 화려한 꽃들, 부드러운 풀로 덮여 발바닥에 부드러운 탄력을 전해주는 오솔길, 솔솔 부는 바람, 지저귀는 새소리. 남제주의 샛길, 하와이 오아후 섬의 골짜기에서 만난 풍경이다. 남쪽으로 가면 넉넉한 밝음이 있다. 남쪽으로 가보자.

12월 10일 나하를 떠나 이시가끼로 향했다. 비행기에서 내려다보니 파도가 밀려오면 단숨에 쓸려갈 것 같은 여리고 편편한 축구장 두 개쯤 되어 보이는 미야꼬섬이 눈아래로 지나간다. 정오 전에 이시가끼에 내려 바로 타께또미(竹富)로 가는 페리를 탔다. 이시가끼에서 10분. 코앞이다.

동 선창(東棧橋)에서 대기하던 자전거 대여점의 승합차는 모래먼지를 엄청나게 일으키며 달렸다. 마루하찌(丸八) 식당이라는 간판이 걸린 모래먼지투성이의 집에는 거의 폐물이 된 자전거가 쌓여 있었다. 서쪽 해안가 길을 빼고는 포장도로도 없는 주변 9.2킬로미터, 인구 300명가량의 섬을 돌아다니기에는 자전거가 제격이다.

평평한 섬은 나지막하고 얕은 수프 접시를 엎어놓은 것 같다. 길도 마당도 산호가 부서져 가루가 된 하얀 모래로 뒤덮여 있다. 새빨간 부겐빌레아의 꽃무리 아래 낮은 돌담, 집 수호신인 사자상을 달랑 얹은 종잇조각 세공 같은 오렌지색 지붕. 별모래(星砂, 별모양 입자의 산호모래) 백사장으로 나가보면 하늘도 낮고 섬도 낮고 바다도 얕다. 바다는 에메랄드그린부터 비취색, 쪽빛으로 빛과 색의 심포니를 연주한다. 위압적인 것, 거친 것은 아무것도 없고 모든 것이 낮고 편안했다. 펑펑 내리는 눈 속에서 아스라이 등불을 켠 카마꾸라(눈으로 만든 집)처럼 안온하고 조용하며 평화로웠다. 오까베 이쯔꼬(岡部伊都子) 씨가 일찍 평생의 삶터로 정하신 것도 수긍이 간다.

타께노꼬(竹乃子) 식당에서 야에야마 국수를 먹고 물소가 끄는 달구지를 타는 곳을 지나갔다. 관광철이 아니라서 물소는 할일 없이 묶여 있었다. 한낮의 태양 때문에 현기증이 날 정도로 열을 내뿜는 하얀 모래마당에는 물 한방울 없고, 모여든 수많은 하루살이의 공격에 물소는 신경질적으로 몸을 떨면서 꼬리를 흔들어댔다. 뜨거운 입김을 토하고 강렬한 짐승냄새를 뿌려대고 있었다.

물소 외양간에서 조금 떨어진 곳에 민간박물관이 있다. 그런데 아무도 없었다. 돌담 부근에는 큰 조개나 류우뀨우 도자기 화분에 선인장이나 제라늄 등이 심겨 있고 10미터 정도 걸으니 문기둥에 '키호오인(喜寶院) 수집관'이라고 낡은 나무 팻말이 걸려 있었다. 유리문을 열고 들어가도 아무도 없다. 민속박물관이라고 하면 될까, 전문적인 분류 없이 농구, 어구, 도자기, 직물, 불상, 조개, 물고기와 새의 표본, 망원경, 철모, 물통 같은 황군의 장비, 사진, 우표, 동전, 지폐 등 잡동사니가 전시되어 있었다. 한바퀴 돌고 나가려고 몸을 돌렸더니 중년아줌마가 입장료를 받으러 불쑥 나타났다.

거기서 시선을 끈 것은 단단한 밧줄로 천장에 매달린 큰 저울이었다. 단무지를 누르는 돌과 같은 모룻돌이 저울추였다. 옆에는 다양한 크기의 말이나 바구니 등이 있었는데 그것들은 인두세(人頭稅)를 징수하기 위한 것이었다고 한다. 설명에 따르면 소출한 쌀은 조세로 다 몰수되어 도민들은 좁쌀이나 고구마를 먹었다고 한다.

그 옆에 있던 쇠고랑, 차꼬, 형장(刑杖) 등의 계구(戒具)는 세금을 납부하지 않은 백성들에게 가혹한 형벌을 가하기 위한 것이었다. 1893년에 미야꼬 도민들이 일본 국회에 인두세 폐지를 청원했지만 1902년까지 오끼나와에는 이 제도가 남아 있었다.

옛날 류우뀨우에서는 15세부터 50세까지 노동력 있는 남녀를 인두세의 대상으로 삼았으며 신분적 예속이 따랐다. 특히 류우뀨우의 지배를 받은 사끼시마에서는 인두세로 직물까지 과세되어 류우뀨우와 사쯔마(薩摩, 지금의 카고시마현)에 이중수탈을 당했다.

제3세계에서 지역분쟁, 인종분쟁, 부족분쟁, 종교분쟁 등은 내외의 지배자들에 의해 만들어지고 조장되어온 면이 있지만, 큰 물고기가 작은 물고기를 잡아먹듯이 지배구조는 겹겹이 작동하고 있었다. 조선의 역사에서도 누가 헤게모니를 장악하는가에 따라 전라도나 함경도 같은 지역에 차별이 형성되었는데, 사쯔마의 지배와 그후 일제의 지배를 받아온 류우뀨우가 지배해온 사끼시마 사람들에 대한 차별이 오늘날 오끼나와에 아직 남아 있다는 이야기를 듣고 상태의 심각성을 느낄 수밖에 없었다.

전시실 맨 끝에는 불단까지 있었는데, 여기는 니시혼간지파(西本願寺派, 조오도신슈우혼간지파淨土眞宗本願寺派의 일파)의 절이자 일본 최남단의 절이라고 한다. 일본의 불교 특히 조오도신슈우는 바꾸한(幕藩) 체제에서 행정과 이데올로기 양면에서 지배기구를 받쳐왔으며 메이지 이후에는 일본의 아시아 침략에서 첨병으로 대륙에 진출했다. 류우뀨우의 종교는 애니미즘과 무당을 중심으로 한 샤머니즘이라고 한다. 오끼나와의 거북묘(亀甲墓)를 봐도 분명하듯이 류우뀨우의 종교적 심성은 일본과는 다르다. 19세기 말 황민화정책이 본격적으로 실시되기 전에도 류우뀨우 사람들에 대한 이데올로기 침략의 방책으로 일본 불교를 의도적으로 포교하려 했음이 틀림없다.

미국 서해안에는 원주민을 침략하기 위한 스페인의 전초기지인 요새화된 수도원이 산재한다. 아시아에서는 오끼나와, 부산, 상하이(上海), 그리고 타이뻬이에 혼간지가 진출했고 이어서 신사가 만들어졌다. 메이지유신 이후 일본의 아시아 침략정책과 표리일체가 된 혼간지가 오끼나와에도 진출했음이 틀림없다. 키호오인의 역사에 대해서는 아는 바가 없지만 객관적으로는 일본의 오끼나와 침략의 전초기지의 흔적으로 파악해야 한다. 그것이 일본 최남단 사원의 의미일 것이다.

킨세이 씨

이시가끼로 돌아오는 페리의 선원이 무선으로 "손님 있으니 조께

기다려잉~"이라고 연락해줘서 이리오모떼로 가는 고속선은 기다리고 있다가 우리가 뛰어오르자마자 곧바로 출발했다. 고속선으로 50분, 타께또미의 바다는 그렇게 잔잔했는데 날치처럼 파도를 차면서 날아가는 배 밑을 꽝꽝 치는 큰 파도는 상당히 거칠었다.

지금은 포장도로로 연결되었지만 원래 이리오모떼의 서부와 동부는 교통도 불편하고 말도 달라 서로 다른 섬이라고 불릴 정도였다고 한다. 옛날에는 섬의 중심이 서부의 수네(祖納, 혹은 소나이)였다. 배는 서부의 현관, 후나우라(船浦)항에 입항하고 민박 호시즈나(星砂)장이 있는 수네까지 버스를 탔다.

바다는 산을 바짝 끼고 길가의 좁은 땅에 논이 붙어 있었다. 수네에서 버스를 내리면 농협의 슈퍼가 있었고 그 뒤쪽이 호시즈나장이었다. 이시가끼에서 같은 배와 같은 버스를 갈아탄 초등학생인 듯한 오누이가 현관으로 먼저 성큼 들어갔지만 손님은 나뿐이었다.

민박의 2층 방은 작고 허름했지만 뒤쪽 지붕 너머로 바다가 보였다. 남쪽 바다답지 않은 애수어린 회청색이었다. 저녁식사 때 고무장화에 야구모자를 쓰고 흙이 묻은 작업복을 입은 이시가끼 킨세이(石垣金星) 씨가 왔다. 나하에서 타까라 벤 씨가 꼭 만나라고 소개해준 인물이다.

그는 자칭 농민이다. 복장뿐만 아니라 백발이 성성한 머리며 밤속껍질 색으로 햇볕에 그을린 모습이나 160센티미터에도 못 미치는 단신에 어울리지 않는 크고 튼튼한 손은 가혹한 노동 때문에 조로한 농민의 모습 그것이었다. 실제로 그는 나보다 몇살 아래임에도 불구하고 벌써 예순살이 넘어 보였다. 그는 며칠 전 캐나다 브리티시컬

럼비아의 세계소수민족회의에 참석하고 막 돌아온 것이다. 촌부의 모습에 어울리지 않지만 여러 회의와 강연 때문에 섬을 비울 때가 많다. 그가 다음날 섬을 안내해준다고 한다.

"논은 내버려둬도 되는 거요?"

"아니요, 바로 경운기의 컴퓨터 제어장치가 고장나서 이삼일 내버려둬야 고쳐진다니까요."

다음날, 민박의 얇은 커튼으로는 방 안을 비추는 아침햇살을 막을 수 없어서 햇볕을 피해 좁은 방 안에서 뱅글뱅글 도망쳐봤지만 결국 일찍 일어나게 되었다. 킨세이 씨가 마중을 온다고 했지만 아침 10시나 되어야 일어나는 잠꾸러기 농민이라, 그때까지 별 할일도 없어서 민박 부근을 산책하기로 했다. 만을 끼고 건너편에 있는 호시다떼(星立) 마을까지 천천히 걸었다. 만은 호수처럼 파도가 없었고 모래사장은 조용하고 아름다웠다. 이 적막을 깨고 갑자기 그늘에서 뚱뚱하고 새까만 순경이 튀어나왔다.

"어디서 오셨어요?"

"하?"

"관광입니까?"

"하?"

"어디서 묵으십니까?'

"호시즈나장입니다."

순경은 흘낏 쳐다보다가 떠났다. 반바지에 민박의 샌들을 신고 있어 결코 의심스러운 모습이 아니었는데, 순경의 심문에 수긍이 가지 않았다. 나중에 물어보니 인구 2천명, 면적 284평방킬로미터(인구밀도가 1평방킬로미터에 8명도 안됨)의 섬에 파출소가 3개, 순경이 3명으로 범죄가 거의 없다고 한다. 순경은 주민 한명 한명을 잘 알고 있어서 관광철도 아닌 시기에 이른 아침 바닷가를 배회하는 나를 밀입국자라고도 의심했던 것인가? 그러고 보니 여기는 타이완 바로 옆이다.

해가 중천에 떠오를 무렵 킨세이 씨가 나타났다. 숙소에서 30미터 정도 떨어진 마을회관에 있는 킨세이 씨의 여동생이 원장인 유치원에 들렀다가 뒷산으로 올라갔다. 뒷산이라야 작은 수네 반도의 언덕 같은 것이지만 여기는 이리오모떼 역사의 무대였다.

이리오모떼와 수네에 대해 기술한 최초의 문헌은 『조선왕조실록』이라고 한다. 1477년 제주도의 표류민이 구조되어 수네에 6개월 정도 머물렀다. 그가 조선으로 돌아간 후 '제주도민 표류기록'을 썼고 그 내용이 『조선왕조실록』에 수록되었다.

산에는 시찌(節) 축제가 열리는 오오따께우따끼(大竹御嶽)가 있다. 또 그 부근은 우에무라(上村) 유적으로 알려진 큰 대장간이 있던 터다. 수네도오 기사(祖納堂儀佐)는 이 땅의 호족이고 14, 15세기에 중국대륙에서 쇠를 들여와서 부렸다는 인물이다. 그후 케라이께 다구스꾸(慶來慶田城)가 1502년 이리오모떼의 우두머리〔頭職〕로 임명되어 세력을 떨쳤다.

여기까지 이리오모떼의 역사를 들려주던 킨세이 씨는 갑자기 "그런데 소녀가 남만선(南蠻船)에 유괴당한 큰 사건이 일어났어요"라고 기색을 고쳐 말하기 시작했다. 1639년 남만선이 표착하여 호족 케라이께 다구스꾸의 딸을 납치해 도주했다. 이 사건을 계기로 사쯔마는 남만선을 단속하기 위해 수네 반도에 대포를 설치하고 총을 비치하는 감시소, 야마또 자이반(大和在番)을 두고 사쯔마 군대를 상주시켰다.

호족의 딸이었기에 큰 문제가 됐을 것이다. 소녀가 유괴당한 것이 큰일이 아니라고 할 수는 없지만 전란과 기아, 자연재해로 무수한 사람들이 죽어간 조선이나 중국, 아시아의 역사를 되돌아보면 유괴가 역사상 큰 사건이 된 이 섬은 얼마나 평화로웠던 것일까.

이 사건으로부터 30년 뒤 제국육군은 수네 반도를 강제수용하고 야마또 자이반이 있던 곳에 요새를 만들었다. 그리고 일본 패전 후 이 땅은 국유지가 되었고, 원래 소유자는 사용료를 내고 근근이 채소나 옥수수를 갈아먹고 있다. 여기서는 대일본제국 육군성이 아직도 명맥을 유지하고 있다. 킨세이 씨는 이 땅을 되찾기 위해 소송중이다.

언덕에서 내려와 킨세이 씨 집이 있는 수끄네(椒納) 부락으로 갔다. 돌담과 나무와 꽃으로 둘러싸인 집들은 어둑어둑하고 시원해 보였다. 마당에는 복숭아털 같은 보드라운 풀이 잔디 대신 깔려 있고 울타리에는 눈에 선한 잇꽃이 만발하며 선선한 바람이 통하는 마루에 앉으면 시간의 흐름이 멈춘다.

거기서 킨세이 씨가 안내해준 것은 화장터가 있는 마을의 공동묘지였다. 며칠 전에 마을의 젊은이가 죽었다고 한다. 킨세이 씨의 주된 일은 장례식과 마을축제나 신사(神事)를 돌보는 것이라고 한다.

요상한 엔진 소리를 내는 30년 된 폭스바겐을 몰고 드디어 섬을 한바퀴 돌기로 했다. 우선 터널을 빠져나가 시라하마(白濱)로 갔다. 이리오모떼에는 도로가 하나밖에 없다. 그것도 순환도로가 아니라 오오하라(大原)에서 시라하마까지 섬의 해안선을 3분의 2 정도 돌 뿐이다. 옛날에 탄광이 있던 곳이라고 한다. 오끼나와 유일의 석탄 산지인 이 지역은 전에는 탄광으로 꽤나 흥청거렸다. 제2차 세계대전 중에는 강제연행된 조선인과 타이완인들이 있었고 반란을 일으킨 적도 있었다. 지금은 평온한 어항에 불과한 시라하마에서 점심을 먹었다.

시라하마에서 수네로 돌아와 마을을 지나자마자 킨세이 씨는 "저것이 논이오"라고 오른쪽을 가리켰다. 경운기가 오도가도 못하고 서 있다.

"일은 안해도 되는 건가요?"

"올해 졸업한 토오꾜오의 대학생들이 청년해외협력대에 들어가기 위해 1년간 열대농업을 배우고 싶다고 와 있는데 대충 대학생들이 하니까 괜찮아요."

"배우러 왔는데 가르치진 않고 일만 시키는 거예요?"

"그것이 공부야요."

나의 벗, 이리오모떼 살쾡이

신호등도 교차로도 없는 길을 쉬지 않고 달려 섬의 반대쪽으로 나왔다. 서부와 달리 동부는 꽤 넓은 평지가 있고 주로 사탕수수를 재배하고 있었다. 코미(古見)의 야생생물보호쎈터에 도착했다. 세운 지 얼마 안된 쎈터는 작지만 잘 구성되어 있어 이리오모떼의 산과 바다생물의 현황과 생태를 한눈에 알 수 있다.

특히 천연기념물인 이리오모떼 살쾡이에 대해서는 작지만 독립 전시실이 설치되어 있을 뿐만 아니라, 상처받거나 병든 살쾡이를 보호하고 회복시키면서 그 생태를 관찰할 수 있도록 울타리가 만들어져 있었다. 살아 있는 이리오모떼 살쾡이를 볼 수 있다는 점이 특징이지만 살쾡이는 아직 한 마리도 없었다.

이리오모떼 살쾡이는 현재 200마리 정도라고 파악되는데, 재미있는 것은 살쾡이가 목격되거나 발자취가 있거나 똥을 싼 장소까지 그 지점과 시간을 큰 지도 위에 확실하게 기록해두었다는 점이다. 사고사는 대부분이 교통사고에 의한 것인데 한 해에 두세 마리쯤 죽는다고 해서 지도에는 머리 위에 승천을 뜻하는 금테가 그려진 귀여운 고양이가 그려져 있었다. 도로에도 '살쾡이 주의' 간판이 서 있고 지방 매체에는 살쾡이 자동차사고가 크게 보도되기도 한다.

쎈터의 홀 가운데 원형 내벽에는 결코 달필이라고는 할 수 없는 킨세이 씨의 서체로 이리오모떼 민요 여러 편이 씌어 있었다. 킨세이 씨는 산신(三線, 오끼나와 고유 현악기) 연주자이기도 하지만 2천수 이상의 이리오모떼 민요를 외운다고 한다.

쎈터는 환경청 기관이지만 스태프들은 이리오모떼의 젊은이와 오끼나와의 대학교 출신이 대부분이다. 그들은 공무원답지 않게 마음속 깊이 이리오모떼를 사랑하고 있는 것 같았다. 젊은이들 사이에서 킨세이 씨는 선배이자 영향력있는 향토연구자로 존경받고 있다.

그는 이리오모떼를 사랑하는 이리오모떼 사람으로, 이리오모떼에 대한 권력의 통제와 자본의 난개발에 저항해왔다. 이리오모떼는 도로 주변을 빼고 섬의 90퍼센트가 국립공원이고 국유지이기 때문에 환경청, 임야청, 문부성 등 다양한 관청이 주민들을 압박한다. 관청은 제네콘(종합건설업자)과 손을 잡아 공항이다, 댐이다, 발전소다, 도로정비다 하면서 섬의 생활과 자연을 파괴하려 든다. 거품경제 시절에는 대형리조트 개발 프로젝트나 토지 투기가 유행했다. 거대한 권력과 재력에 저항하기 위해서는 자립해야 한다. 거대한 씨스템을 거부하는 자기 스스로의 생활과 사회에 대한 구상을 가져야 한다.

킨세이 씨는 "이리오모떼 살쾡이는 나의 벗이다"라고 한다. 최근에 댐 건설 프로젝트가 있었는데 살쾡이의 생태에 심각한 악영향을 준다는 반대론으로 저지되었다고 한다. 그래서 살쾡이는 킨세이 씨의 믿음직한 벗이자 동지이다.

킨세이 씨는 낮에는 밭을 갈고 밤에는 아와모리를 마시면서 산신을 연주하며 노래한다. 관혼상제에는 빠지지 않는다. 섬사람들과는 가족 같고, 섬에 대해서는 모르는 것이 없다. 누구도 그를 무시하고는 이리오모떼를 알 수도 없고 말할 수도 없다. "토오꾜오의 관료가 한 해에 한 번 정도 와서 여러 가지를 말하지만 섬사람들과 의논하겠으니 다시 와달라고 하면 두번 다시 나타난 사람이 없더라"고 한다.

1995년 7월 19~20일 오끼나와대학교에서 '오끼나와—자립으로의 구상력'이라는 심포지엄이 개최되었다. 요즘 오끼나와 사람들의 자립이나 독립에 관한 논의가 활발하게 일고 있다. 나는 심포지엄에 참여하지 않아서 내용은 잘 모르겠지만, 작년에 일어난 소녀 폭행사건을 계기로 '본토 복귀' 이후에는 '본토 수준'으로 발전할 것이라는 어긋난 기대를 접고, 미군기지 문제와 오끼나와의 미래를 생각하고, 당연하지만 자기 문제는 스스로의 힘으로 해결해야 한다는 반성과 자각이 높아진 것 같다.

자립이란 홀로 서서 타인에게 의지하지 않는 것이다. 자립이라는 말에는 아이나, 능력이 없는 피보호자가 보호자의 손을 놓고 홀로 선다는 의미가 짙다. 이 경우 보호자와 피보호자의 관계는 근본적으로 절대적인 것이 아니다. 단, 시간이나 능력 등의 제약으로 피보호자는 언제까지나 보호자에게 기댈 수 없다. 피보호자는 스스로의 운명을 책임지고, 보다 큰 가능성을 추구하며 자립적으로 생각하고 움직일 수 있는 능력과 사회에서 상호작용하는 주체로서의 자리를 확보하려고 노력해야 하는 것이다.

이런 주제가 논의되는 것은 오끼나와가 아직 자립하지 못했다는 자각 때문일 것이다. 오끼나와의 '자립'이 강조되는 것은 일본정부가 군용지주(토지를 군용기지로 제공하고 있는 토지소유자)들을 적지 않은 기지 사용료로 구워삶아 의존적으로 만들어왔으며, 오끼나와 전체가 토오꾜오의 공공투자나 지원금 등에 길들여져온 데 대한 강한 경계심의 표출이라고 생각한다. 권력과 돈의 힘으로 군사기지라는 비생산적인 역할을 짊어지게 되어 건강하고 생산적인 기능이 퇴화하고 점점 기지 체질로 바뀌는 것을 두려워하고 있다. 지금까지 일본과 미국의 지배가 오끼나와 사람들을 억압해온 것은 틀림없지만, 오랜 통치는 사람의 인식과 사회구조를 바꿔버린다. 사람은 지배자의 논리와 씨스템에 길들여지고 안주해가는 면도 있다. 루 쉰은 그러한 심성을 '누싱(奴性, 노예근성)'이라고 했다. 한국에도 오끼나와에도 노예근성이 있다. 이것은 마음만이 아니라 삶 전체를 결정하는 문제이다.

한편 독립은 억압자·지배자와의 치열한 투쟁을 거쳐 획득하는 것이다. 거기에 자립과 독립의 차이가 있다. 오끼나와의 경우 자립이냐 독립이냐의 문제는, 역사와 현상이 '지배와 피지배' 구조인가 '보호와 피보호' 관계인가라는 문제의식에 관련된 것이다. 그것은 자신을 오끼나와 사람으로 자리매기려 하는지, 일본국민으로 자리매기려 하는지 하는 정체성의 문제이기도 하고, 현실적으로 거기서 무엇을 얻는가 하는 구체적인 수단의 문제이기도 하다.

어떤 사람들은 오끼나와가 내부에서 일본국민국가의 폐쇄성을 깨뜨리고 새로운 '다문화 공생사회'의 길을 개척하길 기대한다. 그러나 일본 내부에서 오끼나와의 지위향상이 일본국민국가의 해체나 아시아 시민공동체사회를 만들어낼 것이라는 기대는 일본과 아시아 사이의 깊은 골을 충분히 인식하지 못한 소리라고 할 수밖에 없다.

오끼나와는 일본이 메이지 이후 새로운 국가를 만들기 위해 아시아를 침략하는 과정에서 병합되었고 그후 조선도 병합되었다. 조선이 독립한 오늘날에도 병합이 '합법적'이거나 '식민지는 없었다'라는 주장이 일본정부의 공식입장이다. 한국은 남북으로 분단되었지만 지금은 각기 독립국가로서 일본의 망언에 강렬히 반발하고 있다. 독립국이라는 오늘의 위상에서 일본의 한국병합이라는 과거의 잘

못을 자명한 것으로 보는 것이다. 오끼나와는 그러한 위상을 갖지 못했지만, 일본과 아시아라는 동아시아 근대 이후의 대립축 속에서 운명이 결정되고 아시아 민중들과 함께 고난의 역사를 걸어온 것은 틀림없다. 일본은 오끼나와가 일본에 병합, 식민지화되었다는 역사의 진실을 정면으로 내걸고 독립을 주장하는 금기에만 저촉하지 않는 한, 오끼나와를 일본 품으로 더욱 끌어안으려 하겠지만 오끼나와 문제를 아시아와의 근본적인 화해라는 맥락에서 해결하려는 발상은 털끝만큼도 없다. 즉 일본 대 아시아·오끼나와의 대립구도를 일본·오끼나와 대 아시아라는 대립구도로 바꾸어 유지해갈 것이다.

한국인으로서 보면, 오끼나와에서 일어나는 자립의식과 자립운동이 독립이라는 명확한 구호를 내걸지 않는 것도, 또 오끼나와식 속도로 느리게 진행되는 것도 답답하게 느껴질 때가 있다. 그러나 오끼나와 방식, 즉 자신들의 속도로 살고 있는 킨세이 씨 방식의 생활과 구상은 현장을 완전히 장악함으로써 상황의 중심에 요지부동으로 들어앉아 있다. 오끼나와는 자칫하면 한국이 잃어버리기 쉬운 성(聖)과 속(俗)과 유(遊)의 조화, 인간과 자연의 공존, 관용과 환대를 확인하면서 유유히 발걸음을 내딛고 있다. 거기서는 나처럼 성질 급한 인간의 "일본의 오끼나와냐? 아시아의 오끼나와냐?"라는 힐문은 일소에 붙여버릴지도 모른다. 그러나 오끼나와에는 확실히 아시아의 냄새가 난다.

타이완민중투쟁 대탄압의 현장을 찾아서

린 슈양 선생

내가 출소한 직후인 1990년 타이완의 출소 정치범 린 슈양(林書揚) 선생이 일본을 방문한 기회에 만났다. 이전부터 타이완에도 정치범이 있다는 것은 알았지만 실제로 만나보니 감회가 깊었다. 34년에 이르는 그의 옥중생활을 듣고 있으니, 바로 몇달 전에 작별인사를 하고 헤어진 대전교도소 노(老)정치범들의 얼굴이 눈앞에 어른거렸다. 타이완의 정치범은 누구이며, 무엇을 생각하고 있으며, 무엇을 해왔는가. 동아시아의 어떤 역사가 그들과 우리를 수십년이나 감옥에 가두었는가. 끊임없이 솟아나는 상념 속에서 언젠가 직접 타이완에 가보겠다는 마음을 다졌다. 마침내 1995년 3월 29일부터 4월

10일까지 린 선생의 초대를 받아 타이완을 방문하게 되었다.

린 선생은 1926년 타이난현(臺南縣) 마떠우진(麻豆鎭)에서 태어났다. 타이난은 타이완에서 가장 오래된 고읍이다. 16세기 초부터 중국대륙의 푸젠성(福建省) 사람들이 바다를 건너 이 지역으로 이주해왔고, 17~19세기 사이에 타이완의 중심지로 번창했다. 타이난에서 북쪽으로 30킬로미터쯤 올라가면 마떠우진이다. 마떠우가 위치한 자난(嘉南)평야는 벼농사와 사탕수수 재배로 타이완에서 으뜸가는 농업지대였기에 일제의 극심한 수탈을 받았다. 그만큼 저항도 거세어 약 3만명의 농민조합원을 망라한 타이완 농민운동의 중심지이기도 했다.

린 선생의 경우 5대 선조가 푸젠성 안시(安溪)에서 타이완으로 옮겨왔는데, 안시는 산이 바다까지 가파르게 불거져나온 고장이라 농사를 지으려야 지을 수 있는 땅이 없어서 도적이 되든지 동남아시아로 돈 벌러 가든지 할 수밖에 없었다고 한다. 린 선생의 선조가 멜대 하나 메고 건너와서 오십고개를 넘었을 무렵에는 자난평야에서 1, 2위를 다투는 대지주가 되었다. 그후 타이완 3대 린 씨의 하나로 손꼽히는 가문을 이루어, 그 멜대에 빨간 비단을 감아 가보로 사당에 모시고 명절 때마다 온 문중이 모여 절을 올렸다고 한다. 그러나 한(漢)족의식이 강하고 반일 기질이 있던 린 씨 집안은 일제통치하에서 몰락하여 린 선생의 성장기에는 140칸의 대궐 같은 집도 옛날의 번성을 찾을 길이 없었다. 린 선생은 가풍인 반일정신에다 사회주의자였던 이종사촌형의 영향을 받아 사상적 성장을 해나갔다고 한다.

해방후 환중후이(還中會)라는 청년단체를 조직하여 지역의 치안

유지에 힘쓰고 조국복귀를 준비하기 위하여 중국역사, 중국어, 중국 정치 등을 학습했다. 그리고 1950년 5월에 타이완 3대 지하조직사건의 하나로 일컬어지는 '마떠우사건'으로 체포되어 무기형을 선고받은 린 선생은 1984년 석방될 때까지 34년간 복역한 타이완 최장기 정치범이다.

셰 루이런(謝瑞仁)은 일제 때 타이뻬이 의학전문학교를 나와 고향인 마떠우에서 병원을 개업했다. 기술이 좋고 치료비가 싸고 가난한 환자에게는 치료비를 받지 않았기에 사람들이 많이 따랐다. 1947년 마떠우 진장(鎭長) 선거에 출마하여 고득표로 당선되었으며, 1949년에는 농민조합 이사장에 당선되었다. 1950년에 재선되자, 선생의 영향력이 커지는 것을 두려워한 국민당은 린 선생을 비롯한 타이난중학교 동창생, 진사무소 직원, 농민, 제당공장 노동자 등 그의 지지자 36명을 제물로 잡아들였다. 국민당이 선거결과를 뒤집기 위해 저지른 타이완 최초의 선거 관련사건이라 한다. 5월에 구속된 그들은 모진 고문을 받았고 7월에 군사법정에서 단 한 차례의 심리를 거쳐 8월에 사형 3명, 무기형 9명, 15년형 6명 등의 선고를 받았다. 린선생은 고등학생이었기에 겨우 사형을 면하고 무기형을 받았다.

타이완의 정보기관인 안전국의 문건, '비(중국 공산당) 타이완성 공작위원회 타이난현 마떠우 지부 셰 루이런 반란안(匪臺灣省工作委員會 臺南縣麻豆支部 謝瑞仁反亂案)'에 의하면, 지하당의 음모책략과 활동방식으로 다음과 같이 기재되어 있다.(李敖『安全局機密文獻』上, 李敖出版社)

1. 농공계층 청년들을 흡수하여 반란조직(공산당)을 건설하고 널리 당원을 모집하고 지하투쟁 역량을 높인다.

2. 정부가 추진하는 '삼칠오(三七五)' 감조(減租)의 기회의 틈을 타서 소작농을 결합하여 그 투쟁을 고무하고 정부가 실시하는 경자유전정책의 실시를 파괴한다.

3. 비군(匪軍, 중국 인민해방군)이 타이완을 해방하면 공비(중국 공산당)가 정권을 장악한 다음 노동자의 직장이 보장되고 임금을 올린다고 선전하여 제당공장 노동자에게 입당하도록 선동했다. 또한 비도(匪徒, 지하당원과 지지자)에게 공장재산과 설비를 보호하여 비군(匪軍)이 타이완에 쳐들어오면 접수가 순조롭게 이루어지도록 지시했다.

4. 농촌에 깊이 들어가 민중들에 접근하여, 기회를 틈타 사실을 왜곡하고 정부를 공격하여, 정부에 대한 민중의 반감을 조성한다.

5. 적당한 시기를 이용하여 조직 성원에게 명령하여 민중운동을 발동하고 합법적인 지도적 지위를 쟁취하여 비합법활동을 옹호한다.

이 문건으로 보아 그들이 지역에 깊이 뿌리박고 신망이 두터웠던 것 같다.

1984년 출소 후 린 선생은 출소 정치범과 사형당하거나 옥사한 정치범 유족들의 모임인 '타이완지구 정치수난인 호조회'를 만들었고 '중국통일연맹' '노동인권협회', 통일과 사회주의를 강령으로 하는 '노동당' 결성에 중심적인 역할을 해왔다. 그는 타이완 정치범의 상징적인 인물일 뿐만 아니라 일제 타이완총독부 자료인 『타이완사회운동사』 5권의 편역과 『2·28에서 50년대 백색테러까지』를 비롯해 많은 집필활동을 해온 이론가이기도 하다. 무엇보다도 '성인군자'라는 별명이 말해주듯이 그는 금욕적이고 온화한 성품으로 여러 사람들에게 존경받고 있다.

타이뻬이, 류장리 공동묘지

1995년 3월 29일 처음으로 타이완 땅에 발을 디뎠다. 타이뻬이는 생각보다 시원했으나 날씨는 흐렸다. 타오위안(挑園) 비행장에서 버스로 약 40분, 혹심한 교통체증으로 악명높은 타이뻬이 시내는 뜻밖에 한산했다. 청명절(淸明節) 휴일이라고 한다. 청명절을 전후한 이 주간은 성묘를 위해 학교도 회사도 쉰다. 먼저 '타이완지구 정치수난인 호조회' 사무실을 들러 바로 류장리 공동묘지(六張犁公墓)로 향했다.

청 란징(曾蘭經)은 1952년 8월 8일 국민당 당국에 의해 총살된 형 쉬 칭란(徐慶蘭, 형은 아버지 성을, 동생은 어머니 성을 따랐다)의 무덤을 30년 동안이나 찾아헤맨 끝에 1993년 5월 28일 류장리 시립공동묘지의 대나무숲에서 찾아냈다. 청 씨가 형을 마지막으로 본 것은 1952년 8월 7일이었다. 그는 당시 타이뻬이시 칭따오뚱루(靑島東路)의 타이완성 경비총사령부 유치장 10호실에 있었다. 새벽 4시 꿈결에 가까운 방의 철문이 열리는 육중한 쇳소리를 듣고 벌떡 일어나 문틈으로 형이 있는 14호실 쪽을 내다봤다. 간수와 헌병이 방을 열고 수갑과 족쇄를 찬 4명을 끌어냈는데, 그중 하나는 틀림없이 사랑하는 형이었다. 청 씨는 스스로 입을 막고 비명이 새어나오지 못하게 했다. 한없이 눈물이 솟구쳐 잘 보이지 않는 눈으로 애타게 형의 뒷모습을 보았지만, 형은 이내 시야를 벗어나 사라져버렸다. 4명이 끄는 쨍쨍한 족쇄소리만이 새벽 옥사의 긴 복도에 울려 통곡하는 그의 마음을 때렸다.

형제는 먀오리군(苗栗郡) 퉁뤄(銅羅)에서 태어난 가난한 농민의 아들이다. 형은 1952년 봄에 잡혀 사형 판결을 받았으며, 곧이어 동생도 죄없이 잡혀들어가 10년형을 받았다. 그는 오늘에 이르기까지 기소장도 판결문도 받은 바가 없다. 1962년 청 씨는 석방되어 집으로 돌아갔다. 부모에게 형의 소식을 물었더니, 당시 퉁뤄경찰국에서 한 시간 이내에 속시금(續屍金) 천 원(당시 하루 품삯이 11원)을 내고 주검을 찾아갈 수속을 하라는 통지가 왔었으나 돈이 없어 그러지 못했노라고 했다.

청 씨는 형이 대나무숲 밑에 묻혀 있는 꿈을 옥중에서 여러 번 꾸었다. 집에 돌아온 다음에는 더욱 자주 그 꿈을 꾸었다. 그러나 타이완은 온통 대나무숲인 까닭에 어느 대나무숲을 찾아야 할지 알 수 없었다. 형의 주검을 찾기 위해 청 씨는 미장이로 일하면서 타이뻬이의 사형장 주변, 공동묘지 등을 찾아헤맸지만 헛일이었다. 1992년 그는 류장리 공동묘지 아랫동네로 이사했는데 마침 이웃집에 무덤파는 인부가 살고 있어서 "51~52년경에 정부에게 총살당한 시신이 있다는 말을 들은 적이 없습니까?"라고 물었더니, "옛날에 동업자한

테 여기 류장리에 있다고 들었는데 잘 알 수 없네"라는 답을 들었다. 그러나 일말의 희망을 버리지 않고 "나의 형은 쉬 칭란입니다. 혹시 보면 알려주세요"라고 부탁했다.

그로부터 1년 남짓 지나 그 인부는 달팽이요리에 곁들이는 들차조기를 따러 숲속에 들어갔다가 우연히 조그마한 묘석을 발견했다. 이를 계기로 1950년대에 처형된 정치범 201명의 무덤이 속속 발견되었다.

타이뻬이의 중심에서 동쪽으로 조금 벗어난 류장리 시장은 비좁고 먼지를 뒤집어쓴 1960년대 한국의 시장을 방불케 한다. 거기서부터 차 한 대가 겨우 지나갈 수 있는 언덕배기를 굽이굽이 올라가면 산허리를 온통 메운 무덤들이 나타난다. 빈부와 신분에 따라 크기나 재료는 다르지만, 무덤은 관이 들어갈 수 있을 크기의 반원통형 씨멘트로 만들어졌다. 아랫동네에서 차로 15분 정도 올라오니 길을 사이에 두고 골짜기 쪽에는 '청명송경법회(淸明誦經法會)'라고 씌인 붉은 휘장을 내건 '숭덕사(崇德寺)'라는 묘당과 30미터 정도 높이의 청기와를 인 흰 영안탑이 나란히 있고, 산 쪽에는 '효원각(孝園閣)'이라는 장의사가 마주 보였다.

이 장의사가 확장공사를 할 때 수갑과 족쇄를 찬 채로 머리에 탄알이 박힌 사람뼈 4구가 발굴되었다고 한다. 장의사 지붕에서 이어지는 뒤쪽의 경사가 제1현장이고, 쉬 칭란의 무덤이 발견된 곳이기도 하다. 장의사 옆쪽 계단을 올라가면 원래 있던 대나무숲은 사라지고, 왼쪽으로는 여러 개의 반원통형 무덤이 있으며, 거기서부터 오른쪽 끝까지 반경 30미터 정도의 비탈에는 "민국 몇년 몇월 며칠"

이라는 사망 연도와 고인의 이름을 새긴 높이 30센티미터, 폭 15센티미터 정도의 씨멘트로 만든 초라한 묘석 50기 정도가 빽빽이 들어서 있다. 각각의 묘석 곁에는 이름과 일련번호가 적힌 작은 노란 깃발이 꽂혀 있었다. 쉬 칭란의 무덤 깃발에는 붉은 매직으로 'A1'이라는 번호와 이름이 씌어 있었다.

숭덕사 영안탑에는 4구가 모셔져 있는데 이곳을 제2현장이라고 한다. 올라온 길을 조금 되돌아가면 뒤에 발견된 제3, 제4현장이 길 양쪽에 있다. 제4현장은 가장 후미진 숲속에 있으며 일반인의 무덤은 거의 없다. 여기에 린 선생 사촌형의 무덤이 있었다. 묘역을 돌아보니 40년 동안 비바람을 맞아 허술한 씨멘트 묘석에 새겨진 이름도 희미했고 어떤 것은 "불상지묘(不詳之墓)"라고 씌어 있었다. 타이뻬이 중심부의 유치장에서 끌려나와 남쪽 신뎬(新店) 가의 마창정(馬場町)에서 처형된 후 싸구려 나무상자에 들어가 트럭에 실려 묘지로 운반될 때는 이름을 적은 종이를 관에 붙이는데, 그때 종이가 바람에 날리거나 비를 맞아 떨어지면 '불상지묘'가 된다.

이 묘지의 발견에 얽힌 불가사의한 꿈은 청 씨의 핫가(客家, 옛날 황허 중류에서 남중국으로 옮겨간 한족으로 독자적 언어와 생활습관을 지키고 있다) 다운 끈질김과 행운으로 현실이 되었고, 이것을 계기로 그때까지 가려져 있던 역사의 어두운 부분인 '50년대 백색테러'가 백일하에 드러나게 됐다.

‘2·28사건’에서 ‘50년대 백색테러’로

1895년 청일전쟁에서 패배한 청은 ‘시모노세끼조약’에 따라 타이완을 일본에게 넘겨주었다. 일제 통치는 타이완보다 조선에서 더욱더 가혹했다는 견해가 일반적이기는 하나, 일제 통치하에서 고초를 겪은 타이완민중들은 광복을 맞아 본토복귀를 학수고대했다. 그러나 해방후의 기대와 기쁨은 급속히 시들어 이내 실망과 분노로 변해갔다. 타이완 접수를 위해 도착한 천 이(陳儀) 장군이 이끄는 제70군은 부패 타락한 국민당 군 가운데서도 규율과 장비가 가장 열악한 지방군이었다. 대륙에서 건너온 접수군이나 국민당 관리는 대부분 외성인(外省人, 대륙 출신자. 타이완 출신자는 본성인)인데, 그들은 타이완 총독부의 재산과 기업을 접수하여 정치·경제·행정의 요직을 독점하고 “일본에게 ‘노예화교육’을 받은 타이완 동포”에게 지배자처럼 군림했다. 그 부패와 무능, 횡포로 말미암아 사회질서는 크게 문란해지고 생활고는 더욱더 심해져 외성인에 대한 원한은 깊어져만 갔다.

타이완이 일제 통치에서 해방된 지 1년 반이 되는 1947년 2월 27일, 타이뻬이역 가까이에 있는 위안환(圓環) 로터리에서 담배를 암거래하던 노파를 전매국 단속반이 때린 것에 격분한 군중들에게 발포를 한 것이 ‘2·28사건’의 발단이었다. 그 이튿날인 28일 군사들이 타이완성 행정장관공서로 몰려가 발포자를 처벌하라는 청원시위를 벌이자, 경비병이 다시 총을 쏴 전면봉기로 번져갔다. 군중은 방송국을 점거하고 봉기를 호소하여 3월 1일부터 타이완 전역으로 봉기가 확대되었다. 지방유지와 지식인 등은 '2·28사건 처리위원회'를 만들어 타이완 행정장관인 천 이 장군과 수습책을 협상했는데, 천 장군은 타이완성 자치법 제정, 본성인 등용 등의 '처리대강'을 받아들이는 척하면서 시간을 벌어 몰래 원군을 요청했다. 3월 8일 2개 사단의 진압군이 도착하여 무자비한 학살을 자행, 2만 내지 3만명에 이르는 희생자를 냈다고 한다.[1)]

그후 장 제스(蔣介石)는 천 이를 파면하고, 행정·군사 양권을 장악한 장관이 일제 때 타이완 총독에 비길 만한 권한을 갖는 장관공서 제도를 폐지했으며, 타이완성을 선포하고 성주석에 친미파인 웨이 따오밍(魏道明)을 임명했다. 그리고 체포자 석방과 본성인 등용으로 타이완 상류층을 회유하고 1950년에는 천 이를 처형하여 민심 수습을 도모했다.

그러나 2·28은 타이완사람들의 가슴에 깊은 상처를 남겼고, 그 진상규명과 '핑판(平反, 명예회복, 원상회복)'은 타이완 현대사의 커다란 과제가 되었다. 아울러 반국민당·반(反)장 제스 의식이 중국과 중국인 전체에 대한 반감으로 바뀌면서 외성인과 본성인의 적대라는 이른바 성적(省籍) 모순을 낳았고, '타이완인 아이덴티티'가 형성

1) 2·28사건 사망자의 정확한 숫자는 알 수 없다. 타이완 경비사령부가 집계한 3,200명부터 『뉴욕 타임즈』 1947년 3월 22일자에 보도된 1만명, 조지 카르 등의 연구결과 2만명 이상, 스 밍(史明) 등의 분석 10여만명이라는 설까지 다양하다. 1960년 행정원에서 호적조사를 한바, 호적은 있으나 사람이 없는 경우가 12만 6,800여건이었다고 한다.(楊逸舟 『2·28民變』, 183면; 楊碧川 『2·28探索』, 臺北: 克寧出版社 1995, 119~20면에서 재인용)

되었다. 또한 이것이 반공의식과 결합하면서 반대륙, 반공, 친미·친일, 반통일 분리독립을 주장하는 민주진보당(민진당) 결성의 토양이 되었다.

타이완의 농지개혁은 비사회주의 아시아국가들 중에서 가장 성공적이었다는 평가를 받고 있다. 이것은 대륙중국과 대항하는 데 농민의 인심을 얻고자 취해진 다분히 정치적인 성격을 띤 것이었다. 따이 꿔후이(載國煇)의 『타이완(臺灣)』(岩波新書 1988)에 의하면, 농지개혁에 대해 물론 대가를 받는다고는 하지만 으레 있을 법한 지주측의 반발이 거의 없었던 이유는 2·28사건의 쇼크로 감히 말을 못했기 때문이라고 한다. 그러나 이 결과 몰락하게 된 지주는 반발하여 해외로 망명하거나 중소기업주로 변신했다. 결과적으로 타이완을 무대로 하는 국부(國府, 국민당 정부) 주도의 반중국통일전선에 타이완인 중상층 부르주아를 충분히 끌어들이지 못하였고, 타이완독립운동의 '뿌리' 중 하나는 바로 여기서 찾을 수 있다는 것이다. 비록 계급적 이해는 같지만, 그 기반을 주로 관상(官商)자본에 두는 국민당(외성인)과 중소 토착자본에 두는 민진당(본성인)이 타이완독립과 민주화를 둘러싸고 정치적으로 서로 대립하는 구도가 형성된 것이다.

타이완독립운동은 1950년대에는 주로 일본에서 번성했고, 1960년대 이후에는 미국에서 성장했다. 정당 창립이 금지되었던 타이완에서는 1970년을 전후로 반국민당세력이 '당외(무소속)'로 선거에 출마하는 이른바 '당외운동'이 형성되었다. 1971년 저우 언라이(周恩來)와 키씬저(H. A. Kissinger)에 의한 '샹하이공동성명' 및 타이완의 국제연합 탈퇴와 중국정부의 국제연합 가입, 1972년의 중·일 국교회복은 타이완이 중국 전체를 대표한다는 허구를 산산이 부쉈고, 타이완은 국제적으로 고립되어갔다. 이어 1975년 장 제스의 사망으로 국민당의 권위와 장악력은 더욱더 약해졌다. 타이완을 유일한 존립 기반으로 삼을 수밖에 없는 처지로 몰린 국민당 정부는 본성인 등용하여, 이른바 단계적 민주화개혁 등 '타이완화'를 추진했다.

1979년에는 중·미 국교정상화로 결정적으로 약해진 정부에 대한 도전으로 '메이리따오(美麗島) 사건'[2]이 폭발, 국민당 일당 독재정치의 한계가 명백히 드러났다. 1987년에는 '2·28화평일촉진회'가 결성되어 희생자 추모행사, 위령비 건립 등이 추진되었고, 1988년 계엄령 해제를 전후해 보금(報禁, 언론 통제법), 당금(黨禁, 정당설립 금지법) 등 과거의 억압법이 폐지되었다. 1990년에는 타이완 각지에서 2·28기념행사가 거행되었고, 1991년 리 떵후이(李登輝) 총통이 사건의 조사연구, 유족위로 등을 행하라고 행정원에 지시했으며, 이듬해 행정원은 '2·28사건 연구보고'를 발표했다. 1995년 2월 28일에는 타이뻬이 신공원(이듬해에 2·28기념공원으로 개칭)에서 2·28기념비 제막식이 거행되었고, 리 떵후이는 정부의 사죄, 피해자 명예회복, 피해자와 그 가족에 대한 배상을 발표했다.

---

2) 1978년 '당외'세력은 정론 월간지인 『메이리따오(美麗島)』(타이완에 도착한 뽀르뚜갈 사람이 Ila Formosa아름다운 섬이라 부른 데서 유래한 것으로 타이완을 지칭하는 말)를 발간하여, 각지에 지사를 만든다는 구실로 준정당조직을 꾸려나가며 당국에 도전했다. 국민당은 1979년 12월 10일 '메이리따오' 그룹이 까오슝(高雄)시에서 연 세계인권의 날 모임에서 벌어진 충돌을 트집잡아 '당외' 인사에게 대탄압을 가하고 지도자 8명을 반란혐의로 군사재판에 부쳤다. 이 사건은

이와 같이 타이완 현대사의 일부는 청산되었다. 그러나 아직도 어두운 구석은 남아 있다. 2·28사건 이후 장 제스가 국공내전에서 패할 무렵인 1949년 미국은 『중국백서』(*Relations with China with Special References*)에서 "국민당의 타락·부패·무능"을 지적하며 "이 모든 것은 장 제스가 자초했다"고 비판하고 국민당 정부와의 절연을 천명했다. 장 제스는 안팎으로 고립무원인 채 타이완으로 쫓겨와 살아남기 위해 탄압정치를 자행했다.

타이완의 공산주의운동은 1928년 상하이에서 일본공산당 타이완 민족지부로 조직되었는데, 연이은 일제의 탄압과 내부분열로 붕괴되어 해방 당시에는 조직적 실체가 없었다. 일제하에서는 타이완 농민조합, 문화협회, 타이완 프로문예작가협회, 적색구원회, 공우공조회(工友共助會) 등 사회주의 운동조직이 있었는데, 1920년대부터 1930년대 전성기에는 그 조직원이 약 5만명에 이르렀고, 외곽단체와 지지군중까지 포함하면 상당한 세력을 가졌다고 한다.

1945년 8월 홍군의 2만 5천리 장정에 참가한 중공중앙위원 후보였던 타이완 중부 자이(嘉義) 사람인 차이 샤오깐(蔡孝乾)이 중국공산당에서 타이완공작위원회 서기로 임명되어 1947년 7월 타이완에 도착했다. 란 뽀저우(藍博洲)의 『백색공포(白色恐怖)』(揚智文化 1993)에 의하면, 2·28사건 당시 중국공산당 타이완 공작위원회는 2개 지역위원회, 3개 지부에 70여명의 당원밖에 없어 조직적인 체계도 역

타이완 반독재투쟁의 이정표가 되어 그후의 민주화 흐름을 결정했다. '까오슝 사건'이라고도 한다.(若林 外 『臺灣百科』 제2판, 東京: 大修館書店 1993, 51면)

량도 갖추지 못해 2·28사건에서 주동적인 역할을 담당하지 못했다. 다만 일제 때 고참당원이고 당시 복당되지 않았던 셰 쉬에훙(謝雪紅)이 지도하는 대중현의 27부대나 일제 때부터 강고한 농민운동의 지도자였던 젠 지(簡吉)가 지도하는 자이시의 무장투쟁같이, 일부 지방의 자발적인 투쟁에서만 좌익세력이 지도력을 발휘했다.

2·28사건 이후 대륙내전에서 중공이 크게 승리하자 타이완의 좌익세력은 힘을 얻어 급속히 성장했다. 1949년 말에는 17개 시구 공작위원회, 205개 지부, 10개 무장근거지와 학생운동 담당의 '타이완 학생공작위원회', 노동운동 담당의 '타이완 우전직공(郵電職工)공작위원회', 소수민족인 까오샨족(高山族) 담당의 '타이완성 산지공작위원회'의 3개 특별위원회가 있었고, 당원은 800명가량 되었다.

이에 대해 국민당은 반란을 진압하기 위한 국가총동원 시기로 시국을 규정하고, 헌법을 정지하고 권한을 총통에게만 집중하기 위해 1948년 제1기 국민대표회의에서 제출된 '동원감란시기임시조관(動員戡亂時期臨時條款)'을 발포했다. 이로써 총통 1인독재의 법적 근거를 마련하고 대대적인 탄압을 준비했다. '동원감란시기'는 법적으로는 1991년까지 계속되었다. 1949년 5월 1일 전지역에 호구조사가 실시되었고, 같은달 20일 계엄령이 발포되었다. 이어 '국가총동원법' '동원감란시기징치(懲治)반란조례' '동원감란시기비첩(匪諜)숙청조례' '타이완지구 계엄시기 출판물 관제변법' '비상시기 인민단체법' 등의 탄압법을 차례로 발포했다.

1950년 5월까지 각 계통의 군경특무기관에 1천명 이상이 비밀리에 연행되었지만, 2·28사건이 재연될까 두려워 그들을 공개적인 정식재판에는 회부하지 않았다. 1950년 5월 13일에 체포된 중공 타이완성 공작위원회의 책임자 차이 샤오깐은 결국 고문에 굴복해 전향했고 5월 30일 전도민에게 투항 방송을 했다. 그는 조직의 기밀을 국민당에 넘겨주어 공작위원회에 결정적인 타격을 입혔다. 그로 인해 처형당하거나 투옥된 사람의 수가 최소한 3천명에 이른다고 한다.

거의 죽어가는 장 제스 정권을 살려준 것은 한국전쟁이었다. 트루먼 대통령은 1950년 1월의 타이완 문제 불개입을 천명한 성명을 깨고 6월 27일 '타이완해협 중립화에 관한 성명'을 발표, 제7함대를 타이완해협에 파견함으로써 국공내전에 개입했다. 당시 미국이 개입함으로써 장 제스를 공산주의로부터 지켰는지 모르지만, 타이완의 자유와 민주주의를 지켜낸 것은 분명히 아니었다. 미국은 1951~65년까지 해마다 1억 달러의 경제·군사원조를 주고, 국제연합이 국토와 국민의 99퍼센트를 잃은 타이완의 국민당 정부에게 중국 대표권을 주도록 억지를 부렸다

미국의 후원을 배경으로 장 제스의 탄압은 본격화되었다. 1949~59년까지 이른바 '백색테러'시기의 피해는 정확히 파악할 수 없으나 4천명이 총살되고 1만명 이상이 투옥되었다고 한다. '타이완지구 정치수난인 호조회'는 류장리 공동묘지 조사, 신문기사 분석, 일부 공개되거나 흘러나온 군경의 정보 및 사법기관 문서 분석, 가족에게 온 통지, 개인의 사형을 목격했거나 인지한 출소 정치범 3명 이상의 증언 등을 기초로 약 4천명이 총살되었다고 추산하며, 그중 1,011명의 실명을 파악했다고 한다. 한편 란 뽀저우의 『백색공포』에 따르면, 1950~54년 사이에 적어도 3천명이 총살되고, 8천명 이상이

유기 혹은 무기의 형을 받았다고 한다.

뤼따오 감옥

3월 30일 뤼따오(綠島)로 향했다. 린 선생은 이 섬에서 두 차례에 걸쳐 24년 동안 수용생활을 했다. 출소 후 두번째로 이 감옥섬에 찾아온 것은 지나간 옥중생활에 대해서 나와 이야기를 나누기 위해서였다. 린 선생을 취재하기 위해 '허우 샤오셴(侯孝賢)' 영화제작 그룹에서 카메라맨 2명을 포함해 4명의 관계자와 린 선생의 보좌인 우 선생이 동행했다.

뤼따오로 가기 위해서는 타이뻬이에서 타이뚱(臺東)까지 비행기로 약 40분 가서, 타이뚱에서 다시 8인승 경비행기를 갈아타고 15분을 더 가야 한다. 도중 해군 군사훈련 때문에 비행기 발착이 금지되어 타이뚱에서 떠나는 비행기가 한 시간 지연되었다. 시샤군도(西沙群島)를 둘러싸고 베트남과 무력충돌이 있어서 해군 기동연습을 한다고 한다. 이 충돌은 국제적 고립의 충격에서 헤어나온 타이완이 경제력을 배경으로 동남아시아 진출을 꾀하는 이른바 '남향(南向) 정책'[3]이 빚어낸 마찰이었다.

---

3) 동남아시아 진출을 꿈꾸는 타이완의 야망을 담은 '남향정책'과 '타이완의식' '타이완 호크로우(福佬, 푸젠성 남부, 즉 민난閩南 출신자를 가리키는데, 그들은 타이완 인구의 80퍼센트 가까이 차지하고 흔히 타이완사람이라 일컬어지며, 그들이 쓰는 민난말을 타이완어라고 한다) 쇼비니즘'에 관한 통찰력이 있는 분

10시 40분 타이뻬이 쑹산(松山) 비행장에서 출발했으나 좁은 해안에 달라붙어 있는 뤼따오 비행장에 도착한 것은 오후 4시 15분이었다. 실제 비행시간은 한 시간이 채 못되는 거리인데, 1951년 봄 2천 명가량의 정치범이 뤼따오까지 이송되는 데는 사흘이 걸렸다고 한다. 타이뻬이에서 지룽(基隆)과 까오슝으로 나뉘어 돼지 수송 화물차로 실려가 다시 석탄운반선으로 옮겨져서 뤼따오로 건너갔는데, 풍랑을 만나 배를 댈 수가 없어 온통 토해낸 음식과 똥오줌에 뒤범벅이 된 배 안에서 이틀을 지냈다고 한다.

뤼따오는 타이뚱 앞바다 33킬로미터 지점에 있는 면적 15.1평방킬로미터, 한 변이 4킬로미터인 네모꼴의 작은 섬으로, 광복 전에는 훠샤오따오(火燒島)라고 불렸다. '훠샤오따오'라는 이름이 붙은 데에는 타이뚱에서 보면 석양을 받아 마치 섬이 불타는 것 같아서라는 설과, 겨울에 소금바람을 맞아서 해안식물이 말라죽기에 불에 타버린 것같이 보이기 때문이라는 설이 있다. 뤼따오는 화산섬이므로 지금은 비록 나무가 우거져 있으나 본디는 뜨거운 용암으로 뒤덮였을 것이니, 섬이 생긴 유래를 생각한다면 뤼따오보다 훠샤오따오라고 함이 옳을 것이다. 원래 여기에는 원주민인 야미족이 살았지만, 18세기 무렵부터 푸젠성에서 건너온 한족에 의해 전멸되었다고 한다. 일제강점기에도 범죄자의 유형지이기는 했으나 정치범은 없었다. 해방후 국민당 정부는 섬을 뤼따오라 이름짓고 정치범 수용소를 세

석은 陳光興「帝國之眼: '次'帝國與國族-國家的文化想像」,『臺灣社會硏究季刊』第17期, 1994;『思想』1996년 1월호, 東京: 岩波書店에 번역 전재; 한국어판으로는 백지운 외 옮김『제국의 눈』(창비 2003)에 실려 있음.

웠다. 정식명칭은 '보안사령부(뒤에 '경비총사령부'로 바뀜) 신생훈도소'이다.

신생이란 '새로 태어나다', 즉 한국의 교정기관에서 쓰는 '갱생'이나 '사상전향'과 비슷한 뜻을 지니는데, 관에서는 수용자를 '신생'이나 '학우'라고 불렀고, 수용자는 서로 '동학(同學)' 또는 '난우(難友)'라고 불렀다. 여기는 감옥이 아니고 집중영(集中營)이라 하여 군에 의해 군대식으로 관리되는 정치범 집단수용소였다. 초대 소장은 지룽 요새 사령관이었던 야오 셩지(姚盛齋) 중장이며, 그 아래 대령급의 부소장과 정치부 부장이 있고, 1과부터 3과까지 행정부서와 1개 중대의 경비병이 있었다. 정치범은 중령이 이끄는 3개 대대로 편성되었다. 대대는 4개 중대로, 중대는 3개 분대로 편성되어 각 분대에는 12명 내지 14명의 반원이 각각 소속된 3개 반이 있었다. 중대장과 중대 정치지도원은 소령이고, 그 아래 분대장을 맡은 대위 3명과 6명의 정치간사가 있었고, 그들을 보조하는 5, 6명의 하사관과 병졸이 배치되었다. 120명부터 많을 때는 160명 정도의 정치범이 각 중대에 속했는데, 1950년대 초에는 50~60명의 여자를 포함한 1,600명 이상의 정치범이 수용되었다.

시골 소읍의 버스대합실처럼 좁고 지저분한 뤼따오 비행장 터미널을 나서니 쑹룽(松榮)여관의 마이크로버스가 기다리고 있었다. 이것을 타고 뤼따오 순환도로를 천천히 시곗바늘 방향으로 한바퀴 돌았다. 우선 비행장을 나서면 섬에서 유일한 중학교인 뤼따오중학교가 있는 차이커우(柴口) 마을이 있다. 조금 더 가면 숭덕신촌(崇德新村)이라는 간판이 나타나고 오른편 산자락에 법무부 감옥이 보인다.

그곳을 지나면 조그마한 우체국이 있는 꿍꽌(公館)이라는 마을이고, 꿍꽌삐(公館鼻)라는 곳의 끝은 검은 용암바위가 엉겨붙은 해안인데, 우뚝 솟은 탑과 같은 큰 바위와 조금 떨어진 바닷속에 3개의 뾰족바위가 보인다. 그중 사람의 상반신처럼 생긴 장군바위를 정치범들은 '베토벤 바위'라 불렀는데, 외딴 유형지에서 문화의 향취를 그리워했던 그 마음이 애틋하다.

꿍꽌삐를 돌면 바로 감훈감옥의 망루와 씨멘트 담이 보이는데, 담 위 철조망에는 전류가 흐르고 있었다. "거기서 1972년부터 석방될 때까지 12년가량 있었는데, 저 철문으로 출입을 했습니다"라고 린 선생은 담 한가운데 나 있는 검붉게 녹슨 중후한 철문을 가리키며 말했다. 감옥 앞에는 사무실이 딸린 하얀 2층집이 있었다. 차에서 내려 사진을 찍으려 하니 총을 겨눈 경비병이 소리를 지르며 막았다. 현관문 기둥에는 감옥에 걸맞지 않게 '뤼저우산장(綠洲山莊)'이라 새겨진 나무간판이 걸려 있었다. 조금 더 가니 아파트 건설현장같이 여러 동의 건물을 짓고 있는 장소가 나타났다. 옛날 신생훈도소가 있던 자리에 전과자를 모아 직업훈련을 실시하는 감호소와 같은 시설을 만들고 있다고 한다. 옛날 정치범들이 목욕과 세탁을 하던 류만꺼우(流鰻溝 또는 鱸鰻溝)에는 물이 없었다. 감훈감옥과 옛 훈련소를 구획하는 산의 큰 바위에 새겨진 '멸공복국(滅共復國)'이라는 붉은 글자만이 겨우 지나간 세월을 되살리게 했다. 여기서 해안길은 끊어지고 산 위로 이어진다.

뒷산에 올라가서 훈도소가 있던 자리를 내려다보았다. 장군바위 너머 바다 서북쪽에는 타이완 본도와 중국대륙이 있으며, 완만한 곡선을 그린 수평선 오른쪽은 망망한 태평양이다. 거기에 서니 '감옥은 권력의 최후 보루'라는 말이 실감났다. 중국 동쪽의 타이완, 또다시 그 동쪽 끝에 있는 외딴 섬에 정치범을 가두어놓은 것이다. 대륙에서 내쫓긴 국민당이 타이완을 마지막 의지처로 삼은 것처럼, 이 섬에 권력의 마지막 보루인 정치범 감옥을 둔 것이다. 중국 현대사의 운명을 건 국공 간의 치열한 싸움의 마지막 보루가 여기에 있었다.

'신생'들은 학습과 노동을 주 3일씩 격일로 했다. 학습시간에는 대학 또는 대학원 출신의 정치장교가 강의를 했으며, 국부 쑨 원(孫文)의 유훈, 영수 장 제스의 언행, 소련중화침략사, 공비폭행 중국혁명사, 중국역사, 토지정책, 375지조(地租), 생산강화(生產講話), 마오쩌뚱 비판 등이 그 주된 내용이었다. 그리고 식자반, 국어(뻬이징어) 교육반, 영문보습반 등의 야간 보충수업도 있었다. 초기의 노동은 도로정비, 훈도소 시설 건설 등이지만, 가장 힘들었던 것은 배가 난랴오(南寮) 항구에 들어올 때 석탄이나 식량 등 60킬로그램짜리 포대를 십오 리 길을 걸어서 나르는 일이었다.

숙소인 쑹룽여관에 닿았을 때는 저녁 7시 30분이었다. 해안을 따라서 이 부근만 2차선 포장도로가 만들어졌고, 최근 리조트 개발로 몇군데 신식 숙박시설도 들어섰다. 그러나 쑹룽여관은 부석(浮石)을 쌓은 담과 왜소한 집 사이로 차 한 대가 겨우 빠져나갈 수 있는 뒷길에 있었다. 일제강점기에 지어진 2층짜리 여관은 나무 창틀의 초록색 칠이 벗겨져 이끼가 끼었고 기와지붕에 냉이가 불쑥불쑥 자라나 폐허처럼 보였지만, 왕년에는 뤼따오에서 가장 유서깊은 유일한 여관이었다. 창문 너머 살펴보니 어둑어둑한 실내에서 희미한 인기척이 느껴졌다. 야오 셩지 중장도 1년가량 여기서 머물며 훈도소 건설을 지휘했다고 한다. 스무 평 남짓한 앞뜰에서는 정치범들이 이 고장 사람들을 모아 오락공연도 열었다고 한다. 우리는 고색창연한 본관 옆에 세워진 무미건조한 4층짜리 신관에 들어섰다. 창문을 여니 낮은 파도소리와 부드럽고 시원한 바람이 들어왔다. 의자에 깊숙이 앉은 린 선생은 옛날을 되새기며 얘기를 시작했다.

린 선생은 한국과 타이완의 정치범 처리의 차이와 공통점에 대해 일찍이 그의 글에서 다음과 같이 지적하였다.

공통점은 첫째, 통치자의 인식에는 '정치범은 곧 사상범'이라는 관점이 있다. 이로 인해 일반범과 달리 특별히 사상과 의지의 적대적 부분을 중요시하고 그것을 제압하는 데 중점을 둔다. 둘째, 이를 위해 '위험사상'을 제압하는 가치체계를 만들어낸다. 그리고 강제적 주입방식으로 당사자의 인격 통일성을 혼란시키고 죄악감과 무력감을 주고자 한다. 셋째, 이러한 도덕적·심리적 압력을 증강하기 위해 직접적인 육체적 가학수단을 이용하여 공포본능을 자극해 저항의지를 와해시키고자 한다.

차이점은 첫째, 타이완의 국민당 정권은 과거 역사에서 중국공산당과 여러 차례 합작과 투쟁을 해왔다. 이로 인해 사상투쟁 기술에서 상대방의 '유연성있는' 방법을 배울 수 있었다. 형식상 한국처럼 경직된 '사상전향제도'를 채택하지 않고 표면적으로는 '유도' '감화교육' 등을 중요한 수단으로 삼았다. 둘째, 옥중의 공포정책은 양국이 똑같이 중시했다. 다만 타이완은 비교적 큰 방에 수용하는 집중 형식의 집단관리 방식을 택했다. 그 목적은 집단 내부에 공포심을 전염시키고 기회를 봐서 내부에 이간·반목을 일으키는 데 있었다. 그러나 한국에서는 꽁꽁 닫힌 독방에 가둬놓고 개별적으로 괴롭히고 분쇄하는 수법을 주로 썼다. 셋째, 한마디로 사상통제에서 타이완의 방법은 비교적 음험하고 우회적인데, 한국은 일제식의 직접적이고 고압적인 수단을 운용해 굴복을 강요했다.

타이완에는 정치범 사상전향제도가 없었다. 다시 말해 사상전향서 작성과 심사라는 문서에 의한 형식적인 전향제도를 취하지 않았다. 한국에서는 한 장의 사상전향서를 받아내려고 고문, 학대, 기만, 회유, 가족에 대한 박해와 협박 등 온갖 방법을 서슴지 않았다. 이것은 단지 종이 한 장을 쓰게 하는 것이라기보다는 권력의 강제에 굴복했다는 패배감과 좌절감을 안기고 자신의 신념과 사상을 부정하게 함으로써 무력감을 느끼게 하고, 동지들 사이에서 배신자로 낙인찍혀 이간하는 효과까지도 기대하는 것이다. 사상전향 공작관들은 한 사람을 전향시키면 얼마간의 상금을 받을 수 있어서 건수 올리기에만 열을 올리고 정치범의 사상이 달라졌든 말든 전향서 한 장을 쓰게 하는 것만을 목표로 삼는 경향이 있다. 일제 때는 사건의 확대수사나 조직파괴를 노려 주로 취조나 예심 단계에서 조기 석방을 미끼로 미결수에게 사상전향 공작을 했다. 해방후에는 수감기간 내내 기결수의 사상전향을 강요했다. 이것은 남북 대결구도에서 대북반공심리전에 정치범의 사상전향과 일반국민의 사상통제가 불가분의 관계에 있다고 본 데에서 오는 것이다.

린 선생은 타이완에서 삼민주의 우파의 이데올로기를 중심으로 사상교육, 즉 실제적인 사상전향교육을 하면서도 사상전향제도를 취하지 않은 이유를 다음과 같이 들었다. "우선 국민당이 공산당을 너무나 잘 알고 있어서 공산주의자에게 사상전향을 강요하는 것이 무의미하다는 것을 알고 있었으며, 무엇보다도 장 제스가 아무도 믿지 않았기 때문이다." 즉 가족과 친척, 심복 가운데서도 공산당으로 넘어간 사람들이 수없이 많은데, 육군중장인 훈도소 소장이든 누구든 그들이 심사한 사상전향을 어떻게 믿겠는가 하는 것이다. 1951년 정치범들이 뤼따오에 도착한 첫날 정치부 부장은 그들을 모두 한데 모아놓고 "여러분은 여기서 잘한다고 해서 형기보다 빨리 나갈 수 있다고 기대해서는 안된다. 다만 규칙을 어기는 사람에게는 형이 추가될 뿐임을 명심하라"고 했다고 한다. 물론 관의 방침과 규율을 잘 따르거나 밀고자 노릇을 한 사람들은 편하고 쉬운 부서에서 일을 시키거나 담배를 피우게 하는 등 약간의 우대를 했으나, 1975년 장 제스가 죽기까지는 본격적인 사면이나 가석방이 실시되지 않았다.

타이완과 한국이 똑같이 외세의존적인 반공독재국가였지만 이렇듯 사상전향에서 다른 방식을 보인 것은 조선은 일제의 완전한 식민지였던 반면, 중국은 여러 제국의 침략 속에서도 정부를 유지했던 이른바 반(半)식민지였다는 역사적 차이에 기인하지 않을까. 조선은 해방후 치안관계법, 사법제도, 군·경찰, 감옥제도 등 일제가 만든 국가폭력장치를 그대로 이어받은 반면, 타이완을 접수한 국민당은 비록 부패타락한 정부였지만 그 나름의 독립성이 있었던 것이다.

한국과 타이완은 정치범 처우에서도 상당한 차이가 있다. 타이완에서는 원칙상 정치범에게 직접 폭력을 휘두르지 않았다. 한국에서는 일상적으로 시기에 따라 체계적인 고문과 폭력이 가해졌다. 한국은 일제의 감옥제도를 이어받아 수용자를 분류해 급식의 등급을 매기고, 전향을 강요하기 위해서 정치범에게는 밥을 적게 주는 기아작전을 택하기도 했는데, 타이완에서는 부식이 열악할 때도 있지만 정치범과 형사범을 통틀어 자유배식을 실시, 밥의 양을 제한하지는 않았다. 타이완에서는 정치범들이 스스로 사람을 뽑아서 급식위원회를 구성하여 부식 내용을 정하고 예산을 집행했으며, 예산이 남으면 오락기구 구입 등 다른 용도로도 쓸 수 있었다. 또 돼지와 오리 치기, 야채 재배 등 자급자족도 하고 맷돌, 큰바구니, 시루, 도끼, 호미 등 생활용품을 만들어 현지 어민들과 물물교환으로 생선을 구하기도 하여 한국보다 부식이 상당히 충실했다. 가장 놀라운 일은 뤼따오 신생훈도소에서는 중대장과 정치간사가 중대 막사에서 수용자와 같이 기거했으며, 식사 때는 제소자뿐만 아니라 대령 이하 장교를 포함한 전원이 소내 마당에 둥글게 앉아 똑같은 식사를 했다는 것이다. 이것은 국공내전에서 "백성을 굶겨서는 안된다" "사상감화를 시키기 위해서는 생활을 함께하지 않으면 안된다"는 쓰라린 교훈을 얻은 데서 비롯했다고 한다. 또 국민당 정부가 타이완에 온 후로는 행정의 공정성과 청렴성에 상당히 신경썼다는 것을 덧붙여둔다. 이밖에 정부계 신문인 『중양르빠오(中央日報)』와 『칭녠르빠오(青年日報)』를 구독하도록 한 것도 한국에서는 볼 수 없었던 점이다. 여기서 한국의 정치범 처우가 얼마나 열악한지 드러나고, 나아가 한국과 타이완 각 정권의 성격 차이도 엿볼 수 있다.

백색공포 홍색청춘

4월 2일에는 비가 많이 내렸으나 10시부터 칭넨공원 야외음악당에서 '50년대 정치안건수난자 춘계추도대회'가 있었다. 빗속에 우비를 입고 우산을 받쳐들고 각지에서 모인 700명가량의 사람들은 대부분 과거에 옥고를 치른 노인들이었다. 무대 앞줄에는 빈틈없이 화환이 장식되고 무대 정면에는 스크린처럼 흰 천이 드리워져 있었는데 거기에는 검은 글씨로 1,011명의 이름이 촘촘히 적혀 있었다.

칭넨공원에서 200미터 정도 떨어진 마창정까지 사람들은 한 손에는 꽃을 한 송이씩 들고 다른 한 손에는 검은 띠를 잡고 걸어갔다. 높은 둑 밑으로 난 통로를 지나자 늪지처럼 물이 고이고 잡초가 무성한 빈터가 있었다. 빈터 너머 신뗸시 저쪽에는 타이뻬이 교외의 아파트들이 아물거렸다. 빈터에 있는 10채 남짓한 천막집 안에 제단이 꾸며졌는데, 정면에는 부처를 모셨고 그 양옆에는 수난자들의 사진이 즐비하게 걸려 있었다. 학생모를 쓰고 그저 십대로밖에 보이지 않는 소년, 단발머리에 교복을 입은 소녀, 반짝이는 눈망울과 패기 넘치는 눈썹의 청년들, 쎄피아빛으로 바랜 사진은 백색테러에 쓰러진 홍색청춘의 한과 세월을 그대로 말해주고 있었다.

1993년 5월 류장리 공동묘지에서 정치범들의 무덤이 발견된 후 '50년대 백색테러' 희생자들의 명예회복과 배상요구의 목소리가 높아졌다. 우선 '타이완지구 정치수난인 호조회'가 발기하고, 같은해 6월 14일에 '50년대 정치안건 처리위원회'가 발족했다. 15일에는 감찰원에 진상규명 등을 진정했다. 이어 신주(新竹), 타이뻬이, 타이중(臺中), 까오슝에서 설명회가 열렸다. 이윽고 7월 17일에는 국회 공청회가 열려 처형자 명단과 사건 관련서류 공개를 국방부에 요구했다. 또한 지금까지 다섯 차례에 걸쳐 위령제를 거행하며 진상규명과 명예회복을 촉구해왔다. 그러나 문제해결은 쉽지 않았다. 이들의 요구에 대한 국방부의 1994년 5월 14일부 대답은 이러했다.

1. '처리위원회'에서 제출한 명단만으로는 정보가 부족해 조사가 곤란하다. 또한 자료를 공개할 경우 개인의 사생활을 침해하게 되고, 증인(밀고자)의 신원이 드러나 서로를 원수로 만들어 이중으로 상처를 만들게 된다. 1950년대 정치안건이라 하지만 사건의 범위가 명확하지 않다.

2. 1950년대는 정부가 타이완에 옮겨온 초기로 2·28사건이 있은 직후라 사회가 불안정했고, 중공은 정통정부의 타도를 꾀하고 있었다. 정부는 한편으로 사회질서 안정을 위하고 또 한편으로 잠재적인 적을 숙청하기 위해 엄한 법으로 난세를 다스렸는데(治安亂世 用重典), 당시 관계법으로 처벌한 것은 타이완 사회의 안정과 발전에 유익했다. (…) 과거의 안정발전이 있었기에 오늘의 민주복지가 있다. 오늘날 환경의 변화에 따라 개폐된 법을 기준으로 과거의 법으로 처리된 사건을 원죄(冤罪)니 오판이니 날조라고 할 수 없다.

3. (…)

4. 만약 과거의 판결에 불만이 있으면 법에 따라 이의신청을 해

야 한다. 이른바 '50년대 백색테러'라는 범위를 정하기 어려운 사건 모두를 무조건 명예회복하려는 것은 법적 절차가 아니기에 처리할 수 없다.

5. (…) 배상 건은 40년이나 지나 시효가 끝나버려 현행법으로는 곤란하다.

여기서 정부의 이중상처론, 국민당 정부의 정통성, 사건 처리의 합법성, 시효론 등에 대한 상세한 반박은 생략하지만, 국방부 의견의 중요한 문제점은 다음과 같다. 우선 1950년대의 탄압은 영장 없는 체포, 기소장이나 판결문 없는 재판, 감옥의 처우와 석방 후 처리에 이르기까지 하나하나가 국제 인권 기준뿐만 아니라 당시 국내법에도 위반되는 것이었는데, 정부의 특별조치에 의하지 않고 현행법의 절차에 따라 사건을 제소하라는 것은 모순이다. 다음으로, 먼저 일어난 2·28사건의 경우 자료공개, 진상조사, 사죄, 명예회복, 배상 등 특별조치를 통해 해결했음에도 불구하고, 그뒤에 일어난 '50년대 백색테러' 사건에 대해서는 책임을 회피하는 것은 모순이다.

2·28사건과 50년대 백색테러의 다른 점은 무엇인가? 린 선생은 다음과 같이 지적했다. "역사적 성격의 차이가 분명하다. 전자는 관민(官民)이 서로 총을 쏘았고 군대에 의해 진압되었으며, 후자는 정부가 군법에 의해 일방적으로 올가미를 씌워 숙청한 것이다. 전자는 지방(타이완성) 정부의 실정으로 말미암아 민중이 자유를 위해 항쟁한 것이지만, 후자는 내전에 지고 타이완에 쫓겨와서 궁여지책으로 내전에 반대하는 인민을 정권의 적이라 하여 잡아죽인 것이다. 전자

는 무능한 정부, 탐관오리에 분노한 인민이 들고 일어난 것이며, 개혁의 목표는 타이완 지역에 한했다. 후자는 사건 희생자들 대부분이 내전의 조기종결, 국공대화에 의한 통일, 평화 건설과 민생의 개선을 바랐으며, (…) 그 생각은 중국 전체의 운명에 관한 것이었다. 전자는 옛 지방정부가 불러일으킨 재화이며, 순리에 따라 처리해도 중앙정부의 합법성에 영향을 줄 바가 아니었다. 반면 후자는 당시 타이완으로 쫓겨온 중앙정부의 국책에 따른 것이며 지금도 그 정신이 국가안전법에 이어져 있다."

요컨대 정부가 보는 바는 "2·28사건의 피해자들은 자연발생적인 사건에 말려든 '순수'한 사람들이고, 50년대 백색테러 피해자는 '빨갱이'"라는 것이다. 이것은 중국 현대사를 통해 국공 간 투쟁, 즉 내전이 아직도 끝나지 않았음을 말해준다.

여기서 한 가지 주목할 문제는, 장 제스 독재정권에 탄압을 받은 타이완 독립파(민진당)는 반공·반중국의 입장에서 50년대 백색테러 사건의 해결에 냉담한 반면, 국민당 보수파가 갈라져나와 만든 신당은 오히려 적극성을 띠고 있다는 점이다. 그들은 성명에서 말한다.

> 당시 국민당은 위기를 맞은 중화민국정권을 공고히 하는 데에 급급한 나머지 (…) 타이완 안에서 공산당을 '청향(清鄕)' 숙청하는 공작을 전개하여 많은 원죄, 날조사건을 만들어냈고 많은 사람이 희생되고 투옥되었다. 지금 국제냉전구조가 무너지고 해협 양안은 화평(和平)의 방향으로 나아가고 있다. 우리는 정부가 인도옹호의 입장에 서서 모든 원죄와 날조사건을 명예회복시켜 1950

년대 역사를 복원할 것을 요구한다. 그리고 '페이지가 떨어져나갔거나 파손되었거나 뒤바뀌어 있는' 타이완의 역사를 새롭게 정리해 타이완의 노백성(민중)에게 돌려줘야 한다.

역사를 그 시대의 현장으로 되돌아가서 충실히 재현해볼 생각이 있다면 "2·28사건을 거쳐 '백색조국'에 철저히 절망한 후 내전의 또 다른 당사자인 '홍색조국'을 지지하게 된 것은 역사와 시대의 필연이었고, 어디에 죄가 있는가"라는 란 뽀저우의 지적에 또한 귀기울일 만하다.

'타이완지구 정치수난인 호조회'에 결집한 '50년대 백색테러' 희생자는 출소 후에도 사회주의와 통일이라는 우직한 기치를 들고, 백색테러 사건을 단순히 인권문제로 치부하기보다는 과거 민중들이 벌여온 운동에 대한 역사적·정치적 재평가가 걸린 문제로 보는 비교적 고립된 싸움을 해왔다. 그 결과 최근에야 겨우 조금씩 '50년대 백색테러'에 대한 조명이 이루어지고 있다.

2010년 6월 24일, 나는 까오슝시의 잉슝(英雄)회관(퇴역군인회관)에서 열린 피해자와 그 가족을 대상으로 한 '50년대 역사안건' 제1회 녹취조사를 견학했다. 이것은 1994년 타이완성 의회에서, 문헌위원회로 하여금 조사하게 한다는 만장일치의 결의에 따른 것이었다. 약 100명의 출소 정치범·처형자 가족 등 관계자를 12개반으로 나누어 타이완성 문헌위원회의 계원이 아침 9시부터 약 여섯 시간에 걸쳐 조사했다. 사건의 개요와 경위, 취조기간이나 수용기간 중 관의 위법사실과 인권침해 등 4개 항목으로 작성된 조사표에 따라 녹취를 진행했다. 까오슝을 시작으로 2010년 타이난에서도 녹취조사가 끝났고, 이어 올해는 신주, 타이중, 타이뻬이 순으로 조사하여 내년에는 조사결과 보고서가 나온다고 한다.

중앙정부가 거부한 사건 조사를 성정부가 착수한 데에는 여러 가지 이유가 있다. 우선 성정부는 1950년대 사건이 그 정치적 성격을 떠나 타이완 400년 역사의 한 부분이기 때문에 조사하지 않을 수 없다는 입장이다. 따라서 사건을 '50년대 역사안건'이라고 이름붙여 정치성을 최대한 배제하려고 했다. 게다가 2·28사건과 50년대 백색테러의 희생자가 전혀 무관하다고 구분하는 데는 무리가 따르고 국민이 납득하기 어려워 1950년대 사건의 진상조사가 불가피하다는 상황인식이 있었다. 사건과 관계있는 중앙정부가 직접 손대기 어려운 사정을 감안하여 성정부가 자체적으로 주도해 조사하지 않을 수 없다고 판단한 것이다. 이와 함께 타이완성 문헌위원회가 조사를 나서는 의욕도 빼놓을 수 없다. 이 위원회는 한직에 속하는 이급관청으로 2·28사건 조사로 한때 풍부한 예산을 편성받아 부서 규모가 커지고 각광도 받았다. 그러나 2·28사건 조사가 끝나 졸지에 당면사업이 없어지자 다음 사업으로 1950년대 사건 조사를 강력히 추진한 것이다.

이 조사의 취지에 대해 타이완성 문헌위원회는 2011년 2월 기관지에서 다음과 같이 밝히고 있다.

400년의 타이완 역사를 문헌으로 전과정을 기록할 수 있도록, 쑹 추위(宋楚瑜) 성장은 의회의 요구와 민의의 향방에 따라 타이완성 문헌위원회가 타이완 광복 초기인 50년대 역사사건의 문헌 연구를 편찬, 간행할 것을 결정했다. 롄 잔(連戰, 현재 부총통)이 성 주석이던 1992년 12월부터 성정부 간행물로서 2·28사건 문헌을 계속 간행하여 내외의 일치된 긍정적 평가를 받았는데, 성정부는 재차 타이완 역사문화 중시 및 국민인권 옹호라는 중대조치를 발표하여, 전 타이완 동포가 주목하는 바가 되었다.

(…) 타이완성 의회 제9차 정기대회가 심사한 1995년도 성정부 예산부대결의에 의거하여 문헌위원회는 계원을 각 대학도서관과 관련자료가 있는 기관에 파견하여 자료를 모으고 구술역사사업을 진행했다. (…) 아는 바와 같이 타이완지구 계엄시기에 정부기관이 방비를 지나치게 중요시한 나머지 여러 가지 수법으로 정부와 민간의 분쟁을 만들고, 민관의 사상충돌을 사전에 봉쇄하기 위해 속칭 '백색테러'를 일으켜 인권을 소홀히 한 정책의 희생자가 '만'에 이르는 역사적 비극을 낳았다. 오늘날은 양안이 개방되어 친척을 방문하며 교류는 더욱더 긴밀해지고 있어, 50년대 백색테러는 다시 되풀이되지 않는다고 성 문헌위원회는 강조한다. 다시 말해서 계엄시기 정부의 '너무 지나쳤던' 착오는 완전히 과거의 것이 되었다. 바야흐로 성정부의 전폭적인 지지를 얻어 '50년대 역사사건'을 연구하고 있다. 성위원회는 벌써 '타이완지구 정치수난인 호조회'와의 협력으로 역사의 진상을 조사했으며 '타이완 광복 초기 역사문헌 편'이 곧 인쇄될 것이다.

1994년부터 1995년 초에 걸쳐 허우 샤오셴 감독의 「호남호녀(好男

好女)」, 완 런(萬仁) 감독의 「초급대국민(超級大國民)」 그리고 란 뽀저우, 꽌 샤오룽(關曉榮) 감독의 「우리는 왜 노래를 부르지 않는가(我們爲什麽不歌唱)」 등 1950년대 문제를 다룬 영화가 연이어 공개되어 국민적 관심도 높아가고 있다. 총통 선거 이후 정부와 민진당도 '50년대 백색테러' 문제에 관심을 보이기 시작했다고 한다. 리 떵후이의 입장에서는, 자신도 한때 공산당원으로 관여했던만큼 타이완 현대사의 한 국면에 대한 일정한 정리가 필요할 것이고, 대륙과의 관계회복을 위해서도 고려하지 않을 수 없을 것이다. 민진당은 지금까지 2·28사건을 중국인에 의한 타이완인 탄압이라는 시각에서 조명하고 독립론과 타이완인 정체성 조성에 전념해왔다. 1950년대 문제를 야만적인 중국인, 곧 국민당이 타이완에 저지른 만행으로 혹은 중국대륙의 선동에 놀아난 불쌍한 타이완사람만 희생된 사건으로 보고, 반중국의 입장에서 다루려 한 것이다. 상대적으로 반제와 중국의 민족해방을 내걸고 좌익세력이 중심이 된 1950년대 문제에 대해서는 관심을 나타내지 않았다. 그러나 최근 민진당 천 슈이볜(陳水扁) 타이뻬이 시장은 민심을 잡기 위해 타이뻬이시 문헌위원회에 '50년대 문제 조사위원회'를 만들라고 명령했다. 또 '타이완지구 정치수난인 호조회'에 타이뻬이시가 위령비와 납골당을 짓겠다고 제안해왔다고 한다.

진상이 어디까지 밝혀질 수 있을지 알 수 없다. 어디서든 전면적인 명예회복과 배상으로 가는 길은 험난하다. 한국에서는 이제 광주민중항쟁 희생자들의 명예회복과 배상, 그리고 거창양민학살사건 특별법 제정이 이루어졌을 뿐이며 1940~50년대에 일어난 수많은 정치탄압 사건은 아직도 캄캄한 어둠속에 있다.

우셔

타이뻬이에서 며칠을 보낸 뒤 2·28사건 이후 무장투쟁 현장이자 근거지이기도 했던 타이완 중부 산악지대를 방문하기 위하여 낡아빠진 봉고차를 타고 떠났다. 운전기사인 커(柯) 씨는 등이 굽고 머리숱이 적었지만 1960년대에 옥살이를 한 호조회 회원 중에서 가장 젊은 축이었다. 운전에는 도사였고 말썽부리는 차를 달래고 두들겨가면서 혼잡한 타이뻬이 거리를 거침없이 누비고 다녔다. 아직 독신인 그는 과묵하고 술도 마시지 못하는 성실하고 믿을 만한 운전기사지만 막상 정치 이야기가 나오면 갑자기 딴사람이 된 듯 웅변을 쏟아놓고 흥분하면 때로 핸들에서 손을 떼고 완전히 뒤를 돌아보면서 뒷자리 사람과 논쟁을 해대니 목숨이 아까운 사람은 운전중에는 그에게 정치 이야기를 꺼내면 절대 안된다.

이번 중부지역 여행에 동행해주신 분은 천 밍중(陳明忠) 선생이다. 천 선생은 1929년 타이완 남부 까오슝 부근 깡샨(岡山)에서 지주의 아들로 태어났다. 그의 아버지는 논밭 외에도 목장이나 타따미 공장까지 가진 부자였으니 그는 부유한 소년시절을 보냈다고 할 수 있다. 어릴 때는 자신이 일본사람이라고 굳게 믿었으며 크면 육군대장이 되고 싶었단다. 학교에서 선생이 그렇게 가르쳤기 때문이다. 그가 민족성에 눈을 뜬 것은 까오슝중학교에 진학하고 나서다. 당시 이른바 명문학교는 일본인에게는 쉽고 식민지인에게는 어려운 시험을 부과했으니 한 반 50명 중 타이완 학생은 10명 정도에 지나지 않았다. 거기서 그는 '짱꼴로'('칭꿔누淸國奴'에서 유래한 비하하는 표현)라는 더러운 욕을 듣고, 일본놈들의 주먹세례를 받으면서 일본인이 아닌 자신의 정체성에 눈을 떴다고 한다.

4월 5일 정오 우셔(霧社)에 닿기 위해 해뜨기도 전에 가랑비를 뚫고 타이뻬이를 떠났다. 우셔에 있는 천 선생의 학교 선배이자 생명의 은인인 까오 충이(高聰義) 씨를 방문하기 위해서였다. 까오 선생은 타이완 소수민족 중의 하나인 부눈(布農)족 출신이다. 전날 전화를 건 천 선생에게 "술을 마실 테면 와라. 그렇지 않으면 오지 마라"고 했단다. 우리는 차에 위스키 세 병과 담배 몇갑을 실었다.

천 선생은 중학교를 나온 뒤 타이중 농학원 농화학과에 진학했다. 4학년 때 2·28을 맞았는데 타이뻬이에서 사건이 터졌을 때 타이중에서는 아무것도 모른 채 영화를 보러 갔었다고 한다. 사건이 나고 이틀 지나 타이중의 극장에서 시민대회가 열렸다. 거기서 일제강점기부터 유명했던 여성공산당원인 셰 쉬에홍의 연설을 처음 들었다. 그러고 나서 사람들은 경찰과 군부대를 습격했다. 그후 천 선생은 타이중에서 동쪽으로 40~50킬로미터 떨어진 뿌리(埔里)에서 '27부대'에 입대했다. 부대는 셰 쉬에홍 지휘하의 무장부대로 유명하고 신문에는 대원이 몇백명이나 되는 양 보도되었지만 실제로는 불과 50명 내외였다고 한다. 그런 병력으로 탄약을 보급하기 위해서 르위에탄(日月潭)의 한삐러우(涵碧樓)에 주둔한 국민당 군을 습격할 때, 천 선생은 소대장의 기계(奇計)를 발휘해 승리로 이끌었다. 그후 부대는 뿌리의 목을 누르는 우뉴란(烏牛欄)에 포진했지만 갑자기 꾸린 27부대는 결코 정규군의 적수가 못되어서 천 선생은 까오 충이에 의지해 우셔로 몸을 피했다.

아침 8시가 지나서 타이중에 도착하고 길가의 포장마차에서 여우탸오(油條, 밀가루 튀김)와 짠지를 넣은 주먹밥과 두유로 아침식사를 하고 뿌리를 거쳐 런아이샹(仁愛鄕)으로 이름을 바꾼 우셔에 도착한 것은 11시였다. 우셔는 타이완의 배꼽이라고 불리는 지리적 중심에 위치한 뿌리에서 차를 타고 동쪽으로 한 시간 반, 타이완의 등뼈를 이루는 중앙산맥(中央山脈)의 고도 1,100미터 중턱 산등성이에 위치한, 늘 봄처럼 기후가 온화한 소읍이다.

먼저 우셔 거리에서 조금 벗어난 까오 선생 댁을 방문했다. 그는 "어! 왔나" 하며 입구까지 마중나와주었다. 몸집이 작고, 두꺼운 안경을 끼고 깊은 주름살이 잡힌 거무스름한 피부의 까오 씨는 학교선생 같은 풍모로 77세 나이로 보이지 않았다. 나무판을 이어서 만든 단층집은 허술해 보였지만 공짜로 이용할 수 있는 관사라고 한다. 문을 들어가면 안은 어둑어둑하고 상당히 넓었지만 혼자 사는 집 전체에 얇은 먼지가 덮여 있어서 거의 폐가 같았다. 우리는 입구에서 오른쪽 응접실로 안내되었다. 고풍스러운 소파가 널려 있는 방에는 제단이 있고 벽에는 장 제스의 서명이 된 사진이나 친필편지 등이 담긴 액자가 걸려 있었다. 가족들의 사진도 있었는데 몇년 전 돌아가신 수려한 부인의 사진이 유달리 크게 걸려 있었다. 까오 씨는 눈을 가늘게 뜨고 부인에 대한 깊은 애상을 지우지 못한 표정으로 "먼저 죽은 것이야요"라고 한숨처럼 토해냈다.

까오 충이는 해방후 국민당 치하에서 붙인 한문 이름〔漢名〕이다. 일제치하에서는 카또오(加藤)라는 이름을 썼다. 본명은 못 들었지만 타이완 원주민식 이름까지 더한 세 가지 이름이 그들이 걸어온 고난의 역사를 말해주고 있다. 타이완에는 아홉 개 부족, 약 33만명의 원주민이 있지만 대부분은 자기들의 문화나 언어를 잃어버렸다. 원래 원주민 사이에는 문자와 공통언어가 없기도 하지만 젊은이는 한어(중국어), 노인들은 일본어를 사용한다. 서로 '카또오상' '타까시마(高島)상'이라고 일본식 이름으로 부르는 데에는 놀랐다. 이듬해에 방문한 태평양 연안 화롄(花蓮)의 아미족 마을인 슈린샹(秀林鄉)에는 나고야(名古屋)에 살던 원주민의 잡화상이 있었는데 '코바야시 히데오(小林秀雄) 상점'이라는 간판이 걸려 있었다.

까오 충이는 어릴 때부터 총명해서 3년제 공학교(원주민이 다니는 초등학교)를 졸업하고 일본인의 양자가 되어 타이완제대 부속 농림학교(타이중 농학원의 전신)를 졸업하고 타이완 총독부 농무국 산림과 주임으로서 레몬그라스(lemongrass)를 타이완에 이식·보급하는 데에 힘썼다고 한다. 제2차 세계대전이 시작하자 '타까사고(高砂) 의용대'로 징집된 뒤 필리핀, 뉴기니 전선에 동원되어 구사일생으로 귀향했다. 해방후 런아이샹이라 이름을 바꾼 우셔의 향장(鄉長)을 세 차례 6년간 맡았고 그후 난터우(南投)현 의회의원을 세 차례 역임하는 등, 지방의 명사로 지금도 '고오쪼오상(향장님)'의 존칭으로 존경받고 있다고 한다.

점심 약속을 하고 우리는 여장을 풀기 위해서 여관으로 향했다. 우잉따판뎬(霧櫻大飯店)은 그 이름과 달리 평범한 시골 여관이었지만 특산물가게, 식당, 슈퍼, 여관, 경찰서, 향사무소 등이 버스정류장을 가운데 두고 ㄱ자형으로 구부러지는 포장도로를 끼고 100미터 정도 늘어선 한길에 있었다.

약속장소인 밍란식당(名蘭飯店)은 숙소에서 두 집 옆이었다. 눈 아래에 깊이 몇십 미터나 됨 직한 메이시(眉溪) 계곡이 내려다보이는 구석 방으로 안내되었다. 식당에는 고오쪼오상의 아랫사람이자 당시 향 재정부장이던 양밍징(楊明鏡), 일본 이름 스기노(杉野) 씨와 따님이 기다리고 있었다.

고오쪼오상이 도착하자 주연(酒宴)은 시작되었다. 산새, 사슴, 민물새우 볶음, 송어회, 송어대가리 수프, 고사리, 표고버섯, 산죽순, 이름도 모르는 산나물 등 산골마을의 진미가 차례로 들어와서 맥주, 고량주, 위스키로 점점 도수를 높여가면서 옛날이야기 꽃을 피웠다.

국민당 군대에 쫓겨나서 평소 면식도 없이 단지 학교 선배라는 이유만으로 고오쪼오상을 찾아간 천 밍중 선생도 사정이 상당히 다급했던 모양이다. 제아무리 손님은 환대해야 한다는 원주민 풍습이 있다 해도, 품에 뛰어든 궁조(窮鳥)를 망설임없이 품고 태연했던 고오쪼오상도 대단한 인물이다. 천 선생은 "고오쪼오상은 의기(義氣)를 중히 여기는 부눈족이다. 이 은혜와 대의는 평생 잊지 않으리"(「霧重雲深」, 『中國時報』 1993. 11. 28)라고 술회한 바 있다.

천 선생은 한달 동안 방에 틀어박혀 술로 나날을 보냈다. 밤마다 일을 마친 원주민 처녀들이 술잔치에 합류하여 혁명정신이 활활 타오르는 홍안의 미소년인 열여덟살 천 선생을 지분거려 매우 난처해졌다. 그에게 원주민 처녀들과 나누는 술잔은 일면 불안과 초조, 일면 청춘의 피를 끓어오르게 하는 묘한 체험이었다고 한다.

국민당의 추적이 심해지고 부향장의 밀고도 있어서 천 선생은 부하 수명과 함께 산을 떠났다. 은사였던 타이중 농학원 교장의 배려로 복학하고 무사히 졸업한 후, 고향의 깡샨농업학교에서 교편을 잡았지만 블랙리스트에 올랐던 그는 50년대 백색테러가 시작되면서 체포되어 십년간 옥중생활을 하게 된다.

고오쪼오상이 만취하는 바람에 세 시간에 걸친 주연이 막을 내렸다. 우리는 스기노 씨 안내로 우셔 원주민 항일기의기념비(霧社山胞抗日起義紀念碑)를 찾아보기로 했다. 고오쪼오상은 "건방진 놈. 나중에 한잔하러 와!" 하고 소리소리치면서 스기노 씨 딸에게 질질 끌려서 집 쪽으로 갔다. 일제와 국민당으로 이어지는 거대한 권력과, 억압받던 소수민족 지식인으로서의 양심이라는 틈바구니에서 한세기 가까이 살아온 고오쪼오상의 처세술은 '면종복배(面從腹背)' 하되 결국은 '강약부동(强弱不同)'인 것이다. 즉 속으로는 분노를 담으면서 대세에 순응할 수밖에 없는 운명 속에서 울분과 좌절이 온몸에 얼마나 가득 찼을까. 깊이 팬 주름살과 망나니 같은 주사(酒肆)가 그것을 웅변하고 있다.

스기노 씨는 타이얄족이고 일제강점기에 경찰관이었고 해방후에는 고오쪼오상의 보좌관으로서 동행해온 사람이다. 큰길에서 50미터 정도 들어간 2층 새 집의 아기자기하게 꾸민 응접실에는 일본 인형이나 사진으로 가득했다. 그는 일제강점기 우셔에 살던 일본사람과 함께 만든 '우셔회'의 회장이라고 한다. 매년 일본과 우셔에서 번갈아 모임을 가지고 일본에 자주 간다고 한다. '우셔사건'이라고 하는 악몽을 거치고도 일본인과 향우회를 만들고 일본에 친밀한 이 사람들의 심성을 헤아리기 쉽지 않다.

우셔는…… 당시(1930), 일본 통치하 야만인 지역〔蕃地〕의 중심지 중 하나이며 노다까군(能高郡) 경찰과(課) 분실이 있었고 그 아래에 18개 경찰지소가 있었다. 우셔에는 우전국(우체국), 공의(公醫) 진료소, 물산지도소, 양잠지도소와 공학교가 있었고 그 밖에 일본인이 운영하는 여관과 잡화점이 각 하나씩, 한족 잡화점이 3개가 있었다. 일본인은 36가구 157명, 한인은 23가구 111명이었다.

우셔는 타이얄족의 한 갈래인 세이닷카(일제시기, 霧社蕃) 무리의 거주지였으며 그 아래에 마헤보, 파아란, 호고 등 11사(社), 508가구, 2,178명이 살고 있었다. 일제의 지배가 가혹해지면서 1930년경 접어들어 벌목의 노역이 빈번해지고 더욱 극심해졌다. 원주민을 일본인화하고 '황은(皇恩)'을 강요하는 일본인의 교만한 시혜의식이나 모욕적인 태도, 그리고 일본인 경관 등의 부녀자 희롱도 모두 원주민들을 분노하게 만든 주된 요인이었다.

10월 27일 오전 3시, 수령 모나루다오가 이끈 400여명의 원주민들은 우셔에서 약 6킬로미터 떨어진 마헤보사 지소의 습격을 시작으로 길 따라 지소마다 깡그리 불을 놓으면서 우셔초등학교 가을운동회에 모인 일본인들을 공격했다. 경찰 분실과 12개 지소를 파괴하고 일본인 137명을 죽이고 중상 6명, 경상 12명의 손해를 입혔다. 타이완총독부는 타이완 전역에서 5천여명의 군경을 동원하여 비행기에서 독가스를 뿌려대며 잔인하게 보복하고 봉기에 참여한 6사 1,300명은 약 300명을 남기고 몰살당했다. (『臺灣人民歷史』, 人間出板 1993, 355~66면)

우셔의 버스정류장에서 뿌리 방향으로 5분 정도 걸으면 '우셔 기의 전몰자 기념비(霧社起義戰沒者紀念碑)'가 있다. 정면에는 '碧地英風(벽지영풍)'이라는 편액이 걸려 있으며, 좌우의 문기둥에는 '百千忠魂千秋恨事(백천충혼천추한사)' '一朝義憤萬古馨香(일조의분만고형향)'이라고 새겨져 있다. 완만한 계단을 오르면 6~7미터 높이의 비석이 서 있고 뒷면의 비문에는 '민국 42년(1953) 4월'이라고 적혀 있었다. 자홍색 부각 벽이 반원형으로 비석을 둘러싸고 있고 중앙에는 태양을 상징하듯이 회청색 이판암(泥板岩)을 빗살처럼 끼워맞춘 큰 원형 조형물이 있으며, 그 앞에 '모나루다오 열사지묘'가 있다.

묘비에는 "열사는 민국 전 39년(1872)에 출생, 우셔 마헤보사의 두목이다. 민국 19년, 우셔 항일사건 중 항거를 영도하여 장렬하게 인의(仁義)를 다했다. 그 견정불굴(堅貞不屈)의 지절은 청년의 계기(楷棋, 옳은 규범)가 될 만하다. 삼가 묘전에 기록함으로써 충혼을 밝히고 앞으로의 격려로 삼는다. 중화민국 63년(1974) 3월 5일"이라고 씌어 있다.

거기에서 돌아와 버스정류장 앞에 있는 떵샨식당(登山飯店)에서 저녁을 먹었다. 앞쪽으로 천막을 친 가게에는 10개 정도의 탁자가 있고 가운데에 큰 냄비를 앉힌 부엌이 있었다. 날씬하고 아름다운 원주민 아가씨가 재료를 재빨리 자르고 큰 중화냄비를 무표정하고도 거칠게 다루면서 순식간에 요리를 만들어냈다.

돌격대장, 천 밍중 선생

밤이 되면 안개가 피어오르고 우셔는 이름에 걸맞게 짙은 안개 속에 가라앉았다. 고요해진 여관방에서 천 밍중 선생은 고난의 생애를 이야기하기 시작했다. 1950년 깡샨의 헌병대에 연행되어 장화(彰化), 타이난의 헌병대를 거쳐 타이뻬이의 군법처에 보내졌다. 천 선생은 선천적으로 대범한 사람이었지만 기소장도 없이 무슨 죄로 심판되는지도 모르는 혼란 속에서 매일 새벽 두세시경 사형집행하는 총성이 울려퍼지면 겨우 '아아, 오늘은 죽지 않았구나'라고 확인하는 나날이었다. 그러나 그는 거기서 많은 사람을 만나, 많은 것을 배웠다. 천 선생은 다음과 같이 술회했다.

> 같은 방에 광저우(廣州)의 중샨(中山)대학을 나온 서른살 정도 되는 공산당원이 있었다. 그는 열여덟살 때부터 공산당원으로 유격대 정치위원이었으므로 사형을 면할 수 없었다. 그러나 매일 아침 일어나면 옷매무새를 고치고 조용히 앉아서 그날 사형집행이 아니면 옷을 벗고 같은 방의 정치범들에게 웃으면서 가지가지 이야기를 해주었다. 마치 생사를 넘어선 듯했다. 참다못해 "어쩌면 그다지도 죽음에 초연해질 수 있단 말입니까?" 물어봤더니, 그는 "스스로 선택한 길이다. 자신이 추구하는 것이 이상이라고 믿는다면 무슨 의심이 있을까"라고 답했다. 그 모습에 완전히 경복(敬服)하고 말았다. "비분강개하며 죽는 것은 오히려 쉽다. 진퇴양난

의 싸움에서 죽음을 각오하는 것도 쉽다. 그러나 '종용(從容)하게 죽음을 대하는' 것은 대단히 어렵다. 그중에서도 죽음에 이르는 시간이 길어지면 사람의 의지는 약해져 무너지는 것이다."

천 선생은 거기서 펑 진후이(馮錦輝)라는 한 사형수와 운명적으로 만났다. 그는 이란(宜蘭)의 초등학교 교사였다. 그는 사형집행날 아침, 같은 방의 천 선생과 악수를 나누며 침착하게 사형장으로 떠났다. 그 공포의 순간에도 그의 손은 따뜻했다. 그 따스함은 지금도 천 선생 손에 남아 있다.

십년간 복역 후 출소한 천 선생은 제약회사 공장장이 되고 오빠 펑 진후이와 함께 잡혀 10년형을 받아 뤼따오까지 갔다온 펑 셔우어(馮守娥) 여사와 결혼했다. 그녀는 어릴 때부터 7남매의 맏딸로 고생했지만 향학열이 불타는 현명한 여성이었다. 여학교에서의 독서모임 사건으로 형을 받았지만 그녀의 정치의식은 꺾이지 않았다.

두 사람의 결합에 대해서 천 선생은 "셔우어가 나를 선택한 것은 그녀의 오빠에 대한 나의 생각과는 상관없다. 그러나 나의 선택은 절대적으로 그녀의 오빠를 향한 마음과 관계가 있다. 나는 죽음을 집으로 돌아가듯이 태연히 받아들인 그에게 탄복했다. 그것만으로도 (그녀의 인간성에 대해서는) 충분했다"라고 말하고 있다. 펑 여사는 조금 달랐다. "나는 처음에는 그다지 마음이 내키지 않았다. 그가 싫지는 않았지만 담배를 피우는 것이 싫어서였다. 그는 결혼하기 전에 끊겠다고 했지만 아직도 고치지 않는다. 이 점만은 불합격이다." 단 그녀는 자신과 같은 처지의 동학(同學, 출옥 정치범)과 결혼하겠다고 생각했었다. 그리고 지금은 그를 깊이 경애하고 있다. 그녀는 두 사람의 성격을 다음과 같이 비교하고 있다.

> 그는 성급해서 과단합니다. 생각해낸 것을 바로 실행하지 않으면 직성이 안 풀립니다. 저는 차분하고 곱씹어 생각하는 편입니다. 그는 역사책을 좋아하고 나는 과학서를 좋아합니다. 그는 기억력이 뛰어나고 나는 이해력이 좋다고 합니다. 그러므로 서로 보완하는 것입니다. (…) 그는 생활면에서는 재미없는 사람이고 여동생한테서 청교도 같은 생활을 한다는 이야기를 들은 적이 있습니다. 그는 그냥 드러누워서 책을 읽는 것을 좋아하고 밖으로 나가는 것을 좋아하지 않습니다. 어디 나가자고 하면 언제나 식물원밖에 모릅니다.

성급하고 걸핏하면 싸우려 드는 불같은 성격의 천 선생답지 않게 "결혼한 지 오래지만 부부싸움은 거의 한 적이 없습니다. 왜냐면 자신이 틀렸다고 생각하면 싸울 수가 없습니다. 틀렸다고 생각하면 그녀에게 양보하기 때문입니다. 당연히 집안일은 그녀가 관리하니 저는 걱정하지 않습니다. 그녀가 말하는 대로 하고 말하지 않으면 할 필요가 없기 때문입니다"라고 한다. 여기에는 길들인 남자의 모습이 역력했다.

그들은 두 딸을 두고 순풍에 돛을 단 듯 행복한 생활을 하고 있었지만, 1976년 천 밍중 선생이 갑자기 타이완성 경비총사령부에 연행되었다. 일본에서 뻬이징으로 들어간 황 니나(黃妮娜)가 천 선생의 교사를 받았다는 혐의였지만, 니나가 조사받은 후 석방된 것으로 보아 트집에 지나지 않았던 것이다. 이 사건 때문에 체포된 15명 중, 11명이 50년대 백색테러 시기에 10년형을, 1명이 5년형을 받은 정치범들이었다는 것으로 보아, 출소자 그룹을 표적으로 한 정치탄압이었던 것이 확실하다.

이때 떠들썩한 정치사건을 조작하려고 무서운 고문을 했다. 아침 6시에 보안처에 연행된 천 선생을 기다린 것은 중장 1명, 소장 3명 등 십수명의 군간부들이었다. 중장은 입을 열자마자 "무슨 수를 쓰더라도 자백시키라는 명령을 받았다" "송장에게라도 자백서를 받겠다"라며 공갈을 쳤다. 그리고 고문을 시작했다. 우선 한쪽 팔을 어깨로, 다른 팔을 겨드랑이에서 등으로 돌려 수갑을 채우고 등과 팔 사이에 막대를 끼워넣어서 비틀었다. 이쑤시개를 손톱 사이에 찔러 넣어서 열 손톱이 모두 벗겨져버렸다. 굵게 꼬아서 천을 씌운 피아노줄로 전신을 구타했다. 알몸으로 큰 얼음 위에 눕혀서 선풍기를 트는 기발한 고문까지 했다. 한 다발의 젓가락 위에 몇십 시간 앉히기도 했다. 고문은 3개월간 5박 6일, 5박 5일, 5박 5일, 5박 5일의 4단계로 진행되었다. 마지막날은 고문의자에 붙들어매고 손가락 사이에 젓가락을 끼워서 비트는 사람, 긴 막대를 다리 사이에 넣어 짓밟는 사람, 전기고문을 하는 사람, 가솔린을 입에 쏟아붓는 사람, 총동원해서 13시간이나 고문을 했다. 쏟아부은 가솔린을 토하고 드디어 죽겠구나 생각했지만 입회한 의사의 제지로 간신히 끝났다. 그때까지 대부분의 사람은 1~2단계에서 항복했으니, 4단계 고문까지 한 것은 처음이라고 했다. 15년형 판결을 받을 때까지 면회도 할 수 없었다. 그 최후의 면회조차도 면회실의 전화를 끊어버렸기에 이야기도 못했다고 한다.

국민당은 선생을 죽이려고 했다. 왜냐하면 징치반란조례(懲治叛亂條例) 2조 1항 '반란에 착수하고 실행한 사람'을 적용했기 때문이다. 그 죄목은 유죄라고 인정받으면 사형밖에 없다. 평 여사는 절체절명의 궁지에서 필사적으로 석방운동을 했다. 그 결과 앰네스티와 일본의 도이 타까꼬(土井たか子), 덴 히데오(田英夫) 같은 정치인, 미국이나 일본의 화교나 시민운동단체가 움직이기 시작했으니 국민당은 천 선생을 사형할 수 없었다. 그래서 새로이 문제삼은 것은 출소 정치범이 독서모임을 만들고 불온서적을 읽었다는 것이었다. 54면에 이르는 압수 도서목록이 있었다. 각 면에 열 칸씩 책 이름, 지은이, 출판사, 내용 등을 적었다. 모두 540권의 목록이었지만 그중 상하권이거나, 6권짜리 책, 세계사 같은 17권짜리 책도 있어서, 천 선생과 동료의 집에서 실제로 압수된 책은 848권에 이른다.

대부분 일본어 책인 그 내용을 살펴보면 매우 흥미로운데 몇가지만 예로 들어보자.

책 이름	지은이	출판사	적용 혐의
근대진화사상사(近代進化思想史)	야수기 류우이찌(八杉龍一)	쭈우오오꼬오론사(中央公論社)	공산주의 정치 찬양
중국의 역사(中國の歴史, 상·중·하)	카이즈까 시게끼(貝塚茂樹)	이와나미서점	내용 부적절
국부론(國富論)	애덤 스미스(Adam Smith)	카이조오사(改造社)	내용 부적절

역사란 무엇인가	E.H. 카 (E.H. Carr)	이와나미서점	공산당 이론 서적
쑨 원	요꼬야마 에이 (橫山英)	시미즈서원 (淸水書院)	내용 부적절
탁구(卓球, 잡지)			중국의 탁구 기술발전 찬양
씨름(相撲)			일본 씨름단의 중국 방문 사진 수록
오끼나와의 기록	오오에 켄자부로오 (大江健三郎)	이와나미서점	내용 부적절
지금 바로 혁명을	빌 브라이트 (Bill Bright)	생명의 말씀사 (生命の言葉社)	종교 서적이나 용어 가 부적절하고 오해 를 일으킨다
중국 투시 (中國透視)	나까지마 미네오 (中島嶺雄)	분게이슌주우 (文藝春秋)	마오 쩌뚱 찬양
논어(論語)	키무라 히데까즈 (木村英一) 옮김	코오단샤 (講談社)	중국공산당 선전 (581~85면)

이 밖에 『아Q정전』 등 루 쉰의 책, 『아편전쟁』 등 천 슌천(陳舜臣)의 책, 중국의 역사, 미술, 고고학, 침·뜸 등 중국의 좋은 점이나 중화인민공화국 명칭이나 깃발이 나오는 것. 각종 연감·연표·백과사전유, 『세까이』 『쭈우오오꼬오론』 『주간 아사히』 『호오세끼(寶石)』 『분게이슌주우』 등의 일본잡지 등 일일이 셀 수가 없다. 검열제도의 허점과 당시 타이완 국민당의 정치수준을 한눈에 볼 수 있다.

천 선생은 1950년대에는 타이뻬이의 남서쪽에 위치한 신뗸 군인감옥에서 수감생활을 했다. 이번에는 15년형을 받고 뤼따오 감훈감옥에 보내졌다. 상상할 수 없는 고문을 받고 몸이 망가져버린 천 선생은 뤼따오 생활을 견디기 힘들었지만 펑 여사 덕분에 살아남았다.

일을 하고 남편이 없는 가정을 혼자 꾸려가면서 30분간의 면회를 위해 타이뻬이에서 기차와 배를 갈아타고 왕복 닷새의 길을 한 해 두 번은 반드시 오갔다고 한다.

> 두 딸들을 매번 데리고 갈 수는 없었지만 저는 아이들에게 언제나 아버지는 나쁘지 않다고 타이르고 어린애들도 잘 이해해주었습니다. 어떤 사람은 애들에게 알리지 말라고 했습니다만 저의 생각은 다릅니다. 거기(감옥)서 아버지에게 무슨 일이 일어나고 있는지 애들에게 알렸습니다. 매년 아이들을 식물원에 데려가서 사진을 찍고 면회할 때마다 그에게 보여주었습니다. 그러므로 우리집에는 식물원에서 찍은 사진이 이렇게 많습니다.

1985년 들어서 천 선생의 건강이 점점 나빠져 펑 여사가 30통이나 되는 진정서를 정부에 보내고 외부병원에서의 치료를 촉구한 결과 화롄의 군병원으로 옮겨졌다.

그는 이미 '거물'로 유명해 다른 사람과의 접촉을 막기 위해 병원의 4층 전체를 비우고 10여명의 헌병이 그만을 삼엄하게 지킬 정도였다. 정부가 그를 '거물'로 만든 것이다. 경비 총본부 보안처의 고문을 이겨낸 인물로서, 27부대의 돌격대장으로서, 정치범들 사이에서뿐 아니라 일반죄수나 군인들 사이에서도 강직하고 대담한 천 밍중 선생에 대한 경외심이 퍼져갔다. 이미 희미해진 머리 밑에 짙은 눈썹과 날카로운 눈빛, 큼직한 코, 고집스럽게 한일자로 다문 입술, 키는 크지 않지만 뼈대가 굵고 튼튼한 몸에 검은 양복을 입은 천 선생을 만나면 누구나 그 관록이랄까 풍격이랄까 인간적인 박력과 매력을 느낄 수밖에 없다. 그래서 허우 샤오셴 감독은 선생을 백색테러를 주제로 한 영화「호남호녀」에 출연시켰다.

천 선생의 '거물' 신화에 관련된 이야기는 많다. 1986년에 출소하고 잠시 후, 검은 리무진을 타고 낯선 사람이 선생을 마중하러 왔다. 호화스러운 클럽에 안내되어 가보니, 선생을 기다리고 있었던 것은 타이완의 거대한 조폭조직인 톈따오멍(天道盟)계 타이양후이(太陽會) 회장이었다. 그는 어처구니없는 이야기를 꺼냈다. "(대항조직인) 주롄빵(竹連幇)계 회장이 마약 때문에 잡혀서 대륙의 감옥에 있는데 내년이 만기입니다. 어떻게든 선생이 뻬이징 정부에 힘을 써서 저놈이 만기가 되어도 바깥에 못 나오게 해줄 수 없을까요."

타이완 노동당 사무실에는 맑스, 레닌, 마오 쩌뚱의 초상화가 걸려 있다. 한마디로 '올드 볼셰비끼'라고 할까, 그들은 타이완에서 반제민족해방, 양안 통일, 사회주의라는 소수자의 길을 우직하게 지키고 고된 세상살이를 수없이 겪어왔다. 대륙하고의 왕래가 자유로워지자 그들도 뻬이징에 드나들고 타이완에서 중국의 입장을 대변할 수 있는 집단으로 나름대로 대접도 받아왔다. 그러다가 중국이 '개혁개방' 정책으로 시장경제의 길을 걷기 시작하자 대만의 재벌들은 앞다퉈 대륙에 진출하여 중국은 그들의 투자를 유도하기 위해 환대했다. 어느 국경절(중화인민공화국 건국기념일, 10월 1일) 때, 타이완의 대표단도 초청을 받았다. 그런데 인민대회당 연회장의 가장 상석을 타이완 유수의 재벌들이 차지하고, 노동당 대표들은 뒷자리에 배치되었다고 한다. 그 광경을 본 천 선생은 격노하여 그 자리에서 중국의 쳐고 간부들에게 큰 소리로 따졌다고 한다. "그놈들이 돈이 있는지 모르지만, 나도 지주의 아들이야. 혁명운동 안하고 빵에서 20년이나 썩지 않았으면 저런 놈들보다 훨씬 부자야. 이런 썩어빠진 놈들!" 하면서 큰 식탁을 엎어버렸다. 회장은 졸지에 난장판이 되었고 중국의 간부들은 당황해 사과하면서 황급히 자리를 바꾸었다고 한다. 천 선생님의 자존심과 정의감, 그에 거스르듯이 배금주의로 치닫는 중국의 변화를 보여주는 씁쓸한 일화다.

천 선생은 린 슈양 선생과 함께 호조회의 큰 간판격이다. 두 사람의 성격은 동(動)과 정(靜), 불과 물, 강과 유, 음과 양처럼 완전히 대조적이지만 서로 보충해서 절묘한 짝을 이루고 회원들을 이끌어왔다.

아리산, 쩌우족의 용사

4월 6일 아침 6시 30분, 짙은 안개. 고오쪼오상에게 인사하고 아리산(阿里山)으로 출발했다. 아침 8시, 길가에서 콩국과 만두, 감자떡으로 아침을 때우고 뿌리의 목을 누르는 우뉴란(烏牛欄)에 접어들었다. 좀 높은 언덕을 우시(烏溪)가 둘러싸고 있고 타이중과 우셔를 연결하는 아이롄교(愛蓮橋)를 건너면 르위에탄 방향으로 갈라지는 삼거리가 있다.

27부대는 이 나지막한 언덕에 진을 치고 타이중 방면에서 공격해 들어오는 국민당 군을 섬멸하는 전략을 세웠다. 그렇게 보니 언덕은 지리적으로 유리한 전략적 요충지로 보였다. 그러나 "전략은 좋았지만 실전 경험이 풍부한 국민당 군이 타이중 방면에서 정면으로 대오를 갖추고 총알받이가 되는 바보짓을 할 리가 없었지. 언덕 뒤에서 슬그머니 나타나 완전히 당한 거지”.

설명을 듣고 아이렌교에서 사진을 찍고 르위에탄을 향했다. 르위에탄은 관광지로 유명한 고원의 호수다. 물새 몇마리가 한가롭게 수면에 떠 있고 건너편 호숫가는 안개 속에 흐릿하게 엷어지고 인기척은 없었다. 서안의 한빼러우 가까이에서 차를 세우고 전투 현장을 구경했다.

르위에탄의 물을 받아 슈이리(水里)의 발전소가 가동한다. 우리는 슈이리의 샨양따왕(山羊大王)이라는 산짐승 요릿집에서 식사를 하고 자이를 거쳐 아리산으로 길을 재촉했다. 그런데 슈이리 직전의 대숲 속 산길에서 신기한 것을 발견했다. 전신주에 박혀 있는 ‘공비를 숙청하고 공비를 검거하자(肅淸匪諜 檢擧匪諜)’라고 씌어진 팻말이었다. 한국에서는 반공 구호나 간첩신고 장려 포스터 등을 자주 봤다. 그러나 타이완에서는 계엄령이 해제된 다음 그러한 표어나 포스터가 대부분 제거되었는데 마을에서 떨어진 깊은 산속에 남은 팻말이 지금은 멀어진 독재정치의 유물처럼 퇴색한 채 홀로 남아 있었다.

자이에는 타이완에서 최초로 세워진 2·28기념탑이 있다. 교통량이 많은 국도 삼거리에 면해서 10여 미터짜리 백아의 탑이 세워져 있었다.

자이는 타이중과 함께 2·28 당시 비교적 조직적인 투쟁이 이루어지고 큰 승리를 거둔 것으로 기억된다. 3월 2일에 봉기가 시작했고 3

월 3일에 시민대회가 열렸다. 그리고 3월 10일에 봉기가 끝날 때까지 비행장을 제외하고 시민군이 시 전체를 장악했다. 그중에서도 무기탄약고를 둘러싼 공방은 매우 치열했다. 탄약고 공략에 큰 공적을 올린 것이 탕 셔우런(湯守仁)이 이끈 아리산의 원주민 쩌우족(鄒族) 부대였다. 3월 5일에 '삼민주의청년단'의 요청을 받아 3월 6일 밤 10시에 출발하고 50킬로미터의 산길을 단숨에 뛰어내리고 아침 3시에 자이에 도착했다. 전투에 참여한 150명의 원주민 부대는 타까사고 의용군 출신으로 왕성한 전투력을 자랑했다. 탄약고를 공략한 후 국민당 군이 상륙하고 타이뻬이가 제압되는 것을 알고 부대는 산으로 철수했다. 국민당 군이 진주하면서 정세는 일변하여 3월 18일, '자이 처리위원회'의 지도자 천 푸지(陳復志)는 본보기로 공개 총살되었고 그다음으로 원주민에 대한 보복적 탄압이 시작되었다('嘉儀市二二八事件大事記' 미공개 자료). 격전지였던 탄약고 터는 잡초가 무성하고 군통제지역으로 출입금지되어 안을 볼 수는 없었다.

아리산은 타이완의 최고봉인 위산(玉山, 해발 3,952미터) 앞을 호위하는 산들의 총칭이며 주봉은 아리산이고, 별명이 타산(塔山, 해발 2,484미터)이다. 일제는 아리산의 노송나무 원생림에 눈독을 들이고 자이에서 아리산 삼림철도를 부설하여 아름드리나무를 거의 다 벌목했다고 한다. 오늘날에는 2,000미터급 고원이 피서지로도 붐비고, 위산 국립공원, 아리산 삼림유락지로서 많은 관광객이 방문하는 장소가 되었다. 아리산에 올라가는 길은 구불구불하고 험했지만 관광도로로 정비된 미끈한 포장도로였다.

우리는 아리산 라라우야 마을에 사는 린 슈양 선생과 천 밍중 선

생의 난우(難友, 옥중 동지)인 우 이떠(武義德) 선생을 방문했다. 우 선생과 만난 곳은 아리산 공원에서 20킬로미터 정도 앞에 위치한, 추마오(秋茂) 레저 산장이라는, 선물가게와 식당, 찻집, 노래방 그리고 숙박시설이 완비된 종합 게스트하우스였다. 앞에는 넓은 주차장이 있고 건물이 꽤 훌륭했다. 원주민 거주지는 '산지 보유지'라고 해서 국유지이지만 원주민이 사용권을 가지고 원주민 이외의 매매나 사용이 금지되어 있다. 그러나 국가는 여러 명목으로 원주민의 토지를 빼앗아왔다. 해방 당시 150만 헥타르였던 보유지가 지금은 24만 헥타르까지 감소되어 있다. (中村ふじえ「阿里山麓のツオウ族の村を訪ねて(上)」, 『中國硏究月報』 1994년 4월호, 19면) 최근의 관광 붐으로 약삭빠른 한인들은 원주민의 명의를 빌려 보유지에서 장사를 하고 있다. 이 산장도 원주민 명의로 등록하여 한인이 돈을 내고 원주민은 토지를 제공하는 식의 합작이라고 한다. 우 선생은 세번째 주주다.

식당에 나타난 우 선생은 맵시있게 양복을 입고 머리는 하얗지만 갈색으로 햇볕에 탄 얼굴은 건강해 보였고 미남자였다. 우 선생은 1923년 쩌우족 라라우야 마을의 족장 아들로 태어났다. 본명은 무끼나나 이우스이고 일본명은 타께(武)이다. 그는 3년제 만동교습소를 우수한 성적으로 졸업하고 13세로 아리산 기상관측소의 사환으로 취직하며 18세 때에는 관측기술을 익혀 정식 직원이 되었다. 20세 때 밀림전에 유용하다고 해서 원주민들에 대한 징집이 시작되자 우 선생은 제1기 타까사고 의용군으로 소집되어 필리핀 전선에 배치되었다. 우 선생이 고향에 돌아왔을 때는 많은 젊은이가 다시 고향땅을 밟지 못했다고 한다. 인구 100여명의 부락에서 7기에 걸쳐서

20~30명의 젊은이가 뉴기니 등 각지에 동원되어 대부분이 희생되었다.

해방후 25세에 라라우야의 촌장을 맡고 50년대 백색테러 시기인 1951년 8월에 탕 셔우런을 중심으로 한 '봉래(蓬萊)민족해방위원회' 사건으로 체포되어 타이뻬이의 경비총사령부에 호송되었다. 7명 중 우 선생만 무기형을, 다른 6명은 사형되었다. 모두 타이얄족, 쩌우족 등의 원주민 엘리뜨들이었다. 우 선생의 혐의는 징치반란조례 4조 2항 '범인은닉죄' 위반이었다. 50년대 백색테러가 시작되어 산으로 도망쳐온 공산당원을 숨겨주었기 때문이다.

라라우야는 추마오에서 차밭 사이를 500미터 정도 내려간 곳에 있다. 우 선생의 집은 마을의 중심인 우체국과 지소 바로 앞에 있는데 그 옆에 지금은 교회인 건물이 있었다. 거기는 일제치하에는 공중목욕탕이었으며 해방후에는 간장공장이었다고 한다. 산으로 도망쳐온 공산당원들은 이 일대에 무장 근거지를 구축할 구상으로, 여기를 무기 제조소로 개조하기로 했다고 한다. 그들은 마을에서 떨어진 산속에 숨어 필요할 때 마을에 내려왔다.

우 선생은 무기형을 받아 타이뻬이의 신톈 군인감옥을 거쳐서 1961년 뤼따오로 이송되었다. 그는 1950년대가 될 때까지는 중국에 국민당과 공산당이 있다는 것도 몰랐다고 한다. 옥중에서 동학들한테 부뚱화(普通話, 뻬이징어)를 배우고 사회주의를 배웠다. 그 과정에서 유물론자로 변해갔다고 한다.

1973년 장 제스의 사후, 석방될 때까지 22년 동안 동학들과 강한 동지의식으로 맺어지게 되지만, 특히 린 슈양 선생을 인간적으로 존경하고 린 선생을 지켰다고 한다. 린 선생이 타이위안 감옥에서 정치범에 대한 학대에 항의하다 간수들에게 포위되었을 때 우 선생이 "린 선생에게 손을 대면 죽인다"고 앞을 가로막아서서 위기를 벗어났다고 한다. 우 선생은 어릴 때부터 사냥으로 단련한 뛰어난 운동신경과 체력의 소유자였다. 일제치하에서 타이완 전도 씨름대회에서 준우승했다. 당시 168센티의 신장에다가 84킬로의 체중이었지만 요즘은 74킬로가 되어버렸다고 한탄한다. 그러나 쩌우족 전사의 주홍색 의상을 입고 독수리 날개 머리장식을 쓰니 그 용맹한 모습이 늠름하다.

출소 후에도 2~3년 전까지는 사냥을 계속했고 그간 300마리 정도의 멧돼지를 잡았다고 한다. 주홍색 전사 의상을 걷어올려 보여준 팔이나 넓적다리에는 멧돼지에 찔린 상처가 여러 군데 있었다. 용맹함으로 유명한 쩌우족에서는 이 상처가 두 군데 이상 없으면 멧돼지 송곳니로 만든 전사의 팔찌를 착용하지 못하고 한몫하는 어른 대접도 해주지 않는다고 한다. 일제강점기에도 국민당 치하에서도 지배자는 반항을 두려워해서 원주민에게는 총의 소유를 허락하지 않았기에 사냥할 때는 개를 풀어 멧돼지를 몰고 칼로 숨통을 끊었다고 하면서 날이 40센티미터 정도 되는 사냥칼을 보여주었다.

그는 지금은 게스트하우스의 주주이며 차밭이나 고추냉이밭을 갖고 있고 가끔 새나 사슴 등을 사냥하는 생활로 상당히 안정되어 보였다. 그러나 긴 옥중생활과 그후 이어지는 국민당 경찰의 음습한 감시와 간섭 때문에 아이들을 제대로 가르칠 수 없었고 한 아들이 교통사고로 사망한 것이 큰 통한이었다. 그는 호조회 상임 중앙위원이고 명확한 정치의식을 가지고 있다. 어디까지나 원주민의 문제를 통일중국, 반제민족해방 역사의 맥락에서 생각하고 해결해야 한다고 주장한다. 우 선생은 아리산 공원 입구까지 스스로 차를 운전하고 배웅해주었다. 짙은 비안개 속에서 꼼짝 않고 등골을 꼿꼿이 세우고 우리가 시야에서 사라질 때까지 서서 배웅해주었다.

뒤틀린 역사

일본 텔레비전은 타이완 최초로 실시된 총통 직접선거에서 리 떵후이가 당선되었음을 대대적으로 보도했다. 다른 여러 나라의 보도매체들도 앞다투어 '민주주의의 승리' '5천년 중국역사에서 최초의 쾌거' 등 매우 흥분된 어조로 타이완 총통 선거 결과를 소개했다. 타이완독립파를 견제하기 위해 총통 선거를 앞두고 행해진 중국의 미사일 발사훈련과 삼군합동군사훈련 등의 군사시위는 약자를 괴롭히는 강자의 억지로 보일 수도 있다. 타이완은 마치 골리앗에 맞서는 다윗과도 같이 많은 사람들의 동정과 칭찬을 받게 되었다.

식민지시대부터 냉전기에 이르기까지 미국과 일본은 중국과 타이완의 대립을 부추겨왔지만, 동시에 자국의 이익을 위해 '하나의 중국'이라는 원칙을 받아들여 중국과 타이완 관계는 내정문제라는 데 동의해왔다. 그러나 문제해결은 당사자들이 할 수밖에 없는 것인데도, 최근 '중국과 타이완의 충돌사태'에서 미국과 일본은 열을 올리고 있다. 동아시아에서 미국의 군사적 위치와 일본의 군사적 역할

증대의 불가피성 등을 정당화하려 하고 있다. 미국은 양자 대립을 부추겨 무기를 팔아먹는 재미가 적지 않고, 중국을 견제하는 데에 '타이완 카드'를 써먹는 꾀도 부렸다. 중국의 군사시위가 있자 미국은 '가장 우수한 제자'인 타이완의 자유와 민주주의를 지키기 위해 2척의 항공모함 니미츠와 인디펜던스를 타이완 해협에 파견했다. 한국전쟁이 터지자 1950년 6월 27일 미국이 갑자기 제7함대를 타이완해협에 파견한 것이 연상된다.

1987년, 38년 만에 계엄령이 해제되어 타이완은 자유로워졌다. 정치적 금기도 거의 없어졌다. 징치반란조례를 대신해 1987년 제정된 국가안전법 제2조는 "인민의 집회결사는 공산주의를 주장하거나 국토의 분열을 주장해서는 안된다"라고 하고 있으나, 놀랍게도 이에 대한 벌칙 규정이 따로 없다.

민진당은 1986년 11월에 결성된 후 줄곧 타이완 독립을 주장해왔고, 급기야 1991년 1월 제5회 정당대회에서는 강령을 수정하여 "주권독립의 타이완공화국을 수립한다"고 천명했다. 그러나 민진당은 국가안전법 위반으로 처벌받지 않았을 뿐만 아니라, 여당은 국민당의 리 떵후이마저도 '명통암독(明統暗獨)', 즉 겉으로는 통일을 내걸고 실제로는 '타이완 경험에 의한 통일' 혹은 '대(大)타이완, 신중원(新中原) 건설' 등의 슬로건으로 독립을 지향한다.[4)]

---

4) 타이완 독립론 비판의 시각을 정리하면 다음과 같다. "외세의 타이완 침공 역사에서 때에 따라 중국과 분단되기도 하고 중국으로 복귀하기도 한 것이 타이완의 역사입니다. (…) 타이완의 광복은 독립이 아니라 중국으로의 복귀입니다. 그러니 중국으로 복귀한 타이완 사회는 일제시대처럼 일본민족과 중국인의 일부

한편 오랜 반공공포정치의 결과로 타이완의 좌익세력은 미미하지만, 사회주의를 주장하는 노동당이 있다. 대학가 서점에는 맑스, 레닌, 마오 쩌뚱의 책이 꽂혀 있으며, 어떤 처벌도 받지 않는다. 타이완에서는 현재 어떤 주장, 어떤 사상이든 방해받지 않는다. 이번 총통선거에서도 그랬듯이 선거 때마다 수십개의 무허가 지하방송국이 야당후보의 지지를 호소하며 하루종일 마음대로 방송을 한다. 지하방송이라고는 하지만 하루종일 전파를 보내므로 단속하려면 하지 못할 리 없겠으나 내버려두는 것이다. 국가안전법 제3조는 "인민이 출입국을 함에 있어서 내정부 경정서(警政署) 출입국 관리국에 허가신청을 하지 않으면 안된다"고 정하고 있다. 이것은 중국대륙과의 왕래를 규제하기 위한 조항이지만, 홍콩을 경유하는 등 이미 7백만명의 타이완사람들이 대륙을 왕래하고 있으며 출소 정치범들도 뻬이징을 마음대로 다니고 있다. 타이뻬이에서 차나 오토바이는 차선을 무시하고 때로는 신호마저 무시하며 달린다. 타이완의 친

인 타이완인 사이에 민족모순이 있는 사회가 아닙니다. (…) 타이완 사회는 다른 사회와 마찬가지로 계급사회입니다. 결코 외성인이라는 집단이 타이완인 일반을 억압하는 사회가 아닙니다. 타이완으로 흘러온 국민당 정치엘리뜨가 정치를 독점한 것은 사실이지만, 경제엘리뜨는 거의가 타이완의 자산엘리뜨가 차지하고 있습니다. 정치엘리뜨의 대륙인 독점은 두 명의 장 총통의 죽음으로 해체되어 리 떵후이 시대에는 타이완의 관상자본과 토착자본을 대표하는 새로운 국가가 이루어졌습니다. (…) 민진당(타이완 독립파)과 리 떵후이 정권 사이에는 본질적 차이가 없습니다. 정치적 슬로건도 같습니다. 그들은 운명공동체인 타이완에 독립된 국제공간을 필요로 합니다. 반공, 반중국, 친미, 친일, 분단 고정화 또는 독립 등입니다. (…) 계급구조가 변하지 않지요. 아무것도 변하지 않습니다." (「冷戰最前線の國に生きて－臺灣と韓國の戰後經驗」(上·下), 『世界』 614~15호, 東京: 岩波書店 1995, 301면)

구는 말한다. "타이완에서는 할 수 있는 것도 할 수 없는 것도 없다." 아직 계엄령이 살아 있을 때 민진당이 법을 어기고 창당하자, 당국은 "불법이지만 존재는 인정한다"며 추인했다. "존재하는 것은 이성적이다"라는 말이 있지만, 타이완에서는 일어난 사실은 모두 인정하는 현실주의가 우세하다고도 할 수 있고, 한편 법치주의가 보장하는 자유가 행사되고 있다기보다는 일종의 무법상태라고 볼 수 있을지도 모른다. 그러나 사회치안과 질서유지가 그런대로 되는 것이 신기하다.

더욱더 놀라운 것은 외래문화, 특히 일본문화가 횡행하는 점이다. 텔레비전의 여러 채널에서 일본방송을 내보내고 있다. 일본 스모, 카라오께 대회, 일일드라마, 영화, 만화, 포르노 등 빠짐이 없다. 선거 때는 일제 해군 군가인 「군함 행진곡」을 선전차에서 틀어대고 일본 천황폐하 만세를 외치는 타이완사람도 있다. 일본 텔레비전 영상에 비치는 타이뻬이의 거리는 총통 선거 결과 발표에 들끓고 군중들은 제각기 멋대로 외치고 있다. 그 속에서 어떤 남자는 일본말로 "타이완 도꾸리쯔 반자이(타이완 독립 만세)"를 외치고 있다. 이러한 자유는 내전과 냉전의 교차 속에 뒤틀린 타이완 현대사에서 피어난 흉측한 꽃이다.

1989년 베네찌아영화제에서 황금사자상의 영광에 빛나는 「비정성시(悲情城市)」에서 허우 샤오셴 감독은 그때까지의 금기를 깨고 처음으로 2·28사건을 영상으로 다루었다. 1990년에 처음 그 영화를 봤을 때 충격을 받은 장면이 있다. 2·28사건이 터져 주인공인 귀머거리 원 칭(文淸)이 타이뻬이에서 진샨(金山)의 집으로 돌아가는 기차간에서 성난 젊은이들이 외성인을 찾아내는 장면이었다. 손에 낫이나 몽둥이, 갈고리 등을 든 젊은이들은 "도꼬에 이꾸노까(어디로 가나)?" "도꼬에 이꾸노까?"라고 원 칭에게 물었다. 식민지교육을 받은 타이완사람들은 모두 일본말을 할 수 있고 대륙에서 온 외성인들은 일본말을 몰랐기에 외성인을 가려내기 위해 일부러 일본말로 말을 붙여보고, 외성인임이 드러나면 무자비한 폭력을 가하는 것이다. 원 칭은 귀가 먹어서 알아듣지 못했다. 자칫하면 맞아죽을 것을 친구가 나서서 구해주었다. 나는 이 장면을 보면서 칸또오대지진 때 일본 자경단들이 조선사람을 가려내기 위해 일본말을 시켜보고 발음이 이상한 자를 잡아내어 결국 6천명의 조선사람을 학살한 끔찍한 장면을 떠올렸다. 2·28사건을 체험한 따이 꿔후이는 『타이완』에서 다음과 같이 회상한다.

일찍이 일본사람이 타이완사람을 포함한 중국사람을 향해 내뱉은 '짱꼴로'라는 욕을 본성인이 동포인 외성인에게 해댄다. 일본군도를 휘두르며 머리띠를 하고 악을 써대며 일본 군가를 부르기도 했다. 본성인이 외성인을 가려내기 위해 '키미가요'를 부르게 하고, 철없는 외성인 아이들에게 '짱꼴로노 바까야로오(되놈의 바보새끼)'라고 린치를 가하고……

작년 4월 17일 이또오 히로부미(伊藤博文)와 리 훙장(李鴻章)이 1895년 시모노세끼조약을 조인한 슌빤로오(春帆樓)에서 '시모노세끼조약 100년 기념대회'가 열렸다. 민진당 입법위원(후에 부총통) 뤼

쇼우리엔(呂秀蓮)을 단장으로 정치가, 학자, 문화인 등 200명이 대거 일제의 타이완 식민지지배를 기념하기 위해 모여들어 '고별중국'이라는 플래카드를 앞세워 시위행진까지 했다. 뤼 단장은 "타이완의 운명을 바꾼 역사적인 날이다. 타이완은 100년 전 이날 중국에서 떨어져나왔다"고 하며 청일전쟁에서 일제의 승리에 감사했고, 노벨화학상 수상자 리 저위안(李哲遠) 중앙연구원 원장은 한술 더 떠 "일본은 역사의 그늘에서 벗어나지 못하고 있다. 전후 50년인 올해 이 문제를 그만 끝내주었으면 한다"고 말하며 일본 우익도 얼굴을 들고 제대로 말 못할 과거 일제 범죄의 면죄를 주장했다.

물론 이것은 타이완 독립파인 민진당 전체의 입장은 아니다. 그러나 타이완 선거에서 30퍼센트나 되는 민진당의 많은 지지자나 리떵후이 같은 국민당 친일파 속에서는 대륙중국인에 대한 증오와 중국에 대한 반감이 강렬한 나머지 친일·친미의식이 팽배하고, 그러한 의식은 제국주의의 침략행위를 정당화하고 면죄할 뿐 아니라 식민지지배가 근대화와 민주화에 기여했다는 식의 긍정적인 평가를 내리는 데까지 이르렀다. 예컨대 황 원슝(黃文雄)은 『대동아공영권의 정신(大東亞共榮圈の精神)』(光文社 1995)이란 책에서, "일본의 식민지주의가 '여러 악의 근원'이기는커녕 '근대화' 사회의 기반을 만든 점에서 그 역사적 역할을 평가할 만한 점이 여러 가지 있다" "일본 사람에게 터부로 되어 있는 '대동아공영권' 구상에 대해서도 나는 일본의 아시아 침략의 상징이 아니라 거대한 다민족지대인 동남아시아의 '공존공영' 구상의 원점이라고 생각한다"고 말했다.

또한 타이완 독립파인 커 치화(柯旗化)는 『타이완 감옥도(臺灣監

獄島)』에서 다음과 같이 말했다. "뻔뻔스러운 국민당 정부는 타이완 경제발전을 자기의 공처럼 떠들고 있지만, 양심적인 타이완인 경제학자는 일본시대에 교통, 전기, 수도, 수리 등의 건설이 진행되고 학교교육이 보급되었기에 타이완 경제가 발전할 수 있었다고 객관적인 평가를 하고 있다. (…) 독직(瀆職)과 착취밖에 모르는 중국놈에게는 경제건설을 할 수 있는 능력 따위가 있을 수 없다." "일본은 경제력이 너무나 강하기 때문에 여러 나라가 질투하고 국제적으로 고립되어가고 있다. 그럴 때 형제처럼 의지할 수 있는 우방이 있다면 일본은 얼마나 마음이 든든할까. 만약 타이완이 독립하여 타이완사람이 주도적인 정치적 지위를 획득하게 되면 친일적 민주국가인 타이완은 일본이 믿을 수 있는 형제 같은 우방이 될 수 있다."

이렇게 비비 꼬이고 뒤틀린 타이완의 모습을 양 후이는 다음과 같이 비판했다.

중국 현대사에서 타이완민중만큼 역사에 농락당한 사람들은 없다. 일찍이 청나라에 의해 일본에게 할양되고, 일본에 대한 격렬한 저항 끝에 진압되고, 황민화정책에 의해 민족의 얼까지 버릴 것을 강요받고, 패전의 위기에 몰리자 일본군의 소모품이 되어 대륙 동포와 아시아 민중과의 대결을 강요받았다. 해방후는 부패하고 탐욕스러운 국민당 정부의 폭정 아래서 '2·28사건'이나 '50년대 사건'으로 엄청난 희생을 치렀으며, 그때부터 40년간 계엄령과 공포정치 아래서 절망과 좌절의 나날을 보내왔다.

객관적으로 보면 타이완 인민의 투쟁은 아편전쟁 이래 아시아에서의 침략과 피침, 억압과 피억압의 역사와 중국 근현대사의 반제·반매판·반봉건의 역사 속에서 비로소 올바르게 평가될 수 있다. 그것은 제3세계 민중의 싸움에 연대해야 한다.

7·7사변(루꺼우차오盧溝橋 사건)을 남의 일로 치부하여 제3세계와의 연대를 피하는 타이완 독립파의 앞으로의 신장(伸張) 여하에 따라, 타이완 민주운동의 미래 모습에 큰 문제가 남을 것이다. 여기서 통일문제를 최대의 민족적 과제로 삼는 한국의 재야세력, 학생, 노동자의 운동과 질적 차이를 볼 수 있다. (楊輝「타이완의 빛과 그림자」,『세계로부터』토오꾜오·아시아태평양자료센터, 1988년 32호)

역사는 반드시 정의를 구현하는 것이 아니다. 그러나 포스트냉전이라 일컬어지는 오늘날만큼 반동이 진보의 이름으로 사람들의 입에 오르내리고, 보수가 혁신으로 행세하고, 강대국의 헤게모니 관철과 막힘없는 자본의 이윤추구를 위해 '국제화'가 행세하고, 커다란 억압체제 아래 안주하기 위해 '공생' '평화' '안정보장'이 주장된 때는 없었다.

지난날 억압과 착취에 항거하고 해방을 위해 일어나서 탄압 속에서 쓰러져간 수많은 사람들의 이상과 정신은 땅 밑에 묻힌 채 잊히고 가치없고 낡은 것으로 비웃음당하고 있다. 그러나 이 혼란한 시대를 넘어 미래를 내다보기 위해서는 류장리 공동묘지의 대나무숲 아래, 38선 밑 금정굴 속에 묻혀 있는 이름없는 사람들의 소리에 귀를 기울여야 하지 않겠는가.

연변조사보고

연변조선족의 정체성과 고구려사를 둘러싼 한중 갈등을 중심으로

2005년 8월 30일 12시 55분발 중국남방항공으로 서울을 출발, 오후 2시에 연변(延邊)조선족자치주 수도 연길시(延吉市, 옌지시)에 도착했다. 이번에 중국어 통역을 맡아준 대학원생 엄태권 군이 마중나왔다. 서둘러 연길우정(郵政)호텔로 향했다. 호텔에 도착하자, 바쁜데도 불구하고 연변대학 동북아연구원 박승헌 원장이 마중나왔다. 그는 털털한 호인으로 보였다. 우선 계획된 나진선봉지구 방문이 무산된 데에 사과하고, 세미나 전체 일정에 대해 친절하게 설명해주었다. 그러고 나서 서울에서 우연히 만난 전(前) 연세대학교 일본사 교수이며 현재 연변대학 역사학부 겸임교수인 박영재 교수와, 과학사 전문이며 한중관계사 연구를 위해 연길에 정착한 김기협 박사(현재는 한국으로 귀국) 등과 화원식당에서 저녁을 함께하면서 연변 사정을 들었다. 연변대학 고구려사의 권위자이던 고(故) 강맹산 교수의 따님 강수옥 씨(연변대학 역사학부 강사)도 동석해 화제는 자연스레 중국과 한국의 관계를 긴장시키는 고구려사 인식 문제와 '동북공정'으로 이어졌다.

다음날인 31일 아침, 옌지허(烟集河) 가의 수상시장으로 갔다. 면도로 깔끔하게 손질된 식용 개가 진열된 모습이 장관이었다. 시장에서 아침을 먹고 영웅열사기념관으로 향했다. 기념관은 한산하여 교육받으러 온 인민해방군 병사들밖에 없었다. 기념관에는 항일전쟁, 해방전쟁(제2차 세계대전 후 국민당과의 전쟁), 항미원조(한국전쟁), 그리고 신중국건설 이후의 노동영웅에 이르기까지 사진이나 초상화, 편지, 일기, 당시의 무기 등 관련자료가 전시되어 있었다. 흥미로웠던 것은 고 김일성(金日成) 주석 사진까지는 없었지만 최용건(崔鏞健), 김책(金策), 강건(姜健) 등 북한에서도 항일빨치산 영웅으로 현창되고 있는 이들이 상당히 크게 전시되어 있다는 점과, 한국전쟁 당시 혁혁한 공을 세워 북한에서 영웅 칭호를 받았다고 특기된 중국인민해방군 전사자들의 대부분이 조선인이었다는 것이다.

8월에 연변대학에서 고구려사 연구회가 있었는데 북한에서도 대표가 왔다고 한다. 그들은 연구회를 마치고 여느 때와 같이 만주의 항일빨치산 전적지를 견학했지만, 종래와는 달리 대학 측 안내인은 없었다고 한다. 이는 북중관계의 냉각을 시사한다고 생각한다. 고구려사 문제같이 공동의 기억을 가지면서 각각 다른 정치주체를 형성한 중국과 북한이 동북지역의 항일연합군 및 항일빨치산의 역사를 어떻게 규정하느냐는 각국의 역사와 관련되는 미묘한 문제이고, 이

제까지는 서로가 서로의 버전을 존중하는 형태로 처리되어온 것 같다. 그러나 정세변화에 따라서는 한쪽의 버전을 다른 쪽에 밀어붙이게 될지 모른다는 우려가 있었다.

기념관을 뒤로하고 연변조선족자치주 초대 주석인 주덕해(朱德海) 기념비로 향했지만, 영웅열사 묘지의 구릉 위에 있는 기념비는 철책으로 둘러싸인 채 철문이 잠겨 있어 멀리서 바라보기만 했다. 점심때 유경반점에서 연변경찰의 모 간부와 냉면을 먹으며 연변의 범죄나 사건 현황을 들을 수 있었던 것은 큰 수확이었다.

7년 만에 찾은 인구 28만명의 연길시에는 5천대나 되는 택시가 어지럽게 달렸고, 여전히 사람과 차는 신호와 횡단보도를 무시하며 교묘하게 거리를 누볐지만 크게 변해 있었다. 새로운 빌딩과 맨션이 세워지고 많은 도로가 포장되었다. 각지의 건설현장에서 공사가 진행중이었다. 1992년 한중국교수립 이후 연변에 유입된 한국자본의 힘이다. 그러한 외형적인 변화와 함께 나를 더욱 놀라게 한 것은 7년 전에는 뭐든지 조선말로 통했던 연변에서 조선말이 통하지 않게 된 것이었다. 택시기사도, 호텔과 식당의 종업원도, 시장상인도, 이발소 종업원도 조선말을 아는 이가 거의 없었다. 9월 3일 오전 뿌얼하통허(布爾哈通河) 강변에 한국자본으로 지어진 '아리랑호텔'에서 지역원로인 '연변 사회과학학회연합회'의 여러 회원과 간담회를 가졌는데, 여기에서도 '아리랑'이라는 이름에 걸맞지 않게 조선말이 통하지 않았다.

80만명에 이르는 연변의 조선족 인구는 감소하는 경향을 보여 이미 연변 총인구의 40퍼센트를 밑돌고 있으며, 이 추세가 계속된다면 2020년에는 연변 총인구의 20퍼센트가 될 것으로 예측한다고 했다. 최근 '동북공정'과 고구려사 인식을 둘러싼 한중 갈등이 심화되는 와중에 이러한 현상을 두고 한국에서는 중국정부의 '소수민족 말살정책' '한화(漢化)정책'이라고 비난의 소리가 높다. 확실히 중국정부가 다른 변경지역과 같이 요충지인 동북을 강력하게 장악하려는 의도는 분명하다. 연변에서도 조선족 사이에서 '한족 우대정책'에 대한 불만의 소리가 없는 것은 아니다. 그러나 연변인민출판사 편집부장인 유연산 씨나 연변대학 관계자는 그런 정책론을 부정한다. 경제적 요인이 연변조선족의 유출을 부추기고 있다는 것이다. 정확한 통계는 없지만 18세에서 40세까지 연변조선족 여성의 60퍼센트가 타 지역으로 이동했다고 한다. 주로 한국(한국에는 연변 출신자를 중심으로 10만명 이상의 중국조선족이 합법 혹은 비합법의 형태로 체류하고 있다), 일본, 뻬이징, 상하이 등으로 결혼이나 일자리를 얻어 떠났고, 유흥산업 종사자로도 나갔다. 돈벌러 떠난 남자도 상당하다. 이러한 자치주의 조선족 공동화(空洞化) 현상에 따라 한족, 그리고 두만강 건너 북한에서 인구유입이 계속된다고 설명한다.

서울에서 연길로 날아오는 비행기의 옆자리에 앉은 이는 젊은 부부였다. 아내는 임신한 것 같았고 남편은 엄지손가락에 붕대를 감고 있었다. 8년 만에 연길로 돌아간다고 했다. "8년이나 벌었으면 부자가 되어 금의환향이군요"라고 말을 붙이자, 붕대를 감은 손가락을 보이면서 "돈벌이라뇨? 이 모양이랍니다. 이제 지긋지긋해져서 돌아가는 거랍니다." 프레스에 눌려 뭉개진 엄지손가락이 연변조선족의 코리안 드림의 좌절을 웅변하고 있었다.

중국에서 돌아와 한국에서 가장 궁벽한 산골인 강원도 영월에서 고향을 버스로 지날 때였다. 도로변에 붙은 '국제결혼상담소'라는 커다란 간판이 눈에 띄었다. "이런 산속에 국제결혼이라니?" 하고 순간 눈을 의심했다. 그러나 간판 아래쪽에 중국, 몽골, 필리핀이라고 쓰인 것을 보고 납득했다. 결혼상대 없이 나이들어가는 한국의 농촌총각들에게 결혼을 주선하는 인신매매 비슷한 사업이 이런 벽지에서도 성황인 것이다.

연변에서도 택시기사가 말하기를, 북한에서 온 여성 '탈북자'가 연변에 정착하기는 어렵지만 농촌에서 아이를 낳아주겠다고 하면 노총각 농민은 대환영이라고 했다. 일찍이 연변의 농촌은 한족 마을과 조선족 마을이 분명하게 나뉘어 따로 살아왔다. 의식주가 다르고 농사법도 다르다. 소의 종류까지 달라 한족은 검은 소, 조선족은 누런 소를 키우고 생활습관도 다르다. 그래서 예전에는 한족과 조선족의 통혼이 드물었다. 그러나 여성 수가 줄고부터는 할 수 없이 한족 여성을 며느리로 맞는 사례가 늘어났다고 한다. 단순하게 말해서 한족+북한인→연변→한국→일본으로, 농촌 결혼적령기 여성의 유출이라는 연쇄적인 인구이동 현상이 뚜렷해졌다. 또 이러한 이동의 그늘에는 범죄조직이 개입해 컨테이너나 어선으로 밀항을 주선하면서 고액의 소개비나 주선료라는 이름으로 여성을 채무노예 상태에 떨어뜨리기도 하고, 마음에도 없는 결혼이나 매춘을 강요하는 인신매매가 성행하고 있다.

9월 2일, 나는 경제조사팀과는 별개로 엄태권 군과 백두산(중국명 창빠이샨長白山, 해발 2,744미터)을 등정하게 되었다. 7년 전 처음으로 연변을 방문했을 때 백두산에 간 적이 있다. 그러나 그때는 4월 30일, 산 정상은 얼음으로 폐쇄되어 입산금지였고 얼어붙은 장백폭포를 바라만 보다가 돌아설 수밖에 없었다. 이번이 재도전이다.

백두산은 북한과 중국 국경에 걸친 한반도와 중국 동북지역의 최고봉이다. 거대한 휴화산의 일부에는 아직 화산활동이 계속되고 있다. 깔데라 호인 천지(남북 4.85킬로미터, 동서 3.35킬로미터, 둘레 13.11킬로미터, 해발 2,194미터)를 장군봉 등 16개의 봉우리가 둘러싸고, 8천 제곱킬로미터에 이르는 광대한 용암대지가 넓은 고원을 형성한다. 백두산은 중국 동북에서 일어난 남여진족과 만주족의 성산이었다. 또 한국에서도 백두산은 개국시조인 단군의 탄생지로 여겨져 신화와 관련된 성산이다. 일본 식민지지배하에서는 항일무장투쟁의 무대로서 조선인 사이에서 외경의 대상이던 민족의 상징이다.

연길에서 백두산까지 택시로 편도 약 세 시간이 걸린다고 한다. 아침 5시에 호텔에서 출발했다. 이전에는 용정(龍井, 룽징)에서 화룡(和龍, 허룽)으로 두만강을 따라 비포장도로를 편도 네 시간 반 정도 달렸지만, 이번에는 연변에서 돈화(敦化, 뚠화), 길림(吉林, 지린)을 거쳐 장춘(長春, 창춘)으로 빠지는 고속도로를 가다가 도중에 안도(安圖, 안투)에서 좌회전했다. 창빠이국립공원 입구인 이도백하(二道白河, 얼따오빠이허)까지 편도 약 250킬로미터의 길은 유료도로인 깨끗하게 포장되어 있었다. 이도백하에서 백두산 산정까지는 약 40킬로미터,

이미 물들기 시작한 백양나무 등 낙엽수가 빼곡한 포장도로변에는 곳곳에 한국자본으로 호텔이나 백두산 호랑이를 놓아먹이는 싸파리 등이 세워져 있었다. '창빠이샨'이라는 액자를 건 대문을 지나 국립공원 입구에서 입장료로 40위안(元)을 냈다.

천문봉 정상으로 향하는 입구에 도착하니 9시가 넘었다. 여기에서 백두산 천지로 가는 길은 두 갈래다. 하나는 '천지'라고 쓰인 편액이 걸린 홍대문을 돌아 허가받은 등정용 사륜구동차가 200위안에 손님을 태워 가는 약 7킬로미터 길이다. 또 하나는 홍대문 앞을 지나 온천을 거쳐 장백폭포 옆 암벽을 올라 천지에 이르는 약 5킬로미터 길이다. 두 갈래 모두 도전하기로 하고 먼저 천문봉으로 향했다. 아래에서는 날씨가 맑더니 정상 부근은 구름안개로 뒤덮여 거센 바람이 불었다. 구름이 걷히고 푸른 하늘이 얼굴을 내밀다가 또다시 깊은 안개에 싸이고 세찬 비마저 들이치는 변화무쌍하고 험악한 날씨였다. 차가 굽이굽이 험한 길을 달리니 길가에 쌓인 눈이 보였다. 전날(8월 30일) 백두산 봉우리에 첫눈이 내렸다고 한다. 예년에는 9월 15일 무렵 첫눈이 내린다는데, 백두는 이미 겨울 초입에 접어들었다. 약 20분 만에 차는 주차장과 관리사무소가 있는 정상의 광장에 도착했다. 이곳은 기온이 영하로 떨어지고 진눈깨비가 바람에 휘몰아쳐 서 있기도 곤란할 지경이었다. 스웨터와 코트를 껴입고 있어도 견딜 수 없었다. 그러한 곤란한 상황을 노려보면서 기다렸다는 듯 두꺼운 털이 달린 인민해방군의 겨울외투를 트럭으로 가득 싣고 와서는 등산객을 상대로 한 벌에 50위안이나 하는 터무니없는 값으로 빌려주고 있었다. 울며 겨자 먹기로 빌려서 껴입었지만 떨림이 멈추지 않았다. 주차장에서 200미터 남짓, 산꼭대기까지는 가슴이 산길에 닿을 정도로 급경사였다. 길옆 벼랑 끝에는 철책도 난간도 없고 발을 헛디디면 안개가 소용돌이치는 수백 미터 아래 천지까지 그대로 곤두박질한다. 공기가 희박한 탓인지 한발 내디딜 때마다 심장이 입에서 튀어나오려 하고 식은땀이 흐른다. 한족으로 보이는 남녀노소가 그런 험한 곳을 신이 나 떠들며 올라가는데 놀라지 않을 수 없었다. 우리에게는 성스러운 산이지만 한족에게는 관광명소에 지나지 않는 것이다. 정상인 듯한 곳은 짙은 안개로 둘러싸여 잘 보이지 않는다. 할 수 없이 10분 정도 바람을 등에 지고 날려가지 않도록 발에 힘을 주며 버텨서서 안개가 걷히길 기다렸지만, 결국 하산할 수밖에 없었다.

다시 출발점까지 내려와 거기서 장백폭포 방향으로 나섰다. 불과 4, 5백미터를 걷자 흑풍구(黑風口) 벼랑 아래서 온천이 솟아나고 있었다. 한국자본의 투자로 세워진 천상온천호텔 앞을 지나자, 곧 장백폭포공원 입구가 나왔고 여기서도 45위안을 냈다. 곳곳이 요금소다. 길은 장백폭포까지 천지에서 흘러나오는 통천하(通天河, 퉁톈허)의 수원을 따라 평탄하게 계속되고 폭포가 떨어지는 곳에서 높이 68미터의 폭포 오른쪽 벽을 파낸, 현기증이 날 정도로 아찔한 수백개의 계단이 이어진다. 이 계단도 한국자본으로 만들어져 중국 측과 공원 입장료를 나눈다고 한다. 계단을 다 오르자 천지 물가까지 다시 길이 평탄해졌다. 천지에 도착하자 검은 화산력(火山礫)으로 이뤄진 작은 모래사장이 있고 물은 맑았다. 작은 천막을 친 매점이 있고, 앞쪽 물가의 '천지'라고 쓴 비석 옆에는 "여기서 사진 찍는 사람은 2

위안"이라고 씌어 있었다. 다행히 20분 정도 지나자 바람이 안개를 날려줘 맞은편 북한 쪽을 바라볼 수 있었다. 북한과 중국에 걸쳐 있는 천지는 1962년 당시 김일성 주석과 저우 언라이 총리 사이에 국경 획정 합의가 이루어져 55퍼센트는 북한에, 45퍼센트는 중국에 귀속하게 되었다.

돌아오는 길에 온천에서 땀을 씻고 산에서 내려와 이도백하에서 늦은 점심을 먹었다. 강원식당이라는 청결한 조선식당이었다. 여기는 여관을 겸하고 있어 1박에 20~30위안 정도의 저렴한 가격으로 한국에서 온 단체관광객들에게 숙식을 제공한다. 산나물과 토박이 나물을 소박하고 맛나게 무쳐 곁들인 점심을 먹고 120킬로미터 정도의 맹렬한 속도로 연길로 향했다. 백두산 중턱으로 내려올수록 멀리 시야가 넓어지면서 넉넉하게 트이고, 길 양옆의 원시림은 이미 초겨울인데도 초여름처럼 향기롭고 푸른 가지 끝을 섬세하게 흔들고 있었다. 왕복 575킬로미터의 여행을 마치고 연길에 도착한 것은 저녁 6시가 지나서였다.

백두산 등정에서 인상적이었던 것은 연변과 함께한 백두산 관광개발에서 한국자본이 압도적 우위에 있으며 종래에는 민족의 성산으로 한국인 방문자가 많았으나, 중국경제의 약진에 따라 관광을 목적으로 하는 한족 방문자가 현저하게 증가했다는 점이다.

2003년 중국은 한국의 수출국 제1위를 점하게 되었다(중국 351억 달러, 미국 342억 달러). 중국에는 한국 붐을 의미하는 '한류(韓流)'가, 한국에서는 중국 붐을 의미하는 '한류(漢流)'가 급격하게 상승기류를 탔으며 공전(空前)의 밀월을 만들어냈다. 그러나 2004년, 한국에서 한류(漢流)는 '한류(寒流)'로 일변했다. 4월에 중국 외교부는 홈페이지에 올린 한국 소개란의 '고대삼국' 부분에서 고구려를 삭제했다. 한국정부는 7월 14일이 되어서야 이것을 알고 항의했지만 고구려를 중국의 지방정권으로 간주하는 중국은 항의를 받은 뒤 8월 5일에 오히려 고구려뿐만 아니라 고대삼국 전부를 삭제해버렸다. 한국 여론은 격앙되었고 소위 '고구려사 인식' 사건이 본격화하면서 반중국 정서가 만연했다. 삼국사 삭제에 대해 한국에서는 중국의 대국주의적 역사인식의 대두가 아닐까 하는 우려가 있었다. 고대사 삭제에 대한 한국의 항의가 받아들여지지 않자 8월 8일, 노무현 대통령은 대통령 직속의 동북아시대위원회에 한국, 중국, 일본 역사를 포괄적으로 연구하라고 지시했다.

8월 23일 중국의 우 따웨이(武大偉) 외무차관이 방한해 최영진 외교통상부 차관과 심야교섭을 벌인 결과 고구려사 인식 문제에서 5개 항목에 걸친 구두 양해사항 합의에 이르렀다.

1. 중국정부는 고구려사 문제가 중대 현안으로 대두하고 있음에 유의한다.

2. 양국은 역사문제로 한중 우호관계가 손상되지 않도록 노력하고, 1992년 8월의 한중국교공동성명 및 1993년 7월의 양국정상공동성명에 따라 전면적인 협력·동반자관계의 발전을 위해 노력한다.

3. 고구려사 문제의 공정한 해결을 도모하고 필요한 조치를 취

하며 정치문제화하는 것을 방지한다.

4. 중국은 고구려사 기술에 대한 한국 측의 관심에 이해를 표명하고 필요한 조치를 취한다.

5. 양국간의 학술교류를 신속히 진행한다.

문제의 발단인 중국 외교부 홈페이지에서 삭제된 고구려사 원상회복이라는 한국 측 요구는 받아들여지지 않았지만, 사태의 과열현상을 진정시키고자 하는 양국 정부의 의지는 확인되었다.

그후 자 칭린(賈慶林) 정치협상회의 주석이 후 진타오(胡錦濤) 국가주석의 구두메씨지를 가지고 방한하여 노무현 대통령은 고구려사 왜곡에 대해 '유감'을, 자 주석은 '유의'를 표명했다. 또 베트남 하노이에서 개최된 아셈(ASEM)에서, 10월 7일 밤 노무현 대통령은 원 자빠오(溫家寶) 총리와의 면담에서 고구려사 문제가 양국의 우호관계에 악영향을 주지 않는 방향으로 해결되도록 의견을 교환했다.

그러나 한국에서는 중국이 합의를 지키지 않는 데 대해 불만이 끊이지 않았다. 최종택 고려대 교수는 중국 문화부 관계의 『중외문화연구(中外文化硏究)』 9월호에 "고구려는 중국 동북지방에서 생활하던 고대 소수민족정권"이라 기술된 것을 지적했으며, 중국 인민교육(人民敎育, 런민자오위)출판사 홈페이지의 '역사지식' 코너는 고구려를 중국사에 포함해 기술하고 있다고 비판했다.

이 시기에 중국이 고구려사 문제를 제기한 배경에 대해서 어떤 해석이 있는지 살펴볼 필요가 있는데, 9월 3일 '연변 사회과학학회연합회'와의 간담회에서 연변 사회과학원 김종국 원장은 한국 등에서

이 문제를 보는 관점을 다음 네 가지로 정리했다.

1. 대중화주의적 패권주의에 의한 팽창 지향.
2. 북한 정세가 유동적이어서 제3자(미국)의 개입 가능성이나 한국 주도의 통일 가능성이 높아질 경우, 중국이 북한에 개입할 근거 마련.
3. 동북 3성 지역에서 조선족의 동요를 방지하고 한반도 통일 이후 조선족이 고구려사를 근거로 중국으로부터 분리독립운동을 전개하는 사태에 대비하는 방책.
4. 앞으로 한국에서 제기될지도 모르는 영토문제에 대한 대비.

임혁백 고려대 교수는 이상의 이유 외에도 "중국은 한국의 동북아중심 국가론을 동북아지역에서 한국의 패권구축 시도로 오해하여 여기에 대응하는 중국판 동북아중심 국가전략의 일환으로 동북공정 프로젝트를 시도하고 있다"고 주장한다. 김종국 원장은 결론적으로 이 문제는 정치가 아니라 학술에 맡겨야 한다고 중국정부에 입장을 전했다.

고구려사 인식, '동북공정'을 둘러싸고 한국의 신문과 잡지에서는 북한 붕괴 씨나리오와 중국군의 북한 진주 혹은 친중국파 조선인민군의 정권쟁취 등의 억측 기사로 지면을 요란하게 장식했다. 하지만 한국과 중국은 경제적인 면에서 이제 떼려야 뗄 수 없는 동북아의 파트너로 상호 인식하고 있고, 문화 및 사회, 안전보장에 이르기까지 점점 관계를 심화시키고 있는 과정에서 북한 점령 씨나리오가 남북한의 강력한 반발을 불러일으킨다는 것은 불 보듯 명확하기 때문에 중국에게는 아무런 이익이 없다. 따라서 앞에서 언급한 2, 3번 같은 씨나리오는 무리가 있으며, 중국의 내부적인 요인을 생각해봐야 할 것이다.

개방개혁 이래 주강(珠江) 삼각주, 양쯔강(楊子江) 삼각주, 핑진(平津, 뻬이징-톈진) 지구 등 세 지역이 장족의 발전을 이룬 데 비해, 일찍이 중국의 선진공업지역이던 동북은 중후장대한 산업을 중심으로 해왔고 그것마저 노후되었다. 그래서 등장한 것이 따롄(大連) 등 동북남부의 대규모 투자와 정비를 내용으로 하는 '동북진흥공정'이었다. 또 해안지역과 내륙의 터무니없는 경제격차 시정과 국경지역의 안정을 도모한다는 안전보장상의 고려에서 3대 변경지역 개발이 진행되어왔는데, 서북(신장新疆, 서부 내몽골), 서남(티벳, 윈난雲南, 꽝시廣西) 개발프로젝트는 거의 종료되어 이제 동북(랴오닝遼寧, 지린, 헤이룽장黑龍江, 동부 내몽골) 개발에 착수했다는 것이다. 요약하면 중국 전국의 균형발전과 강력한 국토통합(통일다민족국가)을 목적으로 하는 프로젝트에 동북공정도 포함되었다고 할 수 있을 것이다.

한국 외교통상부의 박준우 아시아태평양국장은 8월 18일, 최근 개정된 재외동포법에 의한 조선족 우대조치나 중국 동북지방이 한국에 귀속되어야 한다는 민간인의 주장, 선교사들의 '불법선교' 등에 대한 중국정부의 불만을 전하면서 "이들이 중국이 진행하는 동북공정의 배경일 가능성이 있다고 보인다"라고 기술했다. 확실히 연변은 한국의 식민지라는 느낌을 준다. 한국자본 진출도 그렇거니와 작년에 연변으로 송금된 금액은 6억 5천만 달러로 주정부 예산의 1.5배에 달했는데, 거의가 한국에 돈 벌러 온 조선족이 보낸 것이라 짐작된다. 이러한 돈벌이 소득은 연변으로 돌아와 카라오케, 마싸지, 음식점 등 소비경제의 허황한 꽃을 피우고 있다. 한중 국교수립 초기에는 중국조선족에 대한 한국의 동포애와 경제적 풍요에 눈을 빼앗겨 연변에 한국 붐이 일어났다. 현재도 집집마다 위성안테나를 불법으로 달아 한국 텔레비전 프로그램을 시청하고, 한국 미디어에 강한 영향을 받고 있다. 한국의 유행과 동향에 정통하고, 한국정치에 대해서도 당사자처럼 열을 올리고 입에 거품을 문다. 내가 만난 연변조선족은 누구나 열렬한 노무현 대통령 지지자였다. 그러나 연변에 몰려든 한국인 중에는 사기꾼, 범죄자, 광신적인 종교인처럼 연변조선족을 먹이로 삼거나, '가진 자'로서 우쭐대고 잘난 체하거나, 연변동포들에게 '만주는 우리 땅'이라는 시대착오적인 민족주의 설교를 하는 자들도 있다. 한편 한국에서는, 동포라고는 하지만 연변조선족은 이등국민으로 취급되어 소외감을 느끼며 한국에 대한 반감을 키우고 있다. 중국 국적을 가지고 중국인으로서의 정체성을 가진 그들을 동요시키는 재외동포법이나 일제가 청나라의 연변지역(구 간도間島성) 영유를 인정한 간도협약(1909)의 불법성을 주장하며 무효라고 결의하려는 한국 국회의 동향 등, 한중 사이에 낀 연변조선족의 시름은 깊어질 뿐이다.

그러면 고구려사를 중국사에 편입하려 했다고 비난받는 『동북통사(東北通史)』(이하 '통사')를 검토해보자. 이 책은 2003년 1월에 허난성(河南省) 정저우(鄭州)의 중저우꾸지(中州古籍) 출판사에서 출간된 '중국변강통사총서(中國邊疆通史叢書)'(馬大正 總主 編)의 한 권이다. 덧

붙여 말하면 총서는 중국변강경략사, 중국해강(海疆)통사, 동북통사, 북강(北疆)통사, 서역통사, 서장(西藏)통사, 서남통사의 7권으로 구성되어 있고, 변강지역을 중국사와 중국 영역에 확실하게 위치시키려는 의도를 가진다고 생각한다.

총서의 총서문에서 마 따정은 중국을 '통일다민족국가'로 규정하면서 다음과 같이 쓰고 있다. "중국은 역사과정에서 형성된 통일다민족국가다. 중국 개념의 변천은 중국이 다민족국가를 통일한 역사적 산물이다."(통사, 1면) 변강은 역사과정에서 중국에 융합·동화되며 중화의식을 키워왔다. 몽골족이 원 왕조를 세운 것은 소수민족에 의한 전국통일의 선례를 만들었고, 청은 176년에 걸쳐 중국의 변강을 획정하는 역사적 사명을 최종적으로 완성하고 기본적으로 오늘날 강역의 범위를 형성했다고 한다.

즉 이와 같은 주장은 변경에 사는 여러 민족이 중화를 침략하고 군림해도 유교문화의 압력을 받아 한화(漢化)해온 역사를 전제로, 한족 우위의 역사 형성을 주장하는 것이다. 일반적으로 제국은 다른 나라를 침략하여 확대·팽창하지만, 중화제국의 경우는 침략당하면서도 그 판도를 확대해온, 세계사에서 찾기 힘든 희귀한 성격을 가졌다. 한나라든 당나라든 중국 역대왕조의 민족적 출신은 비(非)한족이라는 설이 유력하지만, 일찍이 중국사에서 최악의 침략자로 규정되어온 원나라 몽골족이나 청나라를 세운 여진족이 중국사에서 최대 공헌자로 바뀐 셈이니 제멋대로라면 제멋대로이다. 중국의 '문화주의' '문화제국'이라고도 할 수 있는 유교문화에 의한 이민족 통합을 기왕의 역사학자 중에는 평화주의적인 것으로 파악하는 경향이 있었다. 확실히 참혹한 무력침략보다는 낫다고 말할 수 있을지 모르지만, 변강이 끊임없이 중원에 통합되어왔다는 논리에 따른다면 조선이나 베트남 같은 입장에서는 불안하지 않을 수 없다.

대통령 직속기관으로 설치된 고구려연구재단 주최로 앞에서 언급한 한중합의에 따라 9월 16~17일 서울에서 제1회 고구려사 국제교류 심포지엄이 개최되었다. 그것을 『한겨레』(2004. 9. 17)는 "한·중 고구려사 학술교류 첫 대면 '냉랭'"이라는 표제로 보도했다. 쑨 진지(孫進己) 션양동아연구쎈터 주임은 "그 토지, 인민, 문화가 현재 어느 국가에 속해 있느냐에 따라 계승국이 결정된다"고 하여 현재 고구려 고토의 3분의 2를 점하고 있는 중국이 가장 중요한 계승자라고 주장했다. 그리고 쑨 훙퉁(孫紅同) 션양동아연구쎈터 연구원은 "고구려사를 한국사의 일부라 주장할 근거는 없다"라고 한결 더 강경한 주장을 펼쳤다.

중국은 한편으로는 러시아, 인도, 동남아시아 여러 나라와 수만 킬로미터에 걸쳐 국경을 맞대고 갖가지 국경분쟁을 경험해왔다. 또한 소수민족의 민족주의와 독립·분리운동에 시달려왔다. 따라서 변강문제에 지극히 민감한 것은 당연할 것이다. 그러나 통일다민족국가라는 이름 아래 무한정 통합 및 팽창 지향으로 나아간다면 동아시아의 국제관계는 긴장되고 그 정세는 더욱더 복잡해질 것이라는 우려를 금할 수 없다.

영화 「실미도」에 드러난 냉전기의 국가폭력

1971년 여름, 육군수도통합병원

1971년 8월 23일, 조선총독부가 있던 경복궁 동쪽 옆 육군수도통합병원 집중치료실에서였다. 그해 4월, 육군보안사령부의 서빙고 대공수사분실에 납치되어 고문에 견디다 못해 분신을 기도한 나는 응급조치 후 서울구치소에 수감되었는데, 법원이 여름휴가에 들어가 병원으로 되돌아와 있었다. 나와 네다섯 명의 힘센 보안사 감시병이 차지하고 있던 넓은 집중치료실에 돌연 음산한 싸이렌 소리가 울렸고 머리맡의 라디오에서는 뉴스속보가 흘러나왔다. '무장공비'가 서울에 진입해 영등포 대방동에서 아군과 교전중이라고 했다. 그 순간 표정이 얼어붙은 감시병들이 당황하며 라디오를 껐다.

곧 위생병들이 허둥지둥 들어와 방을 정리하자마자 구급차에서 중상자가 차례차례 칸막이 저편으로 실려들어왔다. 그러고 나서 매일같이 국방장관, 참모총장 이하 군 최고간부, 중앙정보부장, 국무총리까지 심문을 위해 상처입은 특수부대원들을 찾았다. 10여일의 응급치료와 심문 후, 이윽고 내 옆에 있던 특수부대원들은 공군 정보부대로 이송되었다.

사건 다음날 신문은 '실미도를 탈출한 군특수부대의 폭동사건'이라고 정정보도를 했지만, 이십수년 후 한 월간지에서 이 사건을 다룰 때까지 그 범인이 바로 한국정부가 키운 테러부대임이 밝혀지지 않은 채 봉인되었다.

1천만 관객을 동원한 영화 「실미도」

일본에서 2004년 가을에 개봉된 영화 「실미도」는 한국에서 상영 2개월 만에 1천만 관객을 동원하여 한국 영화사상 공전의 히트작으로 기록되었다.

이 영화는 북한의 민족보위성 정찰국 소속 124군부대의 '청와대 습격기도 사건'(1968. 1. 21)에 보복하기 위해 평양에 침투해 주석궁을 폭파하여 김일성을 암살할 목적으로 1968년 4월 실미도에 창설된 공군 특수부대와 '실미도사건'을 테마로 한 것이다. 이 부대의 공식 명칭은 공군 제7069부대 소속 2325전대 209파견대이고, 1968년 4월에 창설되었기 때문에 속칭 '684부대'로 불렸다.

이 부대는 거액의 포상이나 사면을 미끼로 군 범죄자, 부랑자 등 의지할 데 없는 31명을 징집하여 '살인무기'로 만들기 위해 지옥훈련을 실시했다. 하지만 한국정부는 국제법과 휴전협정 위반의 책임을 면하기 위해 특수부대 입대와 동시에 그들의 군적은 물론 호적마저 말소했다. 그들은 법적으로 지구상에 존재하지 않는 '살아 있는 송장'으로서 임무에 성공하든 실패하든 비밀유지를 위해 지워질 운명이었다.

그러나 1971년 닉슨 대통령의 밀사 키씬저의 뻬이징 방문으로 촉발된 동아시아의 긴장완화 분위기 속에서 한국정부는 대북정책을 부득이 변경하게 되었고, 평양 습격작전은 중지되었다. 목표를 잃은 부대원의 급양 등의 처우도 현저히 악화되었으며, 비밀유지를 위해 섬에서 나올 수 없어 죽을 때까지 그곳에 갇힐 운명이었다. 이를 예감한 대원들의 분노는 청와대로 향했으며, 부대원 24명이 대장 이하 감시자이자 훈련교관인 기간병 18명을 제물로 삼아 섬을 탈출해 버스를 탈취, 서울로 진격해오다 진압군과 총격전을 벌이면서 괴멸된 것이다.

확연히 드러난 국가폭력의 암흑

실미도 사건은 냉전·남북분단시대에 군사독재정권이 자행한 국가폭력을 상징하는 흉측한 사건이자 한국현대사의 치부이다. 이 영화의 흥행을 계기로 여러 가지 비밀이 점차 드러나기 시작했다. 북한 최고지도자를 살해할 테러 계획이 실행되고 있었다는 것, 3년여 지옥훈련 과정에서 7명이 탈주 기도나 규율 위반으로 잔인하게 죽임을 당하거나 자살 또는 사고사한 사실, 중상을 입고 체포되어 사건 7개월 후 서울시 오류동 공군 정보부대 사격장에서 처형된 4명을 포함해 전부대원의 사망 사실이 최근까지 가족 및 친지들에게도 알려지지 않았다는 것 등이다. 하지만 사건조서나 군 수사기록 등은 아직도 공개되지 않아 진상규명을 위해 (당시) 여당인 열린우리당에 '실미도사건 진상규명 특별위원회'가 설치되었다.

테러, 살인, 파괴, 납치, 첩보 등 국가권력의 어두운 부분을 맡아 한국에서 북한으로 침투시킨 1만 수천명 특수부대원[1)]의 명예회복 및 배상 문제가 수년 동안 주목되어왔다. '조국을 위해' 몸바친 '애국자' '반공용사'로 치켜세워져 대북공작에 동원된 대원의 대부분은 북한에서 체포되거나 사망했다. 설령 살아서 한국으로 돌아와도 한국정부는 포상이나 특전 등의 약속은 일절 모르는 척했을 뿐 아니라 도리어 귀환자에게 '세뇌' 의혹을 씌워 국가보안법 위반 등으로 투옥하기도 했다. 대원들이 호소해도 국방부는 '군 기록상 해당자 없음'이라는 회답을 보낼 뿐 전혀 상대하지 않아 실의와 궁핍 속에 사회 저변을 떠돌았다.

하지만 2004년 1월 8일, 한국 국회에서는 '특수임무수행자 보상에 관한 법률' 및 동'지원에 관한 법률'이 제정되었다. 김성호 의원

1) 한국군정보사령부는 국정감사 때 국회 국방위원회에 제출한 자료에서 1951~74년까지 13,835명의 대북 특수부대원을 양성했고, 사망 및 행방불명자 7,800여명, 부상자 300여명이라 했다.(『한국일보』 2003. 9. 21)

(당시 열린우리당)은 이 법의 제안 설명에서 "국가를 위해 목숨을 걸고 특수임무를 수행한 사람들을 이제 국익을 위한다는 명목으로 모른 체한다면 국가는 부도덕하다는 비난을 피할 수 없다"면서 그들을 '애국자' '국가유공자'로 평가할 것을 주장했다.

비밀공작의 공론화와 냉전·분단시대의 종언

군사독재정권은 감언이설로 특수부대원들을 냉혹하게 쓰다 버렸다. 비록 피해자이기는 해도 그들이 테러 및 파괴활동에 종사한 점은 간과할 수 없다. 영화의 흥행을 계기로 실미도사건 부대원의 명예회복 및 보상에 대한 움직임이 있지만, 국방부가 부대원의 신원을 확인해 책임을 인정한다 해도 반란, 상관 살해, 살인, 납치 등의 죄는 면할 수 없다. 다른 특수부대원도, 국가에 이용되어 당시 주적[2)]이던 북한을 표적으로 행한 일이라 해도, 테러, 방화, 납치, 파괴 등의 불법행위를 자행한 책임은 면할 수 없다. 게다가 이는 이제 남북공동성명으로 열린 화해·협력의 시대와 정면에서 충돌한다. 그래서 특수부대원 문제는 분단시대의 광기와 국가폭력의 잔인함을 증명하는 교훈으로, 민중에게 가해진 희생과 폭력의 책임을 묻고 그 피해

---

2) 국가안전보장회의(NSC)의 서주석 전략기획실장은 5일, 북한을 한국의 주적이라고 규정한 문제에 대해 '전반적으로 검토할 필요가 있다'고 말했다. 서실장의 발언은 5월의 『국방백서』 발간을 앞두고 한국정부가 사실상 '주적=북한' 개념을 폐지한 것으로 분석된다.(『동아일보』 2004. 3. 6)

를 회복하는 준비의 일환으로 자리매김되어야 할 것이다.

남북공동선언 합의에 의해 2000년 9월, 반세기 가까이 한국에 수감되어 있던 비전향정치범 64명이 평양으로 귀환한 것은 분단시대에 종지부를 찍는 획기적인 사건이었다. 옥중의 정치범들은 살아서 고향에 돌아가는 날이 오리라고는 생각지도 못했을 것이다. 왜냐하면 송환교섭은 북한이 지하공작원을 한국에 파견했다는 사실을 인정한 후에야 비로소 성립하는데, 비합법활동을 부인해온 북한정부가 그것을 인정할 리 없었기 때문이다. 하지만 기적같이 귀환이 실현되었다. 실질적으로는 1986년 이후 남북 모두 지하공작원이나 특수요원 파견을 중지했다고는 하지만, 비전향정치범 송환 요구의 의미는 다시는 이런 공작을 하지 않겠다는 북한의 공식적인 표명이라고 해석하는 것이 타당하리라. 한국에서 특수부대원 문제를 공론화하는 것도 같은 의미이다.

일본에서는 평가되지 않지만 북일평양회담에서 김정일 총서기가 '납치'를 인정한 것도 북일관계의 어두운 부분을 청산하고 관계정상화를 향한 의지를 표명한 것으로 봐야 할 것이다.

과거청산에서 미래로의 화해로: 일본에 대한 교훈

한국 국회에서 2004년 일련의 과거청산법이 통과되었다. 1월에 앞서의 특수부대법과 일본에도 큰 영향을 미친다고 생각되는 '일제강점하 강제노동희생자 등에 관한 특별법', 그리고 2월에는 한 세기도 더 지난 갑오농민전쟁의 '동학농민혁명군의 명예회복 등에 관한 특별법'과 한국전쟁기 미국의 민간인 학살사건인 '노근리사건 희생자 심사 및 명예회복에 관한 특별법', 전두환 정권이 '순화'라는 미명 아래 일반시민에게 비인간적 훈련을 강요한 사건에 대한 '삼청교육대 보상법', 그리고 3월 2일에는 일본 식민통치하 친일파의 진상을 규명하는 '일제강점하 친일반민족행위 진상규명에 관한 특별법'이 가결되었다. 이외에도 '광주민주화운동 관련자 보상 등에 관한 법률'과 '제주 4·3사건 특별법' 등이 일찍이 입법되어 국회에서는 과거청산을 위한 수십건의 법안이나 청원이 다뤄지고 있다. 이제 한국에서는 국가기밀의 성역이 파괴되고 공권력의 추악한 범죄가 차례차례 드러나고 있다. 이것이야말로 한국 민주화의 바로미터이다.

이에 비해 유감스럽게도 일본에서는 미래를 향한 출발점인 '과거청산'이 현저히 늦어지고 있다. 동아시아 이웃나라들에 대한 과거청산은 제쳐두더라도 도대체 칸또오대지진, 치안유지법, 총동원법, 적색 추방(Red Purge) 등으로 일본인 자신 혹은 대일본제국 신민이었던 자에게 가해진 공권력의 무참한 범죄에 대해서도 일본정부는 진상을 밝히고 사죄하거나 배상을 한 전례가 없다. 그뿐 아니라 코이즈미 준이찌로오(小泉純一郎) 총리는 새해 벽두부터 군사시설이라고도 할 수 있는 야스꾸니 신사에 달려가는 시대착오적 행위를 저질렀다. 또 히로시마, 나가사끼의 원폭 비극 이후 납치문제로 처음 '피해자'임을 주장할 수 있게 된 일본인은 가장 고립되고 곤란한 상황에 있는 북한과 재일조선인들에게 음습한 공격을 되풀이하고 있다. 평화와 민주주의라는 전후 일본의 정체성을 팽개치고 개헌·군사화의 방향으로 나아가는 자기파괴적인 일본인의 모습은 나치 등장 전야 바이마르 공화국 붕괴기의 '초조하고 좌절한' 독일 소시민을 상기시킨다.

일본인이 스스로의 공권력 범죄에 대해 명확히 '성역 없는 과거 청산'을 하고자 할 때 일본은 '정상적인 국가'가 되고, 동아시아에 평화의 전망이 열릴 것이다. 일본판 '실미도'가 공전의 흥행을 기록할 날이 언제 올 것인가.

[제3부]

동아시아의 평화를 찾는 여행

동아시아 국가폭력의 주춧돌
야스꾸니 신사

감옥에서는 '시간을 죽인다'고 한다. '살아서 햇빛 볼' 그날을 위해 징역을 강요당한 채 할 일 없이 시간을 죽이고 자신을 죽인다. 고립된 독방생활. 인간이 인간으로 존재할 수 있는 커뮤니케이션은 철저하게 단절되어 적나라한 폭력만이 지배한다. 눈짓, 몸짓마저 즉시 제재당하고, 무자비한 굶주림과 추위가 인간성을 박탈해간다. 자물쇠 채워진 시간만이 죽어가는 독방에서, '세상 모든 정치범이 이런 생활을 하는 것인가? 유럽이나 아프리카, 아시아에서도, 필리핀이나 타이완에서도……'라고 생각한 것이다. 그래서 1994년 타이완을 방문하여 타이완에도 식민지와 냉전 시대를 통해 한국과 같은 정치범이 살았음을 확인했다.

그후 한국, 타이완 등에서는 민주화와 과거청산이 진행되었으나,

독재정권을 직·간접적으로 옹호한 미국은 부시 정부 등장 이후 과거청산을 망설이는 일본을 옹호하고 평화실현이라는 민중의 염원에 반하는 '전쟁의 일상화' 정책을 추진했다. 또한 일본은 동아시아를 분단시켜 지배하려는 미국의 전략에 편승하여 동아시아에 등을 돌리고 동아시아 민중의 희생 위에 쾌락을 탐하며, 동아시아에서 점점 고립되어 그 독선과 과거회귀의 방향성을 강화하고 있다. 일본은 '평화와 민주주의'라는 전후 일본의 정체성조차 벗어던지고 군사주의와 관리통제사회로 기울어져가고 있다.

이처럼 동아시아와 일본의 모순은 지난해 야스꾸니 문제, 역사 및 사회 교과서 문제, 영토영유권 문제를 계기로 '동아시아 반일운동'으로 분출했다. 그중에서도 야스꾸니 문제는 중국 및 한국과의 외교문제로 번졌고 일본 보수진영에서도 비판이 나와 주요 정치현안으로 부상했다. 이같은 비판 속에서 코이즈미 총리의 야스꾸니 참배 고집은 '괴짜'의 돌출적인 행동으로 받아들여지기도 한다. 그러나 야스꾸니 신사는 일본의 침략전쟁을 찬미하고 천황에 대한 무조건적 충성심을 심어, 황군 병사를 독전(督戰)하고 살인무기로 길러내기 위한 전쟁 신사로, 일본 헌법 9조에 어긋나는 군사시설이다. 또한 일본의 현재와 과거의 연속성을 확보하는 탯줄이자 일본군국주의의 정신적 지주이다. 그렇기에 야스꾸니 신사에 대한 본질적인 비판이 이루어지느냐 여부가 일본의 차후 향방에 깊이 관계되는 것이다.

최근 야스꾸니 문제에 관해 주목해야 할 점은 일찍이 일본군국주의의 직접적인 피해자인 동아시아 여러 나라만이 아니라 유럽과 미국에서도 비판의 목소리가 높아지고 있다는 사실이다. 즉 야스꾸니 신사 문제는 동아시아의 특수한 지역적 문제가 아니라 인류 보편의 문제로 인식되기 시작했다. 또한 최근 일본 정치의 핵심에 있는 아베 신조오(安倍晋三), 아소오 타로오(麻生太郎), 타께베 쯔또무(武部勤) 등의 정치가들이 "A급 전범은 국내법적으로는 범죄자가 아니다" "토오꾜오 재판은 무효다"라고 하면서 천황의 야스꾸니 신사 참배를 촉구하는 등, 일본이 국제적으로 일제의 과오를 인정하고 미국의 군사점령에서 벗어나게 한 쌘프란씨스코조약 자체를 부정하는 발언을 잇따라 내놓았다. 이것은 일제의 부활을 경계하면서도 일본의 군사적 역할 확대를 부추겨 중국에 대한 견제세력으로 삼으려는 미국의 모순된 세계전략의 부산물이다. 그러나 미국 입장에서도 제2차 세계대전 연합국의 정의와 미국의 일본 점령정책의 정당성에 도전하는 언동은 허용범위를 넘는 것이기도 하다.

일본 국내에서도 코이즈미 총리의 야스꾸니 참배에 관한 비판의 목소리가 높은 가운데 주목할 만한 판결이 나왔다. 코이즈미 총리의 야스꾸니 참배가 정치와 종교의 분리원칙에 어긋나는 행위라는 '위헌 판단'이 2005년 9월 30일 오오사까 고등재판소에서 타이완 원주민 등 188명이 제기한 야스꾸니 소송에서 나왔다. 오오사까 고등재판소는 '개인적인 참배'라고 둘러대는 코이즈미의 야스꾸니 참배를 '내각총리대신의 직무로 행해졌다' '내각총리대신이 야스꾸니 신사를 세번 참배한 것은 헌법 20조 3항에 금지되는 종교적 활동에 해당한다'고 판시했다.

그날 오오사까 고등재판소에서 판사가 '본건 항소를 기각한다'는 판결문을 읽자 원고석과 방청석에서 실망과 낙담, 항의의 목소리가 나왔다. 그러나 판결문 내용이 전해지자 실의는 승리감으로 변했다. 일본의 고등재판소에서는 처음으로 코이즈미의 참배가 총리의 직무행위라고 명쾌하게 판단한 것이다. 변호단 사무국장 나까지마(中島) 변호사는 "결과는 기각이지만 내용은 (…) 획기적인 판결이다"라고 평가하고, 일본지원단의 변호사는 '실질 승소'의 벽보를 준비하는 등 술렁거리는 속에서 기자회견이 이루어졌다. 오오사까 고등재판소 2층의 비좁은 기자클럽은 방송기자 및 신문기자로 가득 차 발디딜 틈이 없을 정도였다. 야스꾸니 소송 타이완 원고단장인 까오진 쑤메이(高金素梅, 원주민명 '치와스 아리') 타이완 입법원위원(국회의원)에게 질문이 퍼부어졌다.

기자가 "실질, 위헌의 획기적인 판결입니다만……" 하고 그녀로부터 승리의 메씨지를 끌어내려고 하자, 그녀는 야무지게 고개를 들고 "코이즈미 총리는 헌법을 지켜야 하지만, 위헌인가 아닌가는 일본인의 문제이며 우리들에게는 그다지 큰 문제가 아니다. 우리의 관심사는 일본의 반성, 사죄, 배상이다. 그리고 야스꾸니 신사에 합사된 조상의 혼을 되찾고 싶다"고 발언하고, 준비한 "원주민족은 일본사람이 아니다(原住民族不是日本人)" "까오샤족[1]은 일본사람이 아니

1) 일제는 메이지 이후 타이완 원주민을 '반진(蕃人)'이라고 불렀다. 1985년 타이완 강점 후에는 산지에 사는 원주민을 '세이반(生蕃)', 평지에 사는 원주민을 '주꾸반(熟蕃)'이라 하여 야만인으로 다루어왔다. 1930년 원주민의 대봉기인 우셔사건이 일어나자 일제는 학살을 감행하는 한편, 달래기 차원에서 반진의 호칭을 까오샤(高砂)족으로 바꾸었다. 까오샤는 일본어로 '타까사고'라고 읽는데 높은 모래 언덕 즉 산을 의미하고, 일본의 고전극인 '노오(能)'에서 '타까사고'는

다(高砂族不是日本人)"라는 플래카드를 높이 들어 기자들에게 보였다. 그 순간 승리감으로 들떠 있던 회견장은 찬물을 끼얹은 듯 풀이 죽었고, 그녀의 눈에서는 눈물이 떨어졌다.

그녀의 발언은 현대국가의 삼권분립의 허위성, 과거청산 같은 일본의 구조적 문제에 대한 사법력의 취약성을 예리하게 비판한 것이었다. 동시에 일본 헌법 20조, 즉 제정(祭政)분리원칙에 의거한 법정투쟁에만 매달려온 일본의 진보세력에 대한 비판도 내포하고 있었던 게 아닐까. 일본 사법부의 무력함은 위헌 판단이 나온 직후인 2005년 10월 17일에 코이즈미 총리가 판결은 전혀 안중에도 없이 권력을 과시하듯 야스꾸니를 다녀온 것에서 확인되었다.

타이완 원주민인 타이얄족 출신의 치와스 아리 위원은 2002년에 일본군이 원주민의 목을 베는 사진을 보고 정체성에 눈을 떴다고 한다. 그리고 일부 우서 출신 원주민들이 야스꾸니 신사를 참배하고 일본인과 함께 야스꾸니 신사에 합사시켜줘서 명예롭다고 하는 기사에 심하게 분노해 "조상들의 혼을 돌려다오(환아조령還我祖靈)" 투쟁을 시작했다. 이로써 야스꾸니에 대한 타이완 원주민 소송이 시작되었다.

원래 2만 2천명 정도의 조선사람과 2만 8천명 남짓한 타이완 사람

부부의 사랑과 장수를 기리는 경사스러운 연목(演目)이다. 그러나 일제의 차별정책은 변하지 않았고 원주민들에게도 전혀 낯선 이름이었다. 해방후 국민당 정부는 이를 까오산(高山)족 또는 산빠오(山胞)로 변경했으며, 1987년 계엄령 완전 해제 이후 원주민의 권리운동이 일어나 2005년 법에 의해 '원주민'으로 하기로 되었다. 타이완 원주민은 현재 20여 부족으로 구성되어 있고, 인구는 약 50만명으로 타이완 인구의 2퍼센트 정도를 차지한다.

이 유족의 동의도 없이 야스꾸니에 일방적으로 합사된 사실이 한국과 타이완에는 알려지지 않았다. 사실이 알려진 후에도 "한번 합사하면 분사 불가능"이라는 터무니없는 억지를 부리며 야스꾸니 신사는 육친을 제신명단인 영새부(靈璽簿)에서 삭제해달라는 유족의 요구를 거절해왔다. 흔히 야스꾸니 신사 문제는 A급 전범의 합사 문제인 것처럼 생각되어왔으나 앞서 언급했듯이 야스꾸니 신사가 군사시설물이며, 그 가해시설에 피해자를 일방적으로 가두고 있는 점이 가장 문제이다.

따라서 이는 총리의 참배 금지나 A급 전범의 분사로 근본적으로 해결될 문제가 아니다. 야스꾸니를 실제로 해체하는 수밖에 없다. 오오사까 고등재판소에서 '패소'를 당한 원고단은 이후 합사를 철회하고 정신적 고통에 대해 배상을 청구하는 민사재판을 새롭게 제기한다고 한다. 그러나 타이완과 한국의 원고단은 그보다 직접적인 행동에 기대를 걸고 있다. 치와스 아리 위원은 '행동이 있어야 존엄이 있다'는 신념으로 과감한 직접행동을 전개해왔다. 2002년 8월에는 '타까사고 의용대'의 가족과 함께 조상의 혼을 불러내기 위해 야스꾸니를 방문했으나 거부당했다. 또한 2005년 6월 14일에는 각 부족을 대표하는 약 60명의 원주민들을 이끌고 야스꾸니 신사에서 '환아조령' 운동을 전개했으나 압도적인 우익과 기동대에 저지당했다. 그후 뉴욕과 유엔본부에서 야스꾸니 항의활동(2005. 11. 12~17), 한국 부산에서 열린 아시아태평양경제협력체(APEC) 정상회의에서 항의운동(2005. 9. 17~19), 오끼나와에서 야스꾸니반대 동아시아 공동행동(2006. 2. 9~13) 등을 벌이며 타이완 입법원 일정중 틈을 내 실로 열심히 활동했다.

야스꾸니를 포위하는 동아시아의 운동은 한국에서도 매우 열심히 전개되고 있다. 한국 야스꾸니 소송단의 중심은 '태평양전쟁 피해자 보상추진협의회'가 맡고 있는데 그 중심인물은 이희자(李熙子)씨다. 지난해 한일합작으로 이희자 씨를 주인공으로 한 야스꾸니 반대 다큐멘터리 영화 「안녕, 사요나라(あんにょん, サヨナラ)」(2005)가 제작되어 부산영화제, 서울영화제, 야마가따 다큐멘터리 영화제 등에 출품되어 주목을 받았다. 또 한국어, 중국어, 일본어, 영어 버전이 만들어져서 각지에서 상영운동이 펼쳐지고 있다. 2005년 12월에는 리쯔메이깐대학에서도 상영회를 했다. 각 학교와 지역에 상영회를 호소하고 싶다. 2006년 5월에는 야스꾸니 문제를 세계에 널리 호소하기 위해 한국 서울에서 국제심포지엄을 기획했고, 치와스 아리 위원도 5월에는 재차 유엔본부에서 항의활동을 계획했다.

6월에는 세계평화포럼(캐나다 밴쿠버)에서 야스꾸니 문제 특별 쎄션이 개최되고 치와스 아리 위원이 연설을 할 예정이다. 그리고 이들의 행동은 8월, 일련의 '야스꾸니반대공동행동'으로 집약되어 전세계에서 동시에 야스꾸니 신사 반대운동을 호소하여 야스꾸니 신사와 전세계를 평화의 촛불로 가득 메울 예정이다.

동아시아의 전쟁과 폭력의 시대에 종지부를 찍고 평화를 실현하며, 동시에 한일관계와 중일관계를 발전시키기 위해 야스꾸니의 실질적 해체는 실로 가장 시급하고 중요한 과제이다.

인권과 트라우마

역시 흥분하고 있었던 탓일까? 발이 땅에 닿지 않았다. 좌우 안전도 확인하지 않은 채 차도를 가로지르려고 발을 내디딘 나를 동생 경식이 꽉 붙잡았다.

"위험하잖아. 잘 살펴 건너."

차도 신호도 횡단보도도 없는 옥중에서 19년을 보낸 나는 문명사회의 규칙이나 초보적인 생활습관도 잊고 있었다. 19년 사이에 외관이 완전히 바뀐 서울 거리는 내게 별로 놀랍지 않았다. 그러나 당시에는 명확히 자각하지 못했지만, 세상의 많은 사람들이 오가면서 서로 부딪치지 않고 적당한 거리를 유지하고 있다는 사실에 훨씬 익숙하지 않았다.

오랫동안 새장에 갇혀 있던 새가 나는 방법을 잊어버리듯이, 사람과 사람 사이, 마음의 거리를 어느 정도 둬야 할지 몰랐다.(『서승의 옥중 19년』 참조) 출소 직후, 서울의 프레스센터에서 기자회견을 하기 위해 광화문 근처를 걷고 있을 때의 일이었다.

그로부터 21년, 미국과 유럽, 남미와 동아시아로, 나는 그동안의 공백을 단번에 메워버릴 기세로 달려왔다. 주변이 차츰 겨우 나를 잊어 스스로를 되돌아볼 시간이 생길 무렵이었다. 19년의 시간 동안 내 이미지는 다른 사람에 의해 끝없이 증식, 재생산되었고 사람들은 각각의 기대나 이해의 틀 속에 나를 부어넣고 때로는 둥글게, 때로는 네모나게 받아들이곤 했다. 그래서 처음 만나는 사람인데도 오랜 친구처럼 기뻐해주어서 편할 때도 많았지만 "그게 아닌데……" 라고 당황스러울 때도 없지는 않았다. 그러던 중 자신의 오장육부를 완전히 드러내 보이고 마주 대해야 하는 예민한 감성의 소유자와 만나, 시험당하고 파헤쳐져 선입견을 극복하고 농밀한 인간관계를 맺게 된 일도 있었다. 마치 해부라도 하듯이 자신의 폐부 구석구석을 내보여주는 일도 있었다. 출옥해서 21년이 지난 오늘에는 '화를 잘 낸다. 성급하다. 남 탓으로 돌린다'는 등 내 마음의 불안정함을 자각할 때도 있지만, 아직까지도 사람과 사람의 마음의 거리를 유지하기가 어렵고 그래서 타인을 당혹하게 하기도 한다.

한국임상심리학회의 심포지엄에 초대되어 광주를 방문한 적이 있다. 내가 광주에 도착한 것은 5월 한달 내내 매일같이 행해지는 수많은 5·18광주민주화운동의 26주년 기념행사도 막바지에 접어들 무렵이었다. 5·18 당시 광주시민의 피로 물든 금남로 가득히 제3

회 청소년문화제가 펼쳐지고 있었다. 'RED FESTA'라는 행사명에는 2002년 월드컵 당시 '붉은 악마'의 안이한 원용이 훤히 들여다보였다. 정치에 무관심한 요즘 학생들의 관심을 끌기 위해 '록페스티벌'을 메인이벤트로 해서, 평화나 인권이란 이름을 붙인 퀴즈나 게임 등을 하는 부스가 솜사탕이나 어묵을 파는 가게와 어깨를 나란히 한 경박한 분위기 속에 '5·18'은 각양각색의 고무풍선이 되어 흔들흔들 떠돌아다니고 있었다. 그래도 광주항쟁 기념행사라는 변명을 하듯이 길 한가운데에 끌어다놓은 여러 대의 버스는 창문이 깨지고 떠덕떠덕 스프레이 페인트로 칠해져 있었다. 5·18항쟁 당시 군대가 본격 투입되기 시작한 5월 20일, 택시나 버스 기사들은 수백대의 차를 몰아 일제히 도청을 향하여 금남로로 쇄도하여 계엄군과 격렬하게 충돌했다. '버스 시위 체험'은 그날을 기억하는 이벤트이다. 그러나 군 특수부대로 가장한 학생들이 신문지를 말아서 색칠해 만든 곤봉으로 시민군 체험을 위해 몰려간 학생들을 내리치는 모습은 수학여행에서 베개싸움하며 떠드는 모양새 그대로였다. 6년 전 5·18 20주년 때 방문한 광주에서 보았던, 운동가가 울려퍼지는 가운데 전남도청 앞 금남로를 빽빽이 메우고 '반미 자주 통일'이란 구호를 외치던 학생들과는 전혀 달랐다.

이미 10년 전이지만 코오베 라디오의 생방송으로 시조오 본지(西条凡兒)의 토크쇼에 출연했을 때의 일이다. 음악과 짧은 뉴스를 섞어서 내 경험을 이야기하는 프로그램이었다. 한 시간가량의 방송중 시청자에게 전화가 걸려왔다. 한 재일동포 남성이 '지금은 운전중이지만, 상담하고 싶은 일이 있어서 만나고 싶다'고 했다. 그래서 따로 날을 잡아 60세 정도의 성실해 보이는 L씨의 이야기를 듣게 되었다.

그는 일제강점기에 일본에서 태어나, 조선이 해방된 직후 부모의 고향인 전라남도 보성으로 갔다. 마침 그때 조선은 남북으로 분단되어 한국에서는 미군 지배하에 우파인 이승만이 실권을 장악하고, 좌익세력에 대한 가혹한 탄압이 곳곳에서 벌어지고 있었다. 그의 숙부는 일본에서 교육을 받고 귀국한 뒤 좌익운동에 몸을 던졌다. 그러던 어느날 그가 살고 있던 전라남도 소읍의 길거리에서 숙부는 우익에게 붙잡혀, 대낮에 많은 사람이 보는 앞에서 개 패듯이 두들겨맞아 땅에 쓰러져 피를 토하며 죽었다고 한다. 초등학생이던 그는 눈앞에서 무참히 두들겨맞고 죽어가는 숙부를 보고도, 부들부들 떨면서 수수방관할 수밖에 없었다. 그는 그 공포의 현장에서 몸을 피하고 싶은 마음뿐이어서 밀항선을 타고 일본으로 돌아왔다고 한다.

그후 반세기 동안 그는 몽둥이를 높이 쳐든 우익테러단에게 쫓기는 악몽에 시달렸다. 그는 추적이 두려워 폐품 수집으로 생계를 이어가면서 본명을 숨기고 지하생활을 했다. 그러나 그의 아들이 결혼하게 되어 혼인신고를 하려면 호적에 올려야 하기 때문에 지하생활을 마치고 본명으로 현 소재를 밝혀야 하는데 그래도 괜찮은지 상담하러 온 것이다. 즉 나 같은 사람도 석방되고 한국은 민주화가 진행되고 있다지만 혹시 호적지에 연락이 닿아 추궁받거나 우익들에게 해를 입지 않느냐는 것이었다.

나는 동아시아의 국가폭력과 그 피해에 관심을 가지고 한국, 타이완, 오끼나와 등으로 그 피해자를 찾아다녔다. 그리하여 냉전시대에 수십만에서 수백만명이 국가폭력에 학살된 실상도 엿볼 수 있었다. 물론 가장 참혹한 일은 L씨의 숙부처럼 학살당하거나, 투옥 또는 처형당한 경우이다.

그러나 한편으로 점점 실상이 밝혀질수록 한국과 타이완에서 많은 사람들이 학살이나 체포를 피해 지하생활을 해왔다는 사실이 알려졌다. 1999년 한국에서 제정된 '제주 4·3사건 진상규명 및 희생자 명예회복에 관한 특별법'(이하 '4·3법') 제11조 '호적등재'에는 "제주 4·3사건 당시 호적부의 상실로 호적등재가 누락되거나 호적에 기재된 내용이 사실과 다르게 된 경우, 다른 법령의 규정에도 불구하고 위원회의 결정에 따라, 대법원 규칙이 정하는 절차에 의하여 호적에 등재하거나 호적의 기재를 정정할 수 있다"라는 규정이 있다. 이것은 얼마나 많은 사람들이 이름을 감추고 몸을 숨겨 살아왔는지, 진짜 자신이 아닌 거짓으로 살아왔는지를 보여준다. 정당한 취직이나 취업의 기회도 빼앗겨 항상 누군가가 자신의 과거를 폭로해 위해를 끼치지 않을까 전전긍긍하며 살 수밖에 없었던 지하생활이다. 인간의 자기실현 가능성을 송두리째 빼앗겨온 참혹한 날들이다. 이것은 학살이나 처형, 투옥에 못지않은 수난이다. 게다가 한국과 타이완에서 국가폭력 피해자에 대한 진상규명 및 명예회복, 보상법이 계속 제정되고는 있지만, 보상을 받으려면 처형되거나 실형을 받은 기록이 필요하다. 하지만 도주했던 이들은 공권력의 박해를 받았다는 구체적 증거가 될 기록이 없어서 보상도 쉽지 않다.

제주 4·3사건을 전후해서 수천 내지 수만에 이르는 사람들이 일본으로 도망쳤다고 한다. 난민조약의 정의에 따르면 난민이란 '인종, 종교, 국적, 정치적 신조 등을 원인으로 자국의 보호를 받을 수 없거나 그런 이유로 자국의 보호를 받기를 원하지 않는 자'라고 한다. 바로 제주에서의 밀항자는 오늘의 이른바 '정치난민'에 해당하며 당시에도 당연히 인도적으로 보호받아 마땅한 사람들이었다. 그러나 당시 일본에서는 밀입국자가 경찰의 단속을 받아 체포되면 오오무라(大村) 수용소에 수용되어 강제퇴거당했다. 강제퇴거당하면 부산의 유치장에 갇혀 밀출국 동기에 정치성이 있거나 일본의 친척 등에 조총련 관계자가 있으면 형무소로 가거나 사형에 처해지는 경우도 있었다.

오늘날은 일본에서 먼 아프가니스탄이나 쿠르드족 난민의 신상까지 염려하게 되었지만 대한해협을 넘어 바로 눈앞의 제주도나, 송환되면 박해받을 것이 뻔한 한반도 남부의 피난민들까지 일본정부는 한국 독재정권의 아가리에 태연히 진상했던 것이다. 때문에 피난자들은 오오사까나 아마가사끼(尼崎)의 영세한 공장 등의 낡고 좁은 다락방에서 몸을 움츠리고 숨죽여 살아왔다. '등록증'(외국인등록증)이 없어 항상 체포나 강제송환, 처벌의 공포에 벌벌 떨면서 L씨처럼 수십년에 걸친 '지하생활'을 할 수밖에 없었다.

나의 아버지는 쿄오또의 빈민지역인 히가시꾸조오(東九条) 뒷골목에 숨막힐 정도로 빽빽하게 들어선 창고 한구석의 영세한 방적공장 사장이었다. 어머니는 뽀얀 털먼지가 날아다니는 먼지투성이 공장 안에서 두세 명의 공장 직원과 함께 쉬지 않고 빙글빙글 기계를 돌렸다. 그곳의 공장장은 제주도에서 밀항해온 안도오(安東) 씨였다. 제주농업학교를 졸업했다는 안도오 씨는 흰 피부에 갈색 눈을 가진 제법 미남이었지만 자신에 대해서는 거의 이야기하지 않았고, 왔던 때와 마찬가지로 어느날 갑자기 사라져버렸다.

제주도에서 4·3사건의 명예회복 및 진상규명 운동이 고조되어 4·3연구소와 『제민일보』에 의해 진상조사가 진척되고, 4·3사건의 전체상을 밝히기 위해 필요한 재일한국인에 대한 조사가 진행되었지만, 기대만큼의 성과를 올리지 못했다. 마찬가지로 4·3특별법 제10조 '희생자와 그 유족의 신고처 설치 및 공고'에서는 "위원회는 이 법의 시행일로부터 30일 이내에, 대한민국 재외공관에 희생자와 그 유족의 제주 4·3사건 관련 피해신고를 접수하기 위한 신고처의 설치를 요청하고 설치한 신고처를 공고해야 한다"고 정하고 있다. 삐노체뜨의 탄압으로 지금까지 수십만의 해외망명자를 낳은 칠레의 과거청산법에도 같은 규정이 있고 해외망명자에 대한 서면조사까지 했다고 한다. 그러나 한국에서 이와 같은 규정은 다른 예를 찾아볼 수 없다. 이것은 4·3사건으로 도망친 재일동포의 피해신고를 예상한 조항이고, 이것으로 어둠에 가려져 있던 일본의 4·3사건 피해자 실태가 백일하에 드러날 것을 기대했다. 그러나 그 결과는 지극히 미미했다. 이유는 분명하다. 제주 4·3사건을 피해 반세기 이상 도주생활이 몸에 익은 사람들에게, 국가권력의 말단인 영사관에 신고를 하는 따위는 생각하기도 어려운 일이기 때문이다.

한국임상심리학회 2006년 춘계 심포지엄 '트라우마와 인권'에 참여해 나는 서두에 '국가폭력 피해자의 생활의 단편'이라는 보고를 했다. 그 밖에 '5 · 18 피해자의 외상후 스트레스 장애' '탈북자 여성의 인권 실체' '성폭력 피해자의 2차 피해와 인권' ' 필리핀의 고문 피해자와 그 가족—심리적 작업과 인권 옹호' 등의 보고가 있었다.

이 심포지엄은 "다양한 트라우마에 의한 심리적 문제와 후유증을 이해하고 해결하는 데 임상심리학적 지식이 유용하게 활용될 수 있습니다. 그러나 이러한 사회문제를 해결하는 데 있어서 아직까지는 심리학자들의 적극적인 참여가 부족했던 것이 사실입니다"라는 문제의식으로 학회나 각 분야에서 활약하고 있는 사람들을 초대하여, 국가폭력의 트라우마 치유에 임상심리학이 얼마나 어떻게 기여할 수 있는가를 모색하고자 하는 취지였다.

보고 중에서 주목할 만한 점이 몇가지 있었다. 오수성 교수는 서울에 살다 전남대학교로 부임한 직후에 5·18항쟁과 조우했다고 한다. 그 엄청난 학살의 현장을 목격하면서도 저항할 수 없었던 자책감이 그를 계속 괴롭혔고 그 결과, 일에 대한 의욕과 열정을 잃고 술에 빠져 세월을 보냈다고 한다. 그리하여 5·18항쟁의 쇼크에서 온 자신의 심리적 트라우마에 생각이 미쳐, 1990년대에 비로소 5·18항쟁 피해자의 PTSD(Post Traumatic Stress Disorder, 외상후 스트레스 장애) 문제를 제기하기에 이르렀다. 그후 1999년에 197명의 피해자 유족, 부상자, 피구속자에 대한 실증조사를 실시했다. 그 결과 사건이 지난 20년 후에도 조사대상자의 30퍼센트 정도에서 PTSD가 인정되었고, 지금까지는 금전적 보상과 외상치료밖에 하지 못했지만 앞으로는 심신을 모두 치료할 수 있도록 국가에서 시설을 만들 필요가 있다고 제안했다. 중요한 문제제기였다.

필리핀대학 데쎈테쎄오(Edwin T. Decenteceo) 교수의 보고는, 필리핀의 독재정권 아래에서는 국가폭력 피해자들이 자격을 가진 의사를 정부 측 사람으로 간주하고 불신한 나머지, 문제해결을 위해 가족이나 마을공동체의 보호와 민간요법이 그 기능을 담당했다는 내용이 흥미로웠다.

남아프리카, 남미 등 세계적으로 보아도 출소한 정치범과 고문 피해자들에게 정신치료(mental care) 제도가 마련되고 있다. 나는 출소 후 미국의 버클리에서 2년가량 체류할 무렵, 한국에서의 고문반대운동을 하기 위해 STIK이라는 NPO 설립에 참여하여 몇차례 국제회의에 출석했었다. 그곳에서 세계에는 고문의 트라우마를 치료하는 여러 가지 시설과 기관이 존재한다는 사실을 알았다.

그러나 한국에서는 5·18항쟁의 피해자 조사나 일본군 '위안부'에 대한 정신치료의 필요성이 주장되는 데에 그쳤을 뿐, 출소 정치범에 대해서는 공식적인 논의조차 거의 없는 상황이다. 물론 구금 자체로도 인간에게 심한 스트레스를 준다. 특히 위압적인 감시와 공포분위기의 지배, 철저한 고립 속에서는 '구금 증상'이 뚜렷하게 나타난다. 사상전향 공작이 절정에 다다랐던 1970년대의 대구 감옥에서 나는 자살자, 퇴영증(退嬰症, 정신적으로 유아기로 돌아가는 증상), 협소공포증, 강박증, 정신분열증 등의 정신장애와 고혈압, 위장병, 결핵, 암 등 온갖 병에 시달리는 사람을 목격했다. '구금 증상'은 정치범에게만 유달리 나타나는 것은 아니지만, 냉전시대 제3세계에서는 고문이 일상화되는 등 정치범이 처한 상황은 지나치게 가혹한 것이었다.

문제는, 한국에서 출소 정치범이나 고문 피해자에 대한 정신치료가 거의 이루어지지 않았다는 점이다. 물론 독재정권이 그런 치료를 할 리 없지만 민주화 이후에도 그런 제안을 들은 적이 없다. 항일독립운동 이래 지배자에게 저항해 투옥된 자는 불굴의 정신을 지닌 옥중투사이자 영웅이지, 치료가 필요한 만신창이의 피폐한 환자일 리가 없다는 관념이 굳어진 듯하다. 본인 스스로도 그렇게 믿어버렸고 주변에서는 송구스러워 '이상하다'는 말을 입에도 올릴 수 없다는 식이다. 영웅사관에서 벗어나 트라우마란 누구에게나 나타날 수 있으며, 더구나 혹독한 경험을 한 정치범들은 비정상적인 것이 정상이라는 인식을 공유해야만 우리는 앞서 많은 분들이 온몸을 바쳐 추구했던 평화와 평등의 지평선을 바라볼 수 있을 것이다.

야스꾸니의 어둠을 밝히는 촛불의 빛

'신국(神國)의 성전(聖戰)'에 동원되어 살해되고 죽어서도 군역에서 벗어나지 못하고 야스꾸니에 붙잡힌 채 천황의 전쟁을 찬미하며 충성을 강요당하고 있는 5만명의 한국과 타이완의 유령부대가 있다. 그 억울한 혼을 달래어 천도하는 서경욱 만신의 굿은 장구, 징, 꽹과리의 요란한 주악과 함께 절정에 달했다. 만신은 서서히 창백해졌고 신기가 오르자 혀끝으로 날카로운 작두날을 시험해보고는 날을 세워 평상에 고정하여 그 위로 벌떡 올라섰다. 작두날 위에서 두세 번 방향을 바꿀 때마다 관객들의 탄성이 터져나왔고 이윽고 굿의 대미를 장식했다. 만신이 무대에서 내려오자, 사람들은 줄을 맞춰 폭 1미터, 길이 30미터 정도의 흰 천 다섯 장을 들고 마주 섰다. 원혼을 피안으로 인도하는 길닦음이 시작되었다. 만신은 은하수라고 여기는 흰 천을 가슴으로 가르며 끝까지 나아간 후 양손으로 흰 천을 실타래처럼 둘둘 휘감았고 군중을 가르고 휘감은 천을 한가운데 빈 터에 쌓아 불을 붙였다. 불길이 올라가고 굿에 쓴 화려한 색색의 무복 여러 벌과 조화(造花), 지방(紙榜), 종이꽃 장식 등을 차례로 불길에 던지자 둥글게 둘러선 군중의 맨앞에 자리잡았던 일본군 '위안부'와 야스꾸니에 강제합사되어 있는 태평양전쟁 희생자 유족인 할머니들 속에서 먼저 오열이 터져나왔다.

"아버지! 어째서 이런 데까지 끌려와서 소리도 못 내고 돌아갔어!"

만신의 공수에 아버지의 모습과 목소리를 접하고는 울음을 터뜨리며 만신에게 매달린 할머니, 발을 동동 구르며 아버지를 연달아 부르는 할머니, 울부짖어 땅바닥에 때굴때굴 구르다가 혼절한 할머니. 하늘 가득히 별이 희멀겋고 어둡게 빛나고 불은 활활 타올랐다. 불길 옆에서 자욱한 연기를 몸에 감고 외로운 영혼처럼 선 설곡 스님의 목탁 소리는 급류를 타듯 격렬해지고 독경은 거센 물결치듯 넘쳐흘렀다. 할머니들의 통곡에 섞여서 "다음 세상 다시 태어나실 때는 꼭 전쟁 없는 평화의 나라, 징용 없는 나라에서 태어나시오"라고 만신이 소원을 빌었다.

2006년 8월 11일부터 시작한 '평화의 촛불을! 야스꾸니의 어둠에' 촛불행동은 8월 14일 토오꾜오의 메이지공원에서 최절정에 달했다. 진혼굿이 끝나고 860명의 일본, 한국, 타이완, 오끼나와 사람들은 저마다 손에 촛불을 들고 "YASUKUNI NO!!"라는 거대한 촛불 문자를 만들었고 1천명이 넘는 참가자가 머리 위를 나는 헬리콥터를 쳐다보며 "야스꾸니 노우!!"를 외쳤다.

2005년 2월 오끼나와의 사끼마(佐喜眞)미술관에서 개최된 광주민주화운동 25주년 기념 홍성담(洪成潭) 판화전의 테마가 동아시아의 화해와 평화였다. 때마침 2월 '타께시마의 날'이 제정되자 역사교과서, 야스꾸니 문제를 도화선으로 동아시아에서 반일운동의 불길이 타오르기 시작했다. 이때 홍화백은 "야스꾸니야말로 일본군국주의의 망령이고 동아시아 평화 실현의 장애물"이므로 "한국 각지 수십명의 유명한 무당을 초대해서 야스꾸니에 얽매인 혼을 고향으로 돌려보내는 초혼굿을 토오꾜오 한가운데에서 벌여 세계 사람들을 깜짝 놀라게 합시다"라고 기발한 제안을 했다. 재정적인 이유로 무당은 한 사람밖에 올 수 없었지만 촛불행동의 씨앗은 그때 뿌려졌다.

동아시아에서 전쟁과 평화의 구조는 명쾌하다. 근대 이후 서구제국주의의 침략을 받은 동아시아 지역에서 일본은 메이지유신을 거쳐 지역의 패권을 노리는 '소제국'으로 등장했다. 1905년 때마침 러일전쟁 직후 일본은 태평양을 넘어 서진(西進)하는 미국과 '카쯔라 태프트 밀약'을 체결해 동아시아를 양분하는 동시에 동아시아에서 '미일 100년 헤게모니 체제'를 구축하고 침략의 길로 나아갔다. 이 체제는 일제가 만주를 침략한 후 아시아·태평양 15년 전쟁 시기에 파탄했지만 오늘날까지 기본적으로 지역을 지배하고 있다. 미국의 전후 동아시아 전략은 냉전의 시작으로 중국 중심에서 일본 중심으로 전환하여 동아시아에서 일본의 침략전쟁과 식민지지배의 책임을 면죄해주는 결과를 초래했다. 이 결과 아시아·태평양전쟁의 최고 전범인 천황이 면죄되어 일본은 과거와 단절할 수 없는 나라가 되었다. 홍화백의 말을 빌리면 동아시아에서 유일하게 '해방을 맞이하지 않은 나라'가 되었다.

전후 야스꾸니는 국가신도(國家神道)의 본산에서 독립 종교법인으로 겉모습을 바꿨다고는 하나 침략전쟁을 성전으로 찬양해 천황에 대한 전사자의 충성을 현창하고, 국가가 명표를 공급하고 천황의 재가를 거쳐 '영새부'에 등재한 '군신(軍神)'을 신체(神體)로 하는 점 등으로 보아 전쟁 전 군사시설이던 야스꾸니의 성격을 강하게 이어가고 있다. 즉 국가가 직접 경영하지는 않지만 이 전쟁 신사는 침략전쟁 찬미, 군국주의사관 선양, 천황에 대한 충성을 고무·현창하는 이데올로기 체계라는 점에서 전쟁 전과 완벽하게 연속선 상에 있다. 이것이 오늘날 야스꾸니가 복고적 국가주의를 긍정하고 부활시키려는 정신적인 주춧돌로서, 헌법 개정 흐름의 지렛대가 되고, 전쟁 전과 후를 잇는 탯줄로 존재하는 까닭이다. 그런 의미에서 야스꾸니는 일본의 민주화와 동아시아 평화를 위한 보수와 진보의 결전장이라고 할 수 있을 것이다.

'야스꾸니반대공동행동'은 8월 10일부터 1주일 정도 연속행동으로 실시되었다. 8월 10일 타이완에서 치와스 아리 입법원 위원 등 8명이 오오사까에 도착해, 저녁 무렵 '아시아 민중과 함께 8·15를 묻는다! 코이즈미 야스꾸니 참배를 허락하지 않는 8·10 오오사까 집회'가 개최되었다.

같은날 한국의 참가자 일행 80여명은 '평화의 조선통신사'라는 이름으로 오후 4시에 부산에서 시모노세끼로 향했다. '평화의 조선통신사'는 '불행했던 한일 양국의 역사를 뛰어넘어 진정한 평화 실현의 의지를 마음에 새기기' 위해 8박 9일의 여정으로 600여년 전 조선통신사가 지났던 길과 60여년 전 강제연행된 선조들이 걷던 길을 더듬어 야스꾸니에 평화의 촛불을 켜자는 취지였다. 유족을 비롯해 육칠십대 노인 20명 정도와 중고교생 수십명을 포함한 이 조선통신사는 숙박비를 절약하기 위해서 왕복 배 안에서 2박을 보내고 야간버스에서 4박을 하는 '살인적' 스케줄로 진행되었다. 사고가 우려되었지만 3명의 한의대 인턴들의 헌신적인 간호와 치료로 다행히 큰 일없이 행사를 마쳤다.

11일 오전중에 타이완 원주민 양 위안황(楊元煌) 씨와 일본인 전사자 유족 8인이 '동의없이 육친을 합사해 인격권을 침해했다'고 야스꾸니 신사에 합사 취소를 요구함과 동시에 '국가가 전면적으로 협력해 전사자의 정보를 제공해서 합사가 신속히 이루어졌다'고 하여 국가와 야스꾸니에 총 900만 엔의 손해배상도 요구해 오오사까 지방재판소에 제소했다. 야스꾸니 신사에 합사 취소를 요구한 첫 소송이었다.

11일에 김희선(金希宣) 의원을 단장으로 10명의 한국 국회의원으로 구성된 '야스꾸니 신사 관련 국회의원 현장조사단'이 도착하고, 오후 3시부터 후꾸시마 미즈호(福島瑞穂) 사회민주당 대표와 이또가

즈 케이꼬(糸數慶子) 의원 등 일본 측 의원 5명도 함께한 원내집회가 열렸다. 이어서 4시부터 내각부(총리 비서실에 해당)에 이마무라 쯔구오(今村嗣夫), 쇼오지 쯔또무(東海林勉), 니시노 루미꼬(西野瑠美子) 촛불집회 공동대표 등이 총리의 야스꾸니 참배 중지와 합사를 원치 않는 유족 관계자의 합사 취소 등을 요청하며, 동시에 총리관저 앞 거리에서 총리 참배 항의집회가 열렸다. 한국 국회의원 조사단의 방일 목적은 일본정부와 야스꾸니 신사에 '야스꾸니 신사 한국인 합사 등에 관한 진상조사 질의서'를 제출해서 회답을 얻고, 직접 야스꾸니 신사를 방문해 의문점을 추궁하고, 유우슈우깐(遊就館) 등의 시설을 조사하기 위해서였다. 그러나 한국 의원 측이 요구한 관방장관이나 부장관과의 면담이 거부되었기 때문에 내각부 방문은 취소되었다.

한국 국회에서 '야스꾸니 신사의 한국인 합사 취소 및 일본 각료 등의 야스꾸니 신사 참배 중단을 바라는 결의'(2004. 5. 4)와 '일본 총리 등의 야스꾸니 신사 참배 규탄결의'(2005. 11. 16)가 의결되었다. 외국의원의 현장조사단은 아마 야스꾸니 신사가 창설된 이래 처음일 것이다. 질의서는 한국인 합사자의 수와 영새부 및 각종 자료의 공개를 촉구하고 야스꾸니 신사의 내력, 합사 절차, 역사관의 실태 등을 추궁하고 있다.

11일 저녁, 카스미가세끼(霞ヶ關)의 일본 변호사회관에서 촛불집회 발족회를 열었고 한국 의원을 선두로 200명 이상이 변호사 회관에서 히비야(日比谷)공원을 도는 촛불행동을 시작했다.

8월 12일 토요일 10시에 한국 의원조사단은 조사를 시작했다. 9

시가 지나서 호텔을 출발하여 주일대사관에서 보낸 외교용 마이크로버스로 야스꾸니에 향했지만 도착 직전에 문제가 생겼다. 경시청 외사과의 경부가 버스에 올라타서 “우익이 많기 때문에 정문이 아닌 남문으로 들어가주길 바란다. 그러지 않으면 안전을 보장할 수 없다”라고 말을 꺼냈고, 버스가 멈췄다. 한국 의원들은 “정정당당하게 정문으로 들어가는 것이 당연하다”고 주장했지만, 일본 경찰은 안전을 내세워 보호할 수 없다고 위협했다. 한나라당 의원을 포함해 주로 ‘386세대’로 구성된 한국 의원들은 나이가 젊었다. “국민의 대표인 우리가 우익이 무서워서 살금살금 쪽문으로 들어가겠는가” “정면돌파할 뿐이다”라고 입을 모아 외쳤다. 경찰 측은 어쩔 수 없이 버스에서 내려 신사 남문 입구까지 걸어가 경찰의 인도를 받으라고 말했다. 버스에서 내린 의원들은 경찰을 뿌리치고 성큼성큼 거침없이 걸었다. 특히 몸집이 큰 강성종 의원은 딱 달라붙는 형사를 거세게 밀어젖히고 나아갔다. 경찰의 위협과는 달리 큰 또리이(大鳥居, 문)가 있는 신사 입구에서 본전 입구까지 우익은커녕 보도진을 제외하면 사람이 거의 없었다. 경찰의 으름장은 조사단을 매스컴과 차단하려고 한 잔꾀였음이 드러났다.

신사의 문 안에 20명 정도의 우익이 포진해서 욕설을 퍼부었다. “쪼오센징은 조선으로 돌아가.” “더러운 쪼오센징은 돌아가.” 의원들의 얼굴이 일그러졌다. 게다가 어눌한 한국어지만 “조선에 돌아가라”고 외치지 않겠는가. ‘우익도 공부하고 있군’ 하고 생각했다.

우익 대열에서 눈에 핏발선 굶주린 승냥이 같은 무뢰한이 의원단에 덤벼들었고 경찰에 저지당하면서도 집요하게 따라붙었다. 신사 입구를 빠져나가서 사무소에 들어간 의원단은 부궁사(副宮司, 부사제장)와 예정시간 30분을 넘어서 1시간에 이르는 면담을 나눴다. 의원단이 앞의 질의서 외에 유우슈우깐의 소장품 10만점 중에 조선에서 가져간 약탈품이 포함되어 있는지를 추궁했다. 야스꾸니 측은 "대부분 유족이 기증한 것으로 조선의 것이 아니다"라고 답했지만 소장 목록을 보여달라는 요청은 거부했다.

유우슈우깐을 천천히 볼 시간은 없었지만 의원들의 관심을 끈 것은 '전후의 독립국'이라는 지도였다. '대동아성전은 백인 제국주의의 인종적 지배에서 아시아 민족을 해방시키는 전쟁'이었다는 황당무계한 '대동아성전' 사관에 입각한 야스꾸니의 입장은 전후 일본이 애석하게도 패전했지만, 일본이 분전한 덕분에 아시아와 아프리카의 신생국이 독립할 수 있었다는 것이다. 그런데 전후 독립국이 형형색색으로 구분되어 명시된 세계지도에서 한반도는 국명도 없고, 따라서 독립국도 아니었다. 야스꾸니는 한국을 아직까지도 식민지로 인식하고 있다고 생각할 수밖에 없다. 전시실 마지막에 '야스꾸니의 신들'로 토오조오 히데끼(東條英機)를 비롯해 유족이 제공했다는 6천여장의 사진이 게시되어 있었다. 그곳에는 창씨개명되어 일본 이름 그대로인 조선인 사진도 전시되어 있는데, 이 사진들은 유족이 제공한 것도 승인한 것도 아니라고 한다.

12일 저녁 무렵 사람들은 토오꾜오역 근처의 토끼와바시(常盤橋) 공원에 삼삼오오 모이기 시작했다. 긴자(銀座) 촛불집회로 출발할 시간이 되어 그날 오후에 도착한 타이완 원주민 대열이 나타났다.

형형색색의 머리띠에 '還我祖靈' 구호가 들어간 검은색 티셔츠를 맞춰입고 건장한 50명의 원주민들이 '합사된 이름을 빼라, 우리는 일본사람이 아니다(合祀除名 我們不是日本人)' '반전·평화·인권' 등의 플래카드를 내걸고 '조상들의 혼을 돌려다오' '야스꾸니 반대'의 슬로건을 외치면서 공원에 입장하자 일제히 박수가 터졌다. 용맹하고 과감하며 치와스 아리를 여왕처럼 모시고 일사불란하게 행동하는 원주민들은 이번에도 누구보다 큰 역할을 했다.

집회는 야에스구찌(八重洲口)에서 긴자를 빠져나와 히비야공원까지 진행되었다. 오봉 명절(우리나라의 추석과 비슷한 일본의 명절)로 긴자는 한산했다. 그러나 우익은 시위에 항상 따라다니면서 가두 선전차의 마이크 볼륨을 크게 올려 "쪼오센징은 돌아가라!" "야스꾸니의 영령을 지켜라"라고 집요하게 방해했다. 우익의 방해를 제지해달라는 요청에 꿈쩍도 안하는 경찰에 화가 난 우찌다 마사또시(內田雅敏) 변호사는 "그렇다면 내가 멈추게 하겠다"며 뛰어나갔다. 당황한 경찰은 우찌다 변호사에게 매달려 '진짜로' 규제할 것을 약속해서 우익의 방해는 소강상태가 되었다. 오랜만에 두 시간 가까이 걸었더니 기분이 좋았다. 300명 정도의 시위대는 야스꾸니 반대, 전쟁 반대를 외치며 의기충천했다.

8월 13일 일요일 오후 3시부터 칸다(神田)의 일본교육회관에서 실내집회가 열렸다. 우익이 일찍부터 출동하고 주변은 경찰의 경계와 검문 태세로 접근하기도 어려운 상황이었지만 수용인원이 1천여명인 홀에 사람들이 계속 몰려들었다. 2명의 우익이 일반인으로 가장

해서 잠입한 해프닝이 있었지만, 야스꾸니반대운동으로 우익과 자주 부딪친 경험이 있는 베테랑들이 경비반을 맡아 우익들의 얼굴을 기억하고 입구에서 손쉽게 붙잡아 '건물침입죄'로 경찰에 넘겨주었다.

타이완 원주민에 이어 한국 의원이 입장해서 회장은 만원이었지만 한국 참가자를 위해 중앙에 마련한 200석은 덩그러니 비어 있는 상태였다. 우찌다 변호사와 한국 측 공동대표 이석태(李錫兌) 변호사의 개회인사에 이어서 한국 의원단이 올라와 소개되었고 김희선 단장이 격렬한 연설을 했다. 그리고 타까하시 테쯔야(高橋哲哉) 교수의 강연 도중에 평화통신사와 오후에 비행기로 도착한 원정시위대가 간신히 도착했다. 그들은 버스 운전사가 "우익 때문에 생명에 위협을 느껴 더이상 갈 수 없다"고 도중에 버스를 멈춰버려서 옥신각신한 끝에 하는 수 없이 버스에서 내려 걸어온 바람에 늦은 것이다. 타까하시 씨에 이어서 이금주(李金珠, 광주 유족회장, 아버지가 타라와 섬에서 전사, 야스꾸니에 합사), 킨조오 미노루(金城實, 오끼나와 야스꾸니 소송 원고단장), 치와스 아리 위원의 증언이 있었고, 이희자 씨의 강연이 이어졌다.

5시 반부터는 제2부 콘써트로 '날치와 살쾡이(페이위윈빠오飛魚雲豹)' 음악단이 타이완 원주민의 훌륭한 하모니로 청중을 매료시키고 우레와 같은 박수를 받았다. 한국에서는 '나팔꽃'과 어린이 노래패 '굴렁쇠아이들'이 동심 넘치는 청순한 노래를 들려주었지만 아무래도 그 자리에 어울리지 않는 느낌이었다. 마지막에 재일교포 박보(朴保) 씨가 등장했다. 강렬한 목소리로 송신도(宋神道) 할머니의 노래를 부르고 조선의 분단을 슬퍼하는 「임진강」을 노래했다. 그리고 「밀양아리랑」에 이르자 행사장은 3박자의 노래와 춤에 휩쓸렸다. 모두 그 '덩 더덩'의 리듬에 맞춰서 회장을 뛰쳐나가, 1천여명의 대열이 왼편의 야스꾸니 신사를 노려보면서 칸다 거리를 촛불로 밝혔다.

8월 14일 월요일에는 메이지공원에서 옥외집회가 열렸다. 맑게 갠 공연무대에서 콘써트가 이어졌지만 사람들은 뜨거운 햇볕을 피해서 30개 정도를 이은 매점 텐트나 공원 주변의 나무그늘에 몸을 숨기고, 멀리서 바라보고 있었다. 드디어 태양이 기울기 시작한 5시 무렵부터 사람들은 움직이기 시작했다. 지상에는 두 줄로 흰 천이 깔리고 홍성담, 안성금(安星金), 고경일(高慶日) 등 한국의 민중미술가들이 야스꾸니 반대, 반전, 평화를 주제로 그림을 그리기 시작했다. 그리고 해가 지고 무당의 진혼굿이 시작되자 사람들은 땅에서 솟아나오기나 한 듯이 무대 주변으로 모여들기 시작했다. 만신은 사흘에 걸쳐서 수십 시간 소요되는 굿을 이 집회를 위해 한 시간 반으로 압축했다. 그 무렵 다음날 코이즈미 총리의 새벽 참배가 확실하다는 정보가 흘러나오고 긴급사태가 발생했다. 코이즈미의 참배 저지를 위하여 타이완 원주민은 새벽에 야스꾸니 신사를 급습하여 연좌시위를 하겠다고 했다.

이번 촛불집회의 목적은 세계에 널리 야스꾸니 신사의 반문명적·반인류적·반평화적·비정상적인 진상을 호소하고, 전쟁 신사의 문을 닫게 하고, 가족을 강제합사당해 자기결정권·존엄과 인격권·평화적 생존권을 유린당하고 있는 유족의 괴로움을 호소하는 것이었다. 그래서 어디까지나 평화적으로 행동하려는 원칙을 확인한 바 있다. 그러나 타이완의 실력행사는 우익·경찰과 충돌을 야기하여 불상사가 발생할지도 모른다는 우려가 있었고, 실행위원회 쪽에서는 중지하도록 설득했지만 원주민들은 자신들의 책임 아래 단독행동을 고집했다. 치와스 아리의 철학은 '행동이 존엄을 지킨다'이다. 작년 6월 야스꾸니 신사에서 항의시위 도중 우익과 경찰에게 봉쇄되어 버스 안에 감금당했던 굴욕을 씻으려는 맹렬한 의지가 있었다.

다음날 새벽 5시 반 택시에 나눠탄 그들은 경비의 허를 찌르고 야스꾸니 거리 건너편 도로 가를 점거하고 한 시간 반가량을 버티는데 성공했다. 코이즈미 총리의 참배가 예상보다 한 시간 남짓 늦었기 때문에 직접 대치하지는 못했지만 그 철벽같은 결단력과 행동력은 큰 주목을 끌었다. 한국의 KBS는 8월 13일과 20일 2회에 걸쳐서 일요일 저녁 8시부터 9시까지의 황금시간대에 촛불시위 특집방송을 방영했는데 20일의 특집은 온통 치와스 아리와 타이완 원주민의 투쟁에 초점을 맞췄다. 일본 이외 한국, 타이완, 중국 등의 미디어에서는 연일 촛불집회가 보도되었으며 치와스 아리의 행동에 주목한 것은 역시 당연한 일이었다.

15일 아침, 코이즈미의 참배소식을 듣고 우리는 카야바쪼오(茅場町)의 사까모또쪼오(阪本町)공원부터 긴자를 지나서 히비야까지 약 6킬로를 천천히 걸었다. 결국 코이즈미의 야스꾸니 참배를 저지할 수 없었다. 유족들의 요구도 만족스럽게 전달할 수 없었다. 주한 일본대사관 앞에서 15일에 3천명이 항의집회를 했다고는 하나 야스꾸니를 10만의 촛불로 메운다고 큰소리친 나는 완전히 '허풍쟁이'가

되어버렸다.

여러 가지 조직과 운영 상의 문제점이 있었다. 그러나 모두 우리를 격려해주었다. 우리들의 행동에는 큰 의미가 있었다고 말이다. 처음으로 일본, 한국, 타이완, 오끼나와의 연대로 야스꾸니반대운동이 조직된 점. 이 시기에 야스꾸니 신사를 일본과 동아시아 국가의 외교나 정치 문제만이 아닌 보편적인 인권과 평화의 문제로 제기한 점. 이제까지 별로 함께 행동하지 않던 일본의 야스꾸니반대운동 관련 여러 단체가 하나가 되어서 국회의원부터 유족, 예술가, 노인, 중고생까지 동아시아의 친구와 함께 투쟁했던 점. 단발성이 아니고 1주일 정도의 연속적 행동으로 조직할 수 있었던 점. 세계에 널리 알리는 기회를 얻은 점. 무엇보다도 참가자 모두가 오랜만에 시위다운 시위에 참가해 큰 성취감을 느꼈다는 점 등을 성과로 꼽을 수 있다. 각자가 내년에는 더욱더 크고 더욱더 빈틈없이 더욱더 널리 촛불시위를 하자는 다짐을 가슴속 깊이 새기게 되었다. 이번에 한국의 유족들의 야스꾸니 신사를 상대로 민사소송, 유엔 인권이사회로 제소, 각국 및 각 지역에서의 캠페인 등의 행사가 줄줄이 예정되어 있다. 언젠가 10만명 집회가 '허풍'으로 끝나지 않게 되는 날, 야스꾸니의 유령은 모습을 감출 것이다. 일본의 평화와 민주주의는 견고해지고 동아시아는 우정과 평화가 넘치는 지역이 될 것이다. 그러기 위해서 먼저 야스꾸니로 들어가라.

제주, 평화의 섬

일본 평화학회의 2007년도 추계학술대회가 '동아시아에서 민중의 평화를 추구한다—한일간 역사경험의 교차'라는 주제로 학회 사상 처음으로 제주도에서 열렸다. 일본 학회의 총회가 해외에서 열리는 일은 상당히 드물다. 더욱이 그 장소가 제주도이다. 그 제안문서는 이유를 다음과 같이 서술하고 있다.

> 대회에서는 앞으로의 동아시아의 '민중의 평화'를 모색하기 위해 역사의 그늘, '주변'의 시각에서 다시 한번 한일 동시대사를 파악해보고자 한다. 대회 예정지인 제주도는 1948년 섬 인구의 9분의 1이 살해되었던 '4·3사건'의 트라우마로 고통받아왔다. 그 후 1999년 '4·3 특별법' 제정, 2003년 10월 진상조사 보고서의 간

행에 이어서 4·3에서의 국가폭력에 대한 대통령의 공식사죄, 4·3 평화공원 조성 등 과거청산이 폭넓게 진전되었다. 4·3사건의 교훈에서 비폭력과 화합의 필요성을 강력히 주장함으로써 근년 한국정부가 제주도를 '세계평화의 섬'으로 선언하고 2006년부터 한국 최초로 '특별자치도'로 지정하는 등 독자적인 정체성을 구축해가고 있다. 동북아시아의 중심에 위치하여 오끼나와에 비견할 수 있는 동아시아 근현대사의 모순을 살펴보는 데에도 매우 중요한 지역이다.

제주에는 지금 평화가 넘쳐흐르고 있다. '세계평화의 섬', 제주 국제평화재단, 제주 국제평화센터, 제주 국제평화연구원, 평화전시관, 제주대학교 평화연구소, 4·3평화공원, 평화박물관, 제주 평화포럼, 제주 평화제전, 평화마라톤대회, 평화가요페스티벌, 청소년평화학교까지 평화 브랜드가 가득하다. 왜 제주도에 '평화'가 넘쳐흐르고 있는 것일까.

제주는 한국의 1급 지방행정구역인 특별자치도로 인구 약 57만명, 면적 1,845제곱킬로미터이며 제주도와 그 부속 도서로 이루어졌다. 제주도는 '삼다도' '삼무도'로도 일컬어진다. 삼다(三多)는 바람, 돌, 여자가 많다는 뜻이고, 삼무(三無)는 거지, 도둑, 문이 없기 때문이라고 한다. 바람과 돌은 제주도 자연환경의 혹독한 일면을 보여주고 여자가 많다는 것은 고기잡이나간 남자들이 자주 풍랑을 만나 바다에 빠져죽었기 때문이라고 한다. 그러나 숫자 문제라기보다 여성이 해녀나 밭농사, 길쌈 등 생산 담당자였을 뿐만 아니라 그 독특한 모계사회의 전통으로 여성의 존재감이 컸기 때문이라고 할 수 있을 것이다. 삼무란 일찍이 제주가 가난하지만 서로 얼굴을 맞대고 살면서 협력하는 평등한 촌락공동체였다는 것을 나타낸다.

옛날에 제주도는 육지와는 따로 떨어져 고립된 유형의 땅이었다. 조정에서 정쟁(政爭)에 패한 중대한 정치범은 제주도로 유배되어, 왕궁이 있는 한양 쪽을 바라보면서 정치의 형세가 변하거나 왕의 노여움이 풀려서 육지로 돌아갈 날만을 애타게 기다렸다. 유형의 땅에서 왕의 총애와 육지를 향하던 목타는 갈망은 많은 시가(詩歌)로 남았다.

조선시대의 한 유배자가 연로해 병상에 누워 아들을 불러 다음과 같이 유언을 남겼다고 한다. "아들아, 내가 죽거든 여기 바다에 던져주렴. 죽어서 이 몸이 물고기 밥이 되어 그 물고기가 잡혀서 궁중에 진상되면 임금님이 드시는 수라상에 오르니, 어육이 되어서라도 임금님의 젓가락에 닿을 수 있다면 더 바랄 것이 없구나." 여기에는 수도 한양과 왕의 총애를 애타게 그리던 조선시대 선비의 굴곡진 심사가 남김없이 나타나 있다.

돌이 많은 제주도는 화산섬으로, 용암에 덮여서 어디를 파헤쳐도 화산암투성이라 토지에 보수력(保水力)이 없고, 간신히 보리나 조 등의 농사와 고기잡이로 생계를 이어가는 극빈의 땅이었지만 기후가 온난해서 특산품이 많았다. 조선왕조 시대의 지방 수장인 제주 목사는 몽골에서 유래한 조랑말, 말의 갈기와 그것으로 만든 망건, 갓, 검은 소, 꿩, 그리고 감귤, 삼베, 건어, 전복, 화문석 등 모든 특산품을 진상품으로 한양에 보내는 것이 일이었다. 간헐적으로 반복되던 왜구나 몽골의 습격까지 더해서 역사 속 제주도는 유배와 수탈의 섬이었다.

일제 식민지시대에도 제주도의 빈곤상에는 변함이 없었다. 논이 없고 지질이 메말랐던 탓일까, 타 지역 같은 지주제나 일본인의 토지지배는 그다지 많지 않았던 듯하다. 극빈의 제주도에서 생계를 위해 오오사까나 아마가사끼로 몰려드는 사람들 때문에 '키미가요마루(君が代丸)' 등의 직행정기선이 취항했고, 1930년대 중반에는 당시 제주도 인구의 4명 중 1명꼴인 약 5만명이 돈벌이를 위해 일본으로 건너갔다. 제주도의 해녀는 일본 본토는 말할 것도 없이 북으로는 꾸릴 열도, 남으로는 아라푸라 해, 서로는 인도양까지 이르는 광범위한 해역에 진출하고 있었다.

*

식민지지배에서 해방된 한국은 38선으로 분단되어 남에는 미군이 진주하면서 우익과 친일파와 결탁하여, 자주독립국가 건설을 목표로 여운형(呂運亨)을 중심으로 한 조선건국준비위원회, 인민위원회 등을 좌익으로 간주하고 전면적으로 탄압했다. 제주도에서도 민족해방운동세력을 핵심으로 하는 제주도 인민위원회가 압도적인 지지를 받고 있었다. 그러나 1947년 3월 1일 독립운동 기념식에서 통일된 자주독립국가 수립을 호소하는 시위대에 경찰이 발포하여 6

명이 사망한 사건이 발생했다. 미군정은 경찰대와 서북청년단 등 우익 테러단을 제주도에 보내 반발하는 도민을 탄압했다. 1948년 4월 3일, 제주 민중은 미군정과 이승만이 5월 10일로 예정한 남쪽만의 단독정부 수립을 위한 제헌의회 선거에 반대하여 일어섰다. '단독선거 반대'를 외치는 유격부대의 공격으로 14개 파출소가 습격당했다. 이에 대한 미군과 정부군의 6년여에 이르는 잔혹한 섬멸작전으로 당시 섬 인구의 9분의 1 이상인 3만여명이 학살되었다고 한다.

그후 공포와 금기가 이 섬을 뒤덮었고 4·3을 말하는 것 자체가 금지되었다. 남제주의 안덕면 사계리 넓은 벌 한가운데에 '백조일손지묘(百祖一孫之墓)'가 있다. 4·3 '토벌'이 일단락되어가던 1952년 8월 20일, 음력 칠석날에 불순분자 예비검속이라는 명목으로 이 지역 일대 132명 사람들이 연행되어, 근처의 대정읍 송악산 섯알오름에 있는 구 일본군 탄약고 터에서 집단학살되었다. 유족들은 소문을 듣고 시체를 인수하기 위해 현장으로 달려갔지만 경찰이 접근을 막았고, 1959년 4월에야 간신히 유골을 수습해 공동묘지에 이장했다. 탄약고 터의 구덩이에 7년간이나 방치되었던 시체는 백골이 되어 산산이 흩어져 신원을 확인할 길이 없어서 합동이장했다. 또 다수의 희생자가 나온 부락은 일가가 몰살되어 조상을 모실 자손이 없는 집도 있어서, 이례적이지만 다른 성씨의 사람이 희생자의 제사를 지내게 되었다. 그런 까닭에 100인의 선조를 한 자손이 제사한다는 의미로 '백조일손지묘'라고 한 것이다.

1960년 4·19혁명으로 이승만이 권력의 자리에서 내쫓기면서 분위기가 그나마 풀려서 그해 칠석에 드디어 희생자 이름을 비석에 새기게 되었다. 그러나 박정희가 이끈 5·16 쿠데타가 발발하자 경찰이 인부를 동원해서 묘석을 파괴하고 4·3은 다시 금단의 어둠에 가려졌다. '백조일손지묘'는 1993년에 이르러서야 겨우 비석이 재건되어 국회의원, 도의회의원 등이 참석한 가운데 위령제를 거행했다. 4·3 토벌의 초토화작전으로 소설가 현기영(玄基榮)의 고향마을 노형리도 잿더미로 변했다.

우리 식구는 그 재앙불이 떨어지기 직전에 읍내로 피난했기 때문에 요행히 인명피해는 없었다. 그러나 어두운 밤, 먼 데 하늘의 여기저기 구름에 벌겋게 번져 있던 마을들을 태우는 불빛, 총성, 수많은 사람들이 죽어간다는 소문이 어린 낸 가슴을 짓눌러대곤 했다. 칠성통 입구에, 관덕정 마당에 목잘린 입산자의 머리통들이 뒹굴고, 생포된 입산자들이 군중 앞에서 습격 몇 번, 방화 몇 번, 도로 차단 몇 번, 시키는 대로 죄목을 복창하고는 트럭에 실려 형장으로 가는 것도 보았다. 나는 「아버지」에서 토벌대의 초토화작전으로 불타버린 후, 지금까지 재건 안된 채 영영 폐촌이 되어버린 나의 향리를 이렇게 묘사했다.

죽어있는 마을, 소등해버린 자정 이후의 먹칠 같은 어둠으로 지워진 마을……

4·3에 관한 연구나 고발은 4·3을 전후해서 일본으로 피신했던 제

주 사람에 의해 선구적으로 진행되었다. 김봉현의 『제주도 피의 역사』나 소설가 김석범의 『까마귀의 죽음』 『화산도』 등은 한국의 4·3 진상규명, 명예회복 운동에도 큰 영향을 끼쳤다. 4·3사건은 한국 민주화운동의 발전과 더불어 1980년대 이후 치열한 승인투쟁을 거쳐서야 비로소 공론화되기 시작했으나 그 과정에서 많은 사람들이 국가보안법 위반 등으로 탄압을 받았다.

1979년 10월 26일 박정희가 심복인 중앙정보부장 김재규에게 사살되기 한해 전 현기영은 제주 4·3사건으로 남편이 학살되어 실어증에 걸린 여성을 주인공으로 한 소설 「순이 삼촌」을 발표(『창작과비평』 1978년 가을호)했다. 그후 곧 그는 계엄사령부의 합동수사반에 연행되었다.

> 합수사(合搜査) 지하실에서 나는 한 마리의 똥개나 다름없었다. 온몸을 잉크빛으로 검푸르게 멍들게 한 그 가혹한 매질을 생각하면 나는 지금도 놀란 새처럼 가슴이 조마조마해진다. 온몸의 근육세포들이 아직도 소름끼치게 기억하고 있는 그 무서운 고통, 그 잉크빛 피멍은 보름 만에 사라졌지만, 정신적 상처는 지금도 생생히 살아있어 나를 계속 피해의식의 늪 속에 가두어놓으려고 한다.
>
> (…)
>
> 그는 피하조직에 영원히 치유되지 않을 응혈상처를 지닌 불구자였다. 그가 맞은 매의 효과는 정확했다. 글장이로서 그는 예각이 멍들어버린 두루뭉수리가 되어버렸다. 아무리 눈을 흡뜨고 펜대에 힘을 줘보지만 멍든 감수성으로 힘찬 글을 써낼

수는 없는 노릇이었다.[1)]

1989년에 김명식(金明植) 등은 4·3연구소를 세우고, 국가보안법의 탄압을 받으면서 계속 진상규명의 목소리를 높였다. 그리고 1993년 제주도의회에 4·3특별위원회가 설치되어 공적인 진상규명이 시작되었다.

내가 처음으로 제주를 방문한 것은 1998년 7월, 4·3사건 50주년을 계기로 국제심포지엄 '동아시아 냉전과 국가테러리즘'의 제주 개최를 준비하기 위해서였다. 8월의 심포지엄에는 500명 정도의 연구자, 활동가, 수난자와 그 가족이 모였다. 제주뿐만 아니라 해방후 한국 최대의 민간 국제심포지엄이라고 했다. 이 심포지엄에는 노벨평화상 수상자인 동티모르의 라모스 홀타(Ramos Horta), 덴 히데오 일본 참의원의원, 한국 국회의원 5명, 제주도지사, 도의회의장, 시장, 도의원 등 민간 심포지엄에는 어울리지 않는 명사가 참석했다. 그간 어둠에 가려져 있던 4·3사건을 정정당당하게 공론의 장에 올리는 의미에서 최대한 화려한 무대연출을 할 필요가 있었기 때문이다. 제주에서 이 심포지엄은 확실히 일대 전기를 마련했다고 평가받았다. 항상 정보기관과 경찰의 통제와 감시 속에 위축되었던 4·3을 누구의 간섭도 받지 않고 모여 논의했기 때문이다. 그후 1998년 10월에 4·3 특별법 입법을 위한 국회공청회가 열렸다. 여기서 군경 유족회

1) 현기영 『바다와 술잔』(화남 2002)

원이 '4·3은 빨갱이의 만행이다'라며 소란을 피우자 이전까지는 고개도 들 수 없고 소리도 내지 못했던 학살희생자 가족에게서 "네 아버지는 경찰서장이지! 그놈이 우리 아버지를 죽였어"라고 피를 토하는 규탄의 소리가 터져나왔다.

이듬해 1999년 12월 16일에는 제주도민의 오랜 숙원인 '4·3 특별법'이 국회를 통과해 2000년 1월 12일에 공포되었다. 이 특별법은 사건 발생에 공산주의자의 관여가 명백하지만 국가의 민간인 학살 책임을 국가 스스로 재검증하는 방침을 세웠다는 점에서 획기적이었다. 특별법에 기초해서 설립된 '제주 4·3사건 진상규명 및 희생자 명예회복위원회'는 2003년 10월 15일에 최종보고서를 대통령에게 제출하고 그 권고를 근거로 노무현 대통령은 같은해 10월 31일에 국가권력의 과오를 인정하고 희생자 유족과 제주도민에게 공식 사죄했다. 이는 반공국가 한국의 국가원수가 가해 책임을 인정하고 냉전 이데올로기를 넘어서 국가의 정통성에 관한 사건으로 사죄했다는 데에 그 역사적 의의가 크다. 4·3 특별법은 희생자에 대한 개별 포상규정 대신 '집단적 포상'의 의미로 4·3평화공원[2] 자료관의 조성 등을 결정했다.

---

2) 제주 4·3평화공원 조성사업은 제주시 봉개동 12만평의 거대한 부지에 2002년부터 2008년까지 3단계로 나눠서 사업비 993억원의 막대한 예산을 들여서 상징조형물, 위령탑, 추도광장, 4·3 자료관, 4·3문화관 등을 신설했다. 필자는 건설중인 공원에 두 차례 방문했지만 4·3의 이미지와는 상당히 거리가 먼 장대한 모더니즘 조형물로 메워지고, 이미 4·3과는 관계없는 행정과 업자의 손에 맡겨져 '사업'으로 추진되고 있었다. 이 사업과 관련하여 관계자 사이에 큰 갈등을 빚은 바 있다고 한다.

더욱이 2006년 한국 국회에서는 4·3 특별법 개정이 제안되고 있다. 개정의 개요는 첫째, 희생자의 범위를 확대해 사망, 행방불명, 장애자 외에 당시 수형자도 추가할 것, 둘째, 유족의 범위를 확대해서 형제자매가 없는 경우, 희생자의 제사를 치르거나 무덤을 관리하는 종형제들 등 혈족을 유족에 추가할 것, 셋째, 위원회 의결사항에 집단학살자, 각 마을 장지(葬地)의 조사 및 유골 발굴, 수습을 추가할 것, 넷째, 4·3 자료관과 평화공원을 관리하는 '4·3 평화인권재단' 설치 및 정부기금 지출규정을 신설할 것 등이다. 제주 4·3사건은 투쟁의 영역에서 '기념'의 영역으로 옮겨갔고 이 과정에서 '평화'가 쓰기에 편한 말로 등장하고 있는 듯하다.

*

2005년 1월 27일 한국 정부는 제주를 '세계평화의 섬'으로 공식 지정했다. 이 지정은 ① 제주의 자연환경과 문화 육성, ② 4·3의 아픈 역사에 대한 위무, ③ 제주의 지정학적 위치 등 다각적인 고려에서 출발했다고 하지만 그 파급은 4·3사건과는 거의 무관하게 '섬 활성화' '지방 진흥', 노무현 정부의 시책과 관련된 '지방 분권'의 실험과 관계있는 것 같다.

평화의 섬 제주에 대한 논의는 1991년 뉴욕에서 개최된 국제심포지엄에서 당시 문정인 연세대 교수 등의 「신혼여행의 섬에서 평화의 섬으로」라는 보고에서 비롯했다고 한다. 문 교수는 제주 출신이고 김대중 정부, 노무현 정부에서 외교안보 부문의 브레인으로 특히

'햇볕정책'의 전도사라고 불렸다. 노무현 정부에서는 대통령 자문기관인 '동북아시대위원회' 위원장을 역임하고 '평화 없이 번영 없고, 번영에 기반하지 않는 평화는 오래가지 않는다'는 다소 실용주의적 관점에서 '세계평화의 섬'을 구상하고, 그 실천으로 외교통상부 주도의 제주 평화포럼, 제주 국제평화재단, 국제평화연구소, 평화전시관 등을 만들어왔다. 또 2005년에 문 교수는 국제정치·안정보장론 중심의 한국평화학회 회장을 역임하고 관 주도의 평화창조[3]의 중심에 있다고 할 수 있다.

'세계평화의 섬' 개념은 '모두의 위협요소에서 자유로운 상태인 적극적인 의미에서의 평화를 실천해가는 일련의 사고체계와 정책 등을 포괄하는 문화적, 사회적, 정치적 활동체계'라고 규정하고 있다. 평화의 섬 지정근거로 '삼무 정신'이라든지 제주 4·3사건의 진실과 화해, 국민화합정신 등을 강조하지만 노무현 정부의 국정 제1과제인 '평화와 번영 정책'을 구체화한 '동북아시대 구상'과 밀접한 관련이 있다. 즉 '평화의 섬' 제주를 통해서 동아시아 교류와 협력을 증진시키고 동아시아 평화공동체의 가능성을 높인다는 정부 기획이 중심에 있는 것이다. 제주는 뻬이징·샹하이·토오꾜오·오오사까 등 인구 500만 이상의 18개 동아시아 주요 도시와 2시간 내의 비행거리에 있고, 지정학적·지경학적(地經學的)인 시각으로 볼 때 국

3) 1999년 개정 '제주도개발특별법'에 '세계평화의 섬 지정'(제9장)이라는 관련 조항이 신설되고 '국가는 세계평화에 기여하고 한반도의 안정과 평화를 정착시키기 위해서 제주도를 세계평화의 섬으로 지정할 수 있다'(제52조 1항)고 하면서 '평화'라는 말을 제주도 개발정책의 일환으로 인식시키고 있다.

제관광지로서 사람·상품·자본의 자유로운 이동이 가능한 편이성이 있다. 관광 인프라가 충실하게 정비되어 1991년 고르바초프와 노태우 대통령 회담부터 노무현·코이즈미 회담까지 여러 차례의 정상회담을 비롯한 국제회담이 열리는 등, 제주는 한국 외교의 무대가 되었다. 또 1998년부터 매년 제주 농민이 북한에 귤을 지원하고 남북평화축전(2003)을 개최하는 등 남북 교류활동도 자리잡았다. 이것이 평화의 섬 구상의 배경이다.

2005년 제주 세계평화의 섬을 정책적으로 지지하기 위해서 국무총리실에서는 17대 사업을 발표했다. 그것은 4·3관계, 남북한 및 동아시아 교류와 협력, 국제회의 및 평화교육 등 다양한 평화 연구와 실적사업을 포함하고 있고, 이들 사업의 원활한 추진을 위해서 2006년 7월 제주특별자치도가 발족했다.

*

일본 평화학회 개최를 위한 사전조사로 우쯔미 아이꼬(内海愛子) 회장, 무라이 요시노리(村井吉敬) 전 회장, 사사끼 히로시(佐佐木寬) 기획위원장과 함께 제주도에 방문한 것은 2006년 9월이었다. 먼저 제주시청, 4·3연구소, 제주대학교 국제연수센터 등을 견학했다. 그 다음날 마침 제주 국제평화연구소의 개소 기념 심포지엄이 있다고 하기에 서귀포의 중문관광단지까지 나갔다. 연구소는 새로 지은 제주 국제평화센터 안에 있었는데, '동북아시아 평화공동체 건설'(Building an East-Asia Peace Community)에 제주가 중심이 되어 전

세계적 수준, 동북아시아 수준, 한반도 수준에서의 분쟁과 평화, 빈곤과 번영, 분단과 통합의 문제를 체계적으로 연구하고 그 결과를 국가정책 및 평화교육에 반영해서 평화와 번영, 통합의 견인차 역할을 하는 것이 설립목표라고 한다. 한국 외교통상부의 외곽기관이라는 색채가 짙었다.

그날 오후에 국토 최남단의 섬 마라도로 가는 페리에 타야 했다. 마라도 기원정사(祇園精舍) 주지가 우리들을 기다리고 있었다. 그러나 바람이 강하고 파도가 높아 송악의 부두에서 나온 페리는 결항이었고 화물용 페리에 타기 위해서 모슬포까지 갔지만 역시 결항이었다. 어쩔 수 없이 송악의 해변 절벽에 20개 가까이 파놓은 일제 해군 특공어뢰정 '카이뗀(回天)'의 격납동굴과 난징, 충칭 등에 대한 장거리 중폭격을 위해서 만들었던 당시 동양 최대라는 알뜨르 비행장터 등 옛 일본군 관계 군사시설을 찾아봤다. 그날 밤은 서귀포의 약천사(藥天寺)에서 신세를 졌는데, 가는 길에 해군기지 건설이 예정되어 주민 반대운동이 고조된 화순항 곁을 지나갔다.

다음날 첫 배편은 결항되어 두번째 배를 타고 9시 반에 겨우 떠났다. 마라도는 면적 0.3제곱킬로미터, 인구 90명(2000년 기준), 해안선 4.2킬로미터, 최고지점 39미터, 검은 용암으로 덮여 있는 고구마 모양을 한, 금방이라도 큰 파도가 집어삼킬 만한 낮은 섬이다. 국토 최남단을 표시한 기념비가 서 있고 1915년에 설치된 마라도 등대가 있다. 이 작은 섬에 연간 20만명의 관광객이 방문한다. 기원정사는 신도가 3명인 이 섬 유일의 절이다. 바다로 향한 3,500평 정도의 완만하게 경사진 부지에 본당과 종루, 선방 등이 줄지어 있고, 산 쪽은 낮은 능선이 하늘을 가른다. 밤에는 하늘에서 쏟아질 듯 가득한 별과 끊임없이 밀려오는 파도소리가 사람을 무한한 정적으로 이끈다. 주지 혜진스님은 이 절을 '동북아시아 평화기원의 절'로 구상하고 있다. 명상과 휴식 시설, 평화를 상징하는 조형물, 평화연수관과 다목적홀이나 야외극장의 설치도 구상하고 있다. 우리나라에는 옛부터 무욕·무수(無愁)의 평화의 섬이라는 유토피아 '이어도' 설화가 있어서 최남단에 있는 마라도를 그에 비정(比定)하고 있다.

또한 이 섬은 해녀와 조난자들의 영혼의 통로라고도 한다. 한반도, 일본, 오끼나와, 중국을 바라보고 동북아의 십자로에 해당하는 위치는 전쟁과 폭력에 희생된 이 지역 원혼을 달래어 평화를 기원하는 장소로서 더할 나위 없다. 이 낮고 작고 외로운 섬에서 평화를 기원한다는 구상은 음미할 만하다.

'평화'가 넘쳐흐르는 제주도. 그것이 어떤 의도로 주장된다 해도 일단 부전(不戰)과 비폭력의 사상에 찬성표를 던지고 싶다. 그래서 일본 평화학회가 열린다. 한일의 현대와 역사, 동아시아의 평화를 둘러싸고 여러 가지 상상력이 솟구치지 않을까.

친구 없는 고독한 나라 '일본'
동북아시아 평화를 위한 제언

2005년 11월 2일자 『뉴스위크』(*Newsweek*)의 커버스토리는 '야스꾸니, 반일의 환영'으로, '친구 없는 고독한 나라 일본'이라는 기사가 실렸다. 그해 봄 동아시아에서는 역사인식과 교과서 문제, 영토문제, 특히 코이즈미 총리의 '막무가내 외교' 탓에 더욱더 주목이 쏠린 야스꾸니 문제로 반일 시위의 바람이 거세게 불었다. 또한 일본은 동아시아에 외면당하여 유엔 안전보장이사회 상임이사국 진출에 좌절하는 비참한 결과를 맞았다.

아베 총리는 취임 직후에 중국과 한국을 연이어 방문했지만 대미추종이라는 냉전시대의 일본 외교에 안주하여 아시아와의 협동이라는 미래의 전망을 열지 못한 상태였다. 또 아베 총리는 최근 세계적으로 주목받고 있는 일본군 '위안부' 문제 등 일본군국주의가 낳은 역사의 가해 사실을 인정하려고 하지 않는 떳떳지 못한 태도로 세계의 비판을 받고 있다. 그럼에도 오히려 납치문제를 극대화하여 정치적으로 이용하고, 일본의 '피해자성'을 강조하여 북한 제재론의 선봉에 서서 한반도 핵문제의 해결과 평화정착에 방해자로 부상했다. 이는 동아시아의 평화와 번영에 먹구름을 드리우는 행동이며 일본의 불행이기도 하다.

이러한 상황에서 2005년 동아시아와 한반도의 평화 및 안전보장을 주제로 몇차례 회합에 참가할 기회가 있었다. 그곳에서 얻은 가장 중요한 인식은 일본이 대미 일변도의 외교를 고수하여 아시아에서 고립되는 길을 택할 것인가 아니면 동아시아의 화해와 평화의 거대한 조류에 참가하는가 하는 기로에 서 있다는 것이었다.

한일포럼

한일포럼[1]은 1993년 개최된 호소까와 모리히로(細川護熙) 총리와 김영삼 대통령의 정상회담에 기초해 설치된 민간포럼이다. 미래지향적인 한일관계를 구상하기 위해 양국 오피니언리더들의 참가해 1993년부터 매년 일본과 한국에서 교대로 개최되고 있으며, 2006년 현재까지 14회 개최되었다(2011년 현재는 19회까지 개최됨). 포럼은 보수적인 색채가 강하며 공노명(孔魯明, 전 외교부장관)과 모기 유우자부로

1) 자세한 내용은 한일포럼 홈페이지(http://www.jcie.or.jp/japan/gt/kjf.html) 참조.

오(茂木友三郎, 키꼬만 회장)를 회장으로 한일 각 25명 정도의 정·재계 인사, 언론인, 학자 등이 2박 3일 동안 밀도높은 원탁회의를 하는 방식으로 진행된다.

이번에는 가장 먼저 일본의 정세에 대해, 치노 케이꼬(千野境子, 산께이 신문사 논설위원장)가 코이즈미 총리의 야스꾸니 참배와 그 정권의 성격에 대해 보고했고, 권영빈(權寧彬, 중앙일보 사장)이 한국의 정치와 사회에 대해, 한국 경제에 대해서는 배인준(裵仁俊, 동아일보 논설위원실장)의 보고가 있었다. 한일은 양국관계를 어렵게 하는 요인이 야스꾸니, 교과서, 역사 인식에 있으며 영토문제 등 한일대립을 조장하는 요인은 주로 내정(內政)을 의식한 지도자의 포퓰리즘에 있다는 공통된 인식을 보였다. 특히 한국 측 보고자가 노무현 정부에 격렬하게 대치하는 보수언론인 이른바 '조중동' 측 인사였기 때문에 '대결구도' 정치를 펼쳐 사회의 분열과 양극화를 불러왔다고 정부를 비판하며 한일관계 악화의 원인으로 노대통령의 경직된 자세를 꼽았다. 그에 대해 몇몇 정부 지지자로부터 반론이 나와 격론이 벌어지는 바람에 일본 측 참가자가 이것은 한일포럼이 아니라 한일·한 포럼이라며 비꼬기도 했다. 한편 일본 측 논의의 특징은 '한국은 왜 북한에게 유화적인가'라는 대북강경론 입장에서 하는 비판과 중국과의 접근에 대한 경계론이었다. 그와 동시에 한국과 '자유, 민주주의, 시장경제'라는 가치관을 공유하는 일본에게는 한국이 지나치게 엄격하다는 주문이었다. 한미일 3국의 동맹관계를 공고히해야만 북핵과 미사일, 중국의 위협에 대항할 수 있다는 케케묵은 냉전적 정치사고의 표명이었다.

전체적으로 가장 인상적이었던 것은 마지막 자유토론자인 타나까 히또시(田中均, 전 외무성 심의관으로 코이즈미의 대북 참모)의 발언이었다. 사상 최악이라고 여겨지는 한일관계를 회복하기 위해 타나까는 세 가지 제안을 했다. 우선 가장 중요한 것은 한일정상회담의 실현이다. 둘째는 대북정책에서 한일 간의 간극을 메우기 위해 외무차관급으로 구성된 비공개 한일정책협의의 개시이다. 마지막이 당시 예측 불가였던 차기 유엔 사무총장에 일본이 앞장서서 한국의 반기문(潘基文) 외교통상부 장관을 적극 추천한다는 것이었다.

반장관을 유엔 사무총장에 추천한다는 세번째 제안은 당시 질투에 가까운 감정이 만연하여 그의 취임을 달가워하지 않는 분위기였던 일본에서 통이 크고 통찰력이 깊은 것이었다. 반장관이 유엔 사무총장에 당선한 배경에는 친미파인 그에 대한 미국의 적극적인 지지가 있었고 타나까는 그 사실을 알고 있었다고 생각된다. 어차피 당선할 거라면 애초부터 줄을 잘 서고자 하는 민첩함과, 반장관의 총장 당선을 쾌거라며 흥분하는 한국의 단순한 민족주의적 자존심을 채워주고자 하는 그의 '고등전술'에 감탄했다. 그후 실제 진행상황을 살펴보면 반장관의 지지를 망설인 일본은 줄서기에 늦었을 뿐 아니라 한국국민에게 나쁜 인상만을 남겼다.

두번째는 한일 간 대북정책의 간극을 메우는 문제이다. 타나까는 "야스꾸니 참배, 교과서문제가 해결된다고 해도 대북정책에 괴리가 있는 한 한일관계는 개선되지 않는다"고 단언했다. 오꼬노기 마사오(小此木政夫) 교수도 보고에서 '대북정책에 대한 한일의 전략적 대화가 필요'하다고 지적했다. 그러나 한일협력의 방향에 관해서도 한국을 한미일 반공동맹의 부활, 강화론으로 끌어들이려는 것인지, 아니면 일본이 남북화해협력정책을 이해하고 협동하려는 것인지 살펴보면 완전히 정반대 방향이다. 물론 일본은 '대화와 압력'을 주장할 것이다. 그러나 문제는 일본이 김대중 정부 이래 한국정부의 전방위적 화해외교의 의미와 2000년 남북공동선언 이후 뚜렷해진 한국의 대북 화해정책의 필연성과 북한에 대한 한국 여론의 극적인 변화를 잘 이해하지 못한 점에 있다. 일본에서는 냉전 이후 핵, 미사일, 특히 납치문제를 둘러싸고 극단적인 반북정책과 여론이 불거져나왔다. 일본에서는 오히려 '포스트 냉전' 시대에 극단적인 냉전 사고가 강해졌다고 할 수 있다. 그러나 철저한 북한 비난과 '한류' 등 한국 붐 사이에는 괴리가 있다. 냉전시대처럼 반공·반북이 한국인을 기쁘게 한다고 생각하는 경향이 있는데, 그것이 한일관계 악화의 근본적인 원인임을 깨달아야 한다. 한일관계를 한반도(한국+북한)와 일본의 관계로 인식할 필요가 있다. 타나까 제안의 중요성은 이 부분을 지적한 점이라고 생각한다.

햇볕정책(포용정책)

이미 몇몇 논문에서 햇볕정책을 논했지만 간단히 정리해보겠다.[2)]

---

2) 「『韓日新時代』 論考」『立命館法學』 267호(2002); 「日韓新時代 再考」『木野評論』 京都精華大學, 2002; 「北東アジア情勢の展望 — 日朝交涉が与える影響」『軍縮問題資料』 267호(2003) 등 참조. 이하는 「日韓新時代 再考」를 중심으로 정

김대중 정권은 북한에 화해·협력정책을 내세우며 남북정상회담이라는 드라마를 연출했다. 1991년 노태우 정권이 합의한 '화해' '협력' '불가침'을 주요 골자로 하는 '남북기본합의서'를 실천으로 옮기는 것이 햇볕정책의 목표였다.

1948년 대한민국 정부 수립 이래, 이승만부터 전두환에 이르기까지 긴 독재정권 시대를 통해 한국 통일정책의 기본은 북한을 무력합병하는 것이었다. 그러다 1970, 80년대의 고도 경제성장을 배경으로 한국 주도의 '민주통일론'이 등장했다. 서독의 동독 흡수통일을 목격하고 김영삼 정권 시대에 이르러 흡수통일론이 등장했다. 역대 한국정부의 통일정책은 '반공' '멸공' '자유대한' '민주주의와 시장경제' 등의 용어에서도 알 수 있듯이 한국 우위의 북한 흡수, 혹은 병합이었다. 이러한 경과를 돌이켜보면 북한 정권의 전복을 전제로 하지 않고 화해와 협력, 평화를 통해 공존, 공영의 길을 모색하는 김대중 대통령의 통일정책은 획기적이었다. 김대통령은 1998년 2월 대통령취임식에서 다음과 같이 연설했다.

> 남북문제 해결의 길은 이미 열려 있습니다. 1991년 12월 13일에 채택된 남북기본합의서의 실천이 바로 그것입니다. 남북 간의 화해와 교류협력과 불가침, 이 세 가지 사항에 대한 완전한 합의가 이미 남북한 당국간에 이루어져 있습니다. 이것을 그대로 실천만 하면 남북문제를 성공적으로 해결하고 통일에의 대로를 열어나

리한 것이다.

갈 수 있습니다. 저는 이 자리에서 북한에 대해 당면한 세 가지 원칙을 밝히고자 합니다.

첫째, 어떠한 무력도발도 결코 용납하지 않겠습니다.

둘째, 우리는 북한을 해치거나 흡수할 생각이 없습니다.

셋째, 남북 간의 화해와 협력이 가능한 분야부터 적극적으로 추진해나갈 것입니다. (…)

남북 간에 교류협력이 이루어질 경우 우리는 북한이 미국, 일본 등 우리의 우방국가나 국제기구와 교류협력을 추진해도 이를 지원할 용의가 있습니다. (…) 그리고 문화와 학술의 교류, 정경분리에 입각한 경제교류도 확대되기를 희망합니다.

이것은 2000년 남북공동선언으로 구체화된 원칙의 표명이다. 또 북한의 핵실험 이후에도 계속된 원칙이다. 간과하기 쉬운 점은 '햇볕정책'이 북한만 겨냥한 것이 아니라 일본, 중국, 러시아에도 향하는 전방위적인 것이라는 점이다.[3] 대일 '햇볕정책'은 한일관계의 발전에만 주안점을 두는 것이 아니라 오히려 한국이 대담한 대북정책을 추진하는 데 있어서, 북한에 대한 적개심과 불신감이 강한 일본의 신뢰를 얻어, 일본이 대북 '햇볕정책'을 방해하지 않도록 봉쇄하

3) 나아가서 노무현 정부는 '동북아시대' 구상을 내세우고, 2003년 1월의 대통령직 인수위원회에서 10대 국정과제의 최우선 과제로 '한반도 평화체제 구축'을 들고 있다. 그 핵심은 북핵문제 해결과 군사적 신뢰 구축, 군복무기간 단축, 국군정예화 등 국방체제 개선, 평화체제 구축을 위한 다각적 통로 구축, (미국과의) 당당한 상호협력외교, 동북아 평화협력체제 등으로, 김대중 정부의 정책을 계승하는 것이다.

려는 의미도 있다. 왜냐하면 남북 간의 정치적 화해는 당연히 한국의 동맹국인 일본과 북한의 정치적 화해를 수반해야 하기 때문이다. 더욱이 동아시아 전체의 대북 '햇볕정책'이라는 큰 구도에서 일본도 함께하게 하려는 복선이 깔려 있다. 이는 '동아시아 공동체'를 향한 사전 환경 정비로서 남북, 일본 간 다각다층적인 교류협력의 진행으로 이어진다. 그에 대한 일본의 응답은 한반도 남북과 동아시아 전체를 포괄한 화해·협력의 흐름에 참가하는 것이어야 한다.

또 하나 간과해서는 안될 점은 대북 햇볕정책이 일본이 오해하는 것처럼 단순히 민족주의적 감정에서 비롯된 것이 아니라는 사실이다. 북한과의 사이에 바다가 있어서인지 전화(戰禍)에 대한 실감이 없는 일부 일본인은 '무력제재' '선제공격'이라는 무책임한 발언을 서슴지 않지만 38도선을 끼고 이어진 남북은 적어도 수백만 이상의 희생자가 예상되는 파멸적인 전쟁을 절대로 할 수 없는 것이다.

또 당시는 안전한 투자환경을 만들어 외자를 불러들이고 IMF 경제위기를 극복하기 위해 우선 38도선의 안정과 안전이 요구되었고, 북한에서의 투자, 노동, 상품 시장의 개척이 절실했던 점, 미국의 대북 연착륙정책과의 공조가 요구되었던 점 등이 저변에 깔려 있었다. 일본에서는 대북 유화정책이라고 비난하는 목소리가 높지만 한국에게 햇볕정책은 경제발전과 안전보장에서 불가피한 정책임을 인식해야 한다.

동아시아 평화포럼 2006

'우리는 동아시아인으로 살아갈 수 있는가'라는 주제로 '동아시아 평화포럼 2006'[4]이 10월 8~9일 토오꾜오에서 개최되었다.

'평화포럼'은 1995년에 이와나미 서점과 한국 크리스천 아카데미 주최로 일본과 한국에서 개최된 '패전 50년과 해방 50년' 심포지엄을 계승한 것으로, 이와나미의 야마꾸찌 아끼오(山口明夫) 사장은 '그로부터 11년, 남북과 일본의 화해는 멀어질 뿐이고, 일본인의 북한관은 자꾸 후퇴할 뿐이며, 각국으로 퍼지는 내셔널리즘의 대두는 위험한 징후이다. (…) 동아시아의 평화 구축을 위해 그 역사와 현재를 근본적으로 토의하고 (…) 미래의 구상을 끌어내기 위해' 포럼을 개최한다고 말했다. 일본, 한국, 중국의 학자, 언론인, 정치가, NGO 활동가 등 약 50명의 '지식인 활동가'가 토론에 참가했다. 가장 먼저 일본총합연구소 테라시마 지쯔로오(寺島實郎)의 기조강연 '동아시아 제휴의 관점'이 있었다. 이틀간에 걸쳐 '역사' '평화' '환경' 3개 쎄션으로 나뉘어 열리고, 9일 오후에는 150여명의 청중을 모아 한일 정치가의 공개 심포지엄이 열렸다.

테라시마의 강연에서는 일본이 메이지 이후 부국강병정책을 진행하던 중 "일본 스스로도 열강 모방형 노선을 타고 '친아(親亞)'에서 '침아(侵亞)'로 변해갔다"고 논했으며 "9·11 이래 5년간 국제사

4) 이 심포지엄에 대해서는 『世界』 별책 『北朝鮮核實驗以後の東アジア』 제764호 (2007) 참조.

회는 미국의 힘의 논리가 좌절되는 모습을 보았다. 21세기는 틀림없이 전원 참가형의 국제협력을 향해 나아간다"고 하며 아시아 각국 GDP(국내총생산)의 견실성, 일본의 대 아시아 무역의 증대, 환경문제 등으로 '동아시아 대교류 시대'의 시작을 설명하고 동아시아 제휴의 필연성을 역설했다.

마침 포럼 이틀째에 아베 총리의 한국 방문에 맞춰 북한이 핵실험을 했다는 소문이 퍼져나와 회의장은 긴장했다. 참가자들은 핵실험은 '절대로 용서할 수 없다'고 하면서도 '북한은 제재로 개선되지 않는다. 오히려 분쟁만 격화한다' '북핵뿐 아니라 세계에서 핵을 없애야 한다'는 등 무력제재에 절대 반대하고 한일 양 정부에게 냉정한 대응을 요구했다. 9일 오후, 야스꾸니 문제에 대한 발언을 빌미로 우익에 의해 집이 불태워진 카또오 코오이찌(加藤紘一) 중의원 의원은 1990년대 이후 일본의 우익화, 핵보유 논의의 대두에 대해 우려하고 북일 문제를 대화를 통해 적극적으로 해결해야 한다고 논했다.

동아시아 평화를 위한 제언

2006년 12월 8~9일, 제3회 RiCKS 국제심포지엄 '한반도의 평화와 동북아시아의 안전보장—다원적 구상'이 리쯔메이깐대학에서 개최되었다.[5] 리쯔메이깐대학 코리아연구쎈터는 2005년 6월에 ①현

5) 상세히는 리쯔메이깐 코리아연구쎈터 홈페이지(http://ricks2005.com/) 참조.

대 한국의 법, 정치, 경제, 사회, 문화, 예술의 종합연구센터, ②남북, 동북아시아, 한일, 북일 관계 연구의 거점, ③한일 학술, 교육 교류의 중심, ④한일, 동북아시아의 학술 네트워크의 거점, ⑤시민에게 열린 남북문화의 포럼이 될 것 등을 목적으로 설립되어 많은 행사를 개최하고 있다.

"작년(2005) 9월 빼이징에서 열린 6자회담을 통해 '9·19공동성명'을 합의해 서광이 보이는 듯한 동북아시아의 평화정착 문제는 7월 북한의 미사일 발사, 10월 핵실험을 계기로 (…) 유동적이고 불안정해졌다. 이런 정세 속에서 한반도, 동북아시아의 평화와 안전보장 문제를 정부 차원 또는 외교문제로서만이 아니라 민간과 NGO의 시각을 섞어 현실적이고 다원적인 구상으로 재고하는 기회를 마련하고 싶다"라는 것이 이번 심포지엄 개최의 취지였다.

심포지엄에서는 8일의 제1부 기조강연으로 정세현(丁世鉉, 전 민족화해협의회 상임의장, 통일부 장관)의 '북한 핵문제와 동북아시아의 평화'와 테라다 테루스께(寺田輝介, 전 주한대사, 외신기자 클럽 이사장)의 '한반도에서의 평화와 번영을 위해' 등이 있었다. 9일에는 제2부 '남북관계와 통일의 정세', 제3부 '북한 문제와 동북아시아의 안전보장', 제4부 '북일관계와 한반도의 안전보장'이라는 10꼭지의 보고가 있었다. 마침 12월 18일부터 제5차 2단계 6자회담 개최에 합의했다는 뉴스도 있어서 한반도 핵문제의 평화적 해결이 초점이 되었다. 테라다 테루스께 전 대사는 클린턴 정권 말기의 한반도 외교상황을 되돌아보면서 '압력' 일변도의 아베 정권의 정책에 경종을 울리고, 정세현 전 장관은 '제재론'의 위험성을 지적했다.

심포지엄이 끝난 12월 10일에는 아침부터 다섯 시간 정도 주요 보고자를 중심으로 20명 정도가 참가한 심도깊은 내용의 비공개토론이 있었고 그 결과 6자회담을 앞두고 관계 각국에 전하는 긴급제언을 다음과 같이 정리했다.

1. 동북아시아에서 모든 국제적 현안을 평화적으로 해결한다.

2. 9·19 6자회담 공동성명의 완전 이행에 의한 한반도의 비핵화, 한반도 평화체제를 구축한다. 특히 1항 한반도의 비핵화, 2항 북미, 북일의 국교정상화, 4항 한반도에서의 영구적인 평화체제 확립에 대한 협의의 세 가지 항목을 동시 이행한다.

3. 핵문제 해결을 위한 6자회담 조기 타결을 위해 각국에 적극적인 노력을 요구한다. 특히 일본에게는 제재가 아니라 대화에 중점을 둔 노력을 요망한다. 9·19성명 이행과 관련 없는 각국간 현안은 개별의 두 나라간 교섭을 통해 해결을 도모해야 한다.

4. 한반도 및 일본 등을 포함한 동북아시아 비핵화지대의 실현을 위해 노력을 요망한다.

5. 미사일 문제 등에서 군축, 신뢰구축을 위한 동북아 안전보장 대화기구를 설립한다.

6. 동북아시아에서의 전방위적인 화해협력정책을 발전시키기 위한 장기적 한일정책 협의를 개시한다.

7. 동북아 평화협력을 위해 NGO교류에 대규모 지원을 한다.

제언의 요점은 ① 6자회담의 목적은 한반도의 비핵화, 평화체제 구축이지만 근본적으로는 한국전쟁의 유산인 정전협정을 평화협정으로 전환하는 것, 즉 북한의 평화적 생존권의 확인, ②그것을 위해 제재가 아닌 대화를 통한 화해·협력의 필요, ③납치문제는 북일 두 나라간에서 별도로 해결, ④이를 기회로 동북아 비핵화지대, 동북아 안전보장 대화기구의 설립으로 발전시킬 것 등이다.

제5차 6자회담 합의

2007년 2월 8일부터 13일까지 베이징에서 제5차 3단계 6자회담이 개최되어 13일 오후, 한반도 비핵화를 위한 '9·19 공동성명의 이행을 위한 초기단계 조치'에 대한 합의문서를 채택했다.

2006년 12월의 6자회담 후, 미국이 적극적인 자세를 보이며 1월 17일 미 수석대표 크리스토퍼 힐 국무차관보가 베를린에서 북한 수석대표 김계관 외무차관과 회담을 하고 북한의 숙원인 북미 직접회담이 열렸으며 양국 사이에서 6자회담의 합의사항이 확인되었다. 또 마카오의 은행 방코 델타 아시아(Banco Delta Asia)에 대해 내린 금융제재 해제를 강력히 요구하는 북한의 뜻을 받아들여, 문제를 논의하기 위한 북미 두 나라간의 작업부회가 19일 베이징에서 개최되었다.

6자회담의 합의문서에서는 북한이 취해야 할 초기단계 조치를 2단계로 나누어 첫째, 영변의 실험용 원자로 등 핵시설을 60일 이내에 폐쇄하고 국제원자력기구(IAEA)의 사찰 및 감시 재개에 응할 경우 참가국은 중유 5만톤 상당의 에너지를 제공하고, 둘째, 핵시설을 재가동할 수 없는 상태로 '무능력화'하면 중유 95만톤 상당의 에너지와 인도적 지원을 제공한다는 것이 명기되었다. 미국은 외교관계 정상화를 위한 두 나라간의 회담 개시, 북한의 테러지원국가 지정을 해제하는 작업 개시와 동시에 북한에 대한 '대 적국통상법' 적용을 철회하겠다는 것을 확인했다. 각 현안에 대해서는 한반도 비핵화, 북미국교정상화, 북일국교정상화, 경제 및 에너지 협력, 동북아 평화 및 안전 기구의 다섯 차례 작업부회를 30일 이내에 개최하기로 합의했다.

이번의 합의의 주역은 안전보장과 핵 포기의 동시 이행, 한국전쟁의 공식 종결을 요구한 북한과 그 요구를 대폭 받아들인 미국이었다. 이 틀은 1994년의 제네바협정, 1999년의 페리 보고서에서 이미 합의한 것으로 북한에는 고통을, 이웃나라들에게는 불안을 주면서 많은 시간을 허비해왔다. 중국은 개최국으로서 합의에 열의를 보였으며 한국은 가장 적극적으로 지지했다. 특히 미국은 부시 대통령이 내용을 상세하게 장악하고 직접 지시를 내린 총지휘관이라고 보이며, 이라크전쟁에서의 큰 실패와 중간선거 패배를 받아들여 부시 정부의 대북정책은 무시와 압력 일변도에서 직접 대화, 교섭으로 태도를 크게 전환했다고 볼 수 있다.

노무현 대통령은 합의 직후인 16일에 이딸리아에서 한국의 대북 경제지원에 대해, 제2차 세계대전 후 서유럽 16개국에 114억 달러를 지원해 유럽에 경제부흥을 가져오고 미국경제에도 좋은 순환효과를 가져왔던 미국의 '마셜 플랜'(Marshall Plan)을 예로 들었다. 노대통령은 대북 지원을 '어떻게 굴러가도 수지맞는 장사'라고 표현하고 6개국 협의에서 합의한 대북 에너지 지원에 대해서도, "설령 한국이 모두 부담하게 되더라도 교섭이 타결되기를 바란다"고 적극성을 보였다. 김대중 전 대통령은 15일, 6자회담 합의에 대해 김정일 총서기에게 "이번 기회를 절대로 놓치지 않기를 바란다"며 기대를 표명했다. 2월 27일에는 평양에서 제20차 각료급 회담이 개최되어 그동안 정체된 남북대화의 각 채널이 가동되기 시작했고 중단되었던 원조도 재개될 것으로 예측되었다.

이렇게 눈부신 합의가 있었지만 그 과정은 결코 쉽지 않았다. 주된 원인은 일본의 방해였다. 핵문제와는 직접 관계가 없는 납치문제에 집착하는 일본은 에너지 지원의 비용 분담에 대해서는 '평등원칙'이 확인되었어도 승복하지 않고 "현안(납치문제) 해결 후 참가하기를 기대한다"고 논평하는 데에 그쳤다. 합의 후에도 일본정부는 이제까지의 북한에 대한 수출입제한 등 경제제재를 계속하고 강화할 방침이다. 여기에서도 대북정책에 대한 한일의 간극은 명백하다. 미국조차 상대하지 않아 6자회담에서 고립된 일본은 그 실패를 만회하기 위해 납치문제를 내세워 미국을 설득하려고 외교력을 총동원하는 동시에 조총련계 재일조선인에 대한 별건(別件) 체포와 수사, 압수 등의 탄압을 더욱 강화했다. 우려할 점은 동아시아의 평화와 미래를 위해 이루어진 6자회담 합의의 뜻을 이해하지 못한 일본 여론의 동향이다.

『아사히신문』(2월 20일자 조간)은 "납치문제가 진전을 보이지 않으면 일본은 북한에 에너지 지원을 하지 않겠다고 밝힌 아베 수상의 자세는 '높이 평가할 만하다'가 81퍼센트라는 다수를 차지했다. (…) 인기없는 것을 고민하는 수상이지만 납치문제를 중시하는 자세는 지지를 얻는 듯하다"라고 보도했다. 다만 카또오 코오이찌 의원이 "여러 다른 나라들이 납치문제에 '이해'를 표명한다고 하지만 외교 사례에 가깝다. (일본이) 따돌림당할 가능성이 높다. 납치와 핵을 묶어서 취급하는 방식은 한계에 다다랐다"라고 말하는 등, 비판적 의견도 나오고 있다. 일본이 납치에 대해 떠드는 행태는 정상을 벗어났지만 동아시아 여러 나라들과 일본의 충돌은 난징 학살이나 일본군 위안부처럼 명명백백한 사실을 부정하거나 야스꾸니 신사처럼 세계사적으로 부정되는 일본의 침략전쟁을 긍정, 미화하는 데에서 볼 수 있듯이 일본이 보편성이나 상식에서 일탈한 '비정상성'이야말로 오늘날 같은 자기중심적이고 비정상적인 인식의 뿌리이다.

미 하원의 외교위원회 아시아 태평양 환경소위원회에서 2월 15일에 구 일본군 종군 '위안부'에 관한 청문회가 열렸으며, 한국에서 이용수, 김군자, 네덜란드인 얀 러프 오헤른(Jan Ruff O'Herne) 할머니 등을 초대했다. 증언대에서 오헤른은 종군 위안부 문제는 세계적 인권유린이며 일본정부는 정부 차원에서 공식적으로 사죄해야 한다고 주장했다. 또한 "우리들에게 전쟁은 아직 끝나지 않았다"고 말했다.

더욱이 문제가 되는 점은 일본이 아직까지도 일본군 '위안부' 문제에 일본군의 개입을 인정한 '코오노(河野) 담화'를 부정하려고 하거나 모든 외교력을 기울여 로비 활동을 벌여 이 문제의 하원 본회의 상정을 저지하려고 하다가 망신을 당하고 있다는 사실이다.

이제 일본군국주의 범죄가 보편성과 문명의 이름으로 단죄될 때가 온 듯하다. 이 문제는 6자회담에서 고립된 구조의 근본에 도사리고 있는 일본이 문제임을 확인할 필요가 있다. 일본군 위안부만이 아니다. 올해(2007)는 난징 학살 70년을 맞이해 이 문제가 대대적으로 조명될 것이다. 또 9월 초에는 뉴욕에서 '평화, 문명, 인권의 이름으로 야스꾸니를 보다'라는 대규모의 야스꾸니반대공동행동과 심포지엄이 준비되고 있다. 실로 일본은 '비정상적인 나라'에서 보편주의적인 인식을 가지는 '정상적인 나라'가 되어 동아시아의 이웃들과 함께 평화와 번영의 길로 나아갈지 큰 기로에 서 있다.

타이완, 동아시아의 또 하나의 뜨거운 감자

선거에서 싸우는 치와스 아리

2007년 12월 21일부터 25일까지 타이완 한국학회의 초청으로 타이뻬이를 방문했다. 마침 타이완은 입법원 선거(2008년 1월 12일)와 총통 선거(3월 22일)를 앞두고 어수선한 분위기였다. 입법원은 정원수가 반감하여, 중선거구제에서 소선거구제로 바뀌고 치열한 선거전이 벌어지고 있었다. 권력 담당자가 모두 바뀌는 총통 선거에서는 무슨 일이 일어나도 이상하지 않은 싸움이 된다. 지난 총통 선거에서는 투표 전날 민진당의 천 슈이볜이 유세중에 배에 총을 맞는 해프닝이 있어서, 근소한 차로 역전 승리했다. 현재 천 슈이볜은 그 가족이 부정 사건으로 기소되어 있으며, 선거에서의 패배가 자신의 감옥행으로 직결될 위기에 있으니, 독립파인 민진당의 대패가 예상되는 이번 선거에서도 상상을 초월하는 기발한 수가 나올지도 모른다. 총통 선거일에 맞추어 '유엔 가입을 위한 주민투표'를 실시하는 등 체면불구하고 타이완 인구의 75퍼센트를 차지하는 민난(閩南)인의 지역감정을 선동하려 하고 있다.

타이뻬이에서 치와스 아리 위원에게 연락을 해보고 싶었지만, 당국의 눈을 피해 산간을 뛰어다니면서 선거운동에 전념하고 있다고 한다. "지하에 잠복하면서 선거운동을 하다니!" 그녀는 2006년 8월의 야스꾸니 투쟁으로 용맹을 떨치면서, 한결같이 '환아조령' 운동을 전개해왔다. 그녀는 정원 6명의 원주민 선거구에서 무소속 출마하는 이번 선거에서 세번째 당선이 확실시된다. 그러나 민진당 정부가 그녀에게 정치탄압을 가하려 하고 있어서 일본이나 한국에서 항의의 목소리가 나오고 있다. 그 요지는 다음과 같다.

보도에 따르면 12월 24일, 타이완 입법위 선거의 와중에 타이완 대검 특수국과 이란(宜蘭) 지검은 치와스 아리의 국회사무실을 '뇌물수수 혐의'로 강제수색에 들어갔다. 원주민의 높은 실업문제를 해결하기 위하여 하천보존 감시원으로 원주민을 임명토록 요구한 치와스 아리 등의 행위가 '공무원의 직함을 이용한 부정선거에 해당한다'는 전혀 이해할 수 없는 '죄'를 들고 있다.

오랜 차별정책으로 열악한 생활환경을 강요받아온 원주민족의 생활개선에 원주민 선출 입법위원이 전력을 기울이는 것은 지극히 정당한 활동이다. 타이완 각 신문도 이 억지 '수색'에는 일제히 의문의 목소리를 내고 있다. 또한 당국은 많은 수사원을 동원하여 각지의 부락에서 '수색' '사정청취'를 빌미로 치와스 아리를 지원하는 사람을 부당하게 구속하여 협박하고 있다.

근래 일본이나 미국에서 치열하게 싸운 '반 야스꾸니 투쟁'의 선두에 섰던 치와스 아리의 용맹한 모습에 우리는 큰 감동을 받아 더없는 존경을 표하고 있다. 타이완 독립을 되뇌면서 민족의 자존심을 태연히 팔아먹는 파렴치한 도당들이 정권을 쥐는 타이완의 상황에서 그녀야말로 세계에서 존경받는 긍지 높은 '타이완인'의 모습이다.

이번 선거에서 열세에 몰린 천 슈이볜의 민진당이 이번에 저지른 치와스 아리 등에 대한 노골적인 정치박해에 큰 놀라움과 분노를 느낀다.

미일 야합—일본의 과거청산 부재와 미국의 비호

작년(2006) 5월 6일 타이뻬이에서 있었던 국제심포지엄 '강제연행과 전시 성폭력'은 치와스 아리 입법위원을 중심으로 하는 타이완 원주민의 '환아조령' 운동, 하나오까(花岡) 사건, 일본군 샨시성(山西省) 성폭력 사건 관련 운동단체가 중심이 되어 이루어졌다. 심포지엄은 피해자와 활동가의 증언, 전문가의 연구보고, 변호사의 재판 사례보고 등으로 진행되었고, 타이완에서 재일중국인이 매개하여 대륙중국인과 함께 행사를 한다는 점이 특이했다. 그러나 타이완

정부의 방해로 인해 뿌핑(步平, 중국사회과학원 근대사연구소 소장), 완 아이화(万愛花, 샨시성 성폭력 사건 피해자) 등 대륙에서는 입국을 불허당해 결국 타이완과 일본의 참가자만 결합한 행사가 되어버렸다.

원래 한국의 참가는 예정되지 않았지만 이번에 '야스꾸니반대 동아시아 공동행동'의 회의도 하고자 한국사무국 2명, 한겨레신문사 기자 2명, 그리고 내가 참가했다. 나는 '덤으로' 참가했으나, 종합토론까지 참여했다. 토론의 결론 부분에서 일본의 D교수는 최근 미 하원에서 일본군 '위안부' 결의를 주도한 마이클 혼다(Michael M. Honda) 의원의 TV인터뷰를 보고 감동했다고 했다.

"마이클 혼다 의원은 일본계인데, 왜 조상의 나라 일본을 욕되게 하는 행동에 앞장서는가"라는 질문에 그는 "나의 아버지는 제2차 세계대전 중 로키산맥의 수용소에 들어갔다. 그러나 미국의 대통령은 그 피해자들에게 편지를 써서 사죄하고 2만불의 배상을 했다. 나는 조상의 나라 일본도 이러한 나라가 되어주었으면 하는 심정으로 결의안을 추진하고 있다"고 대답했다. 그 미담을 소개한 D교수의 말에는 강제연행이나 재일외국인 문제 등 동아시아에 대한 일본의 책임문제를 가장 첨예하게 다루어왔으며, 일본 인터넷에서 '매국노'라고까지 욕을 먹고 있는 교수의 공감이 투영되어 있다. 그러나 나는 마이클 혼다의 이타주의적인 미담에 왠지 진솔하게 수긍할 수 없는 심정으로 안해도 될 발언을 해버렸다.

"틀림없이 혼다 의원의 행동은 높이 평가받아 마땅하다고 생각한다. 그러나 무조건 칭찬만 할 수 없는 구석도 있다. 미국은 세계에서 문제가 있을 때마다 자유, 민주주의, 인권의 대의를 내걸고 높은 곳에서 설교하는 경향이 있으나, 미국 스스로의 책임은 묻지 않아도 되는지? 일본군 '위안부' 문제도 미국이 일본군국주의 해체를 제대로 했더라면 이렇게 되지는 않았을 거 아니냐는 생각이 든다. 일본이 동아시아에 대한 전쟁 책임을 다하지 않은 채 경제성장을 구가한 것은 냉전 속에서 동아시아 군사전략을 최우선시한 미국이 구 일본군국주의 세력과 야합한 결과가 아닌가."

일본의 의식있는 사람들에 의해 동아시아의 과거청산·전후 보상운동이 주로 지탱되어왔다. 그러나 거기에는 전후 일본은 전쟁 전의 천황제 군국주의에서 거듭났다는 전제하에, 전쟁 전 일본의 책임은 묻되 전후 일본의 책임은 묻지 않는 경향이 강했다. 물론 동아시아 여러 민족은 전쟁 전 일제의 침략에 큰 피해를 입어왔다. 그러나 전후에도 일본은 군국주의 국가범죄를 청산하지 않고, 피해를 확대시켜왔다. 야스꾸니 문제에 이르러서는 오히려 '대동아성전 사관'을 긍정하는 태도로 일관해왔다. 게다가 대미 일변도로 미국의 군사전략에 기대어 아시아의 입장에 반대하고 미국의 평화 파괴와 민주주의 압살에 앞장서왔다. 나도 일본에서 태어나 일본 헌법 아래서 평화와 민주주의 교육을 받았다고 생각해왔다. 그러나 전후 일본의 평화와 민주주의는 어디까지나 자가소비용의 내향적인 것이 아닌지?

GHQ(연합군 총사령부) 지배하에서 일어난 일이라고 변명할지 모른다. 그러나 한국전쟁이 발발하자 일본은 헌법 9조를 내걸면서도 자위대라는 이름으로 전력을 복원하여, 군수생산을 재개하고 미군의 후방기지로 큰 활약을 하게 된다. 미군의 보급·정비·휴양뿐 아니라 이따쯔께(板付)나 이따미(伊丹)는 한반도로 출격하는 공군기지로서,

오끼나와, 히가시 후지(東富士), 히주우다이(日出生台) 등의 기지는 한국군의 신병 훈련기지나 정보기지로 활용되었다. LST(상륙함)나 소해정의 선원으로서 구 일본군이 동원된 것은 이미 잘 알려져 있다. 또 생체실험으로 악명 높은 이시이 시로오(石井四郎) 소장을 비롯한 731부대 관계자가 미군의 세균전 연구 협조를 조건으로 전범재판에서 소추를 면제받았으며, 한국전쟁 때 북한에 대한 세균전에 관여했다는 의혹이 제기되었다. 쌘프란씨스코조약 체결 이후에도 일본은 베트남전쟁에서 이라크전쟁까지 미국에 협력을 계속해왔다. 밖으로 보면 미일안보조약이라는 군사동맹과 주일 미군의 군사력, 핵우산으로 무장한 일본을 평화국가로 인식하기 어려울 것이다.

일본은 민주국가라고 한다. 그러나 군대를 동원하여 시민을 학살하여 무력으로 정권을 찬탈한 광주민중항쟁의 주범으로 후일 법정에 서게 되는 전두환의 대통령 취임식에 A급 전범이자 일본 정계의 총수인 키시 노부스께 전 총리가 특사 자격으로 참석한 바 있다. 일본은 이승만, 박정희로 이어지는 한국의 독재정권을 지지해왔다. 또한 타이완의 장 제스, 베트남의 고 딘 디엠(Ngo Dinh Diem), 필리핀의 마르코스(F. E. Marcos), 인도네시아의 수하르토(H. M. Soeharto) 등 동아시아의 독재정권을 지지해왔다. 전후보상운동을 하는 사람들마저도 전전과 전후의 일본을 단절의 측면에서만 파악하고 연속의 측면에서는 제대로 보려고 하지 않는 경향이 있으니 아무래도 구조적으로 접근하지 못하고 평면적으로 끝나버리기가 쉽다.

야스꾸니에 대한 보편적 인식의 촉구—외압인가?

타이완대학 사회과학원의 국제회의장에서 나의 머릿속에는 야스꾸니 신사 문제가 맴돌고 있었다. 2006년 '평화의 촛불을! 야스꾸니의 어둠에' 촛불행동은 8월 11일부터 15일까지 일본, 한국, 타이완, 오끼나와 네 지역의 동아시아 연대투쟁으로 연 3천여명이 참가했다. 일본 언론의 보도는 지극히 소극적이었는데, 여러 가지 반성할 만한 점은 있었으나 일정한 성과는 있었다. 한국에서는 각 언론매체가 연일 크게 보도했으며, 특히 KBS에서는 8월 15일을 전후로 일요일 황금시간대에 2주 연속 특집방송을 내보냈다. 중국에서는 『런민르빠오(人民日報)』에서 4일 연속 보도하고, 타이완, 미국, 캐나다의 매체도 보도했다. 그러나 코이즈미 총리는 15일에 참배를 강행했고, 야스꾸니 문제는 아무것도 해결되지 않았다. 강제합사 취하와 전쟁신사 야스꾸니의 해체라는 요구는 완전히 무시당했다.

작년, 그래서 나는 "다음에는 미국에서 촛불시위를 하자"고 제안했다. 제안은 야스꾸니 문제를 일본과 한국이나 중국과의 민족적 대립으로 왜소화하지 말고 침략전쟁의 부정, 개인의 존엄과 자기결정권이라는 인권의 존중, 신앙의 자유라는 보편적 문제로 제기하고자 하는 것이었다. 따라서 야스꾸니 문제를 일본 헌법 상의 정교분리나 일본 고유의 종교감정 또는 문화의 문제로 호도되어서는 안된다. 나치가 인류에게 재앙을 가져다준 '인류의 적'으로 규정된 반면에 21세기에도 '대동아성전'을 찬양하며 일본군국주의를 찬미하는 야스꾸니 신사를 일본의 총리를 비롯한 주요 정치가들이 경배해 마지않는 실태를 세계의 이성과 문명 앞에 고발하고자 했다. 즉 야스꾸니 신사의 존재는 2차 대전이 보여준 파시즘과의 대결이라는 교훈으로 창설된 유엔과 세계인권선언을 정면으로 부정하고 있다는 생각이다.

재작년(2004) 야스꾸니 참배를 비판하는 동아시아의 여론에 직면하여, 코이즈미 총리는 "미일관계만 튼튼하면 중국이나 한국은 아무 문제도 아니다"라는 망언을 서슴지 않았다. 그렇다면 그 미국에서 야스꾸니 문제를 여론에 호소해볼 생각이었다. 마침 일본군 '위안부' 문제 결의안이 미 하원에 상정되어 일본정부의 필사적인 로비에도 불구하고 7월에 통과되었다. 그 상세한 경위는 생략하지만, 일본정부나 우익정치가는 심대한 타격을 받았을 뿐만 아니라, 비열한 로비 활동이 드러나서 국가의 평가는 크게 추락하고 말았다. 솔직히 말해서 미국 여론의 힘을 빌려서 막무가내인 일본정부를 움직여보려는 의도도 없지 않았다. 이를 두고 일부에서는 '외압' 의존이라 비판하기도 했다. 그러나 미국 원정을 추진하면서 '왜 지금 미국이냐?'라는 의문이 제기됨에 따라 지금도 '전쟁 신사'로서의 야스꾸니가 엄연히 존재하는 것은 일본의 책임이지만, 한편으로 군국주의 청산을 중단하고 이를 허용한 미국의 책임이기도 하다는 사실이 명백해졌다. 그래서 미국에서의 야스꾸니반대공동행동의 주된 목표는 전후 일본에 천황과 야스꾸니를 허용한 미국 시민사회에도 책임을 물어야 한다는 방향으로 명확하게 정리되었다.

여하간 2006년의 운동 후에도 반 야스꾸니 운동을 이어나가야 한다는 인식을 공유했다. 그러나 일본의 '촛불행동' 사무국은 한시적인 조직이었으며 타이완은 2005년 9월에 유엔 앞에서 10일에 걸친 항의행동을 했으나 큰 성과를 얻지 못했다며 미국에서의 행동에 회의적이었다. 게다가 입법원 선거를 앞두고 2007년 가을에는 치와스 아리 입법위원이 꼼짝 못한다고 한다. 각 지역이 야스꾸니 신사 합사 취하를 요구하는 민사소송을 제기한다는 결론에 머물고 다음 공동행동은 합의하지 못한 상태였다. 작년 5월 타이완에서의 세 지역 사무국회의에서도 한국을 중심으로 동아시아 야스꾸니 공동행동이라는 이름으로 미국 행동을 추진하되 자유로이 참가하기로 결정했다.

한국은 야스꾸니반대운동의 지속과 미국 행동에 적극적이고 미국에 준비팀을 파견하는 한편, 4월부터 『한겨레21』에서 매주 야스꾸니 신사 문제 특집을 20회 이상 조직하여 모금운동을 벌였다. 8월초에는 '21세기 평화의 조선통신사'라는 이름으로 70명 정도의 젊은이들이 시모노세끼에서 야스꾸니 신사까지 역사체험을 했으며, 공연과 바자회도 열었다. 그리하여 11월초 로스앤젤레스, 뉴욕, 워싱턴 D.C.에서 야스꾸니반대운동을 하기로 결정했다. 이에 따라 일본은 9월에 토오꾜오에서 최소한의 협력을 하고 참가자를 모집하기로 결정했다.

2007 야스꾸니반대 미국 공동행동

미국에서 개최된 '전쟁 반대, 야스꾸니 신사 반대'(Say No to War, Say No to Yasukuni Shrine)는 '야스꾸니반대공동행동—한국·타이완 · 일본 · 오끼나와 위원회' 주최로 4개 지역의 참가를 받아, 2007년 11월 1일부터 11일까지 로스앤젤레스, 뉴욕, 워싱턴 D.C.에서 실시되었다.

행동내용은 ① KOCARUS라고 이름을 붙인 상명대학교 만화·애니메이션 학부의 고경일 교수가 준비한 야스꾸니 풍자만화전, ② 콜롬비아대학에서의 국제학술대회 '인권, 문명, 평화의 눈으로 야스꾸니 신사를 본다', ③ 이희자 대표의 증언 및 「안녕, 사요나라」 상영, 모금을 위한 바자회를 통해 동포사회에 야스꾸니 문제 홍보, ④ 유엔본부나 주미 일본총영사관에 대한 항의시위·집회, 항의문 전달 등이었다.

11월 5일, 나는 인천공항에서 홍성담 화백과 뉴욕으로 떠났다. 오랜만에 해보는 극동에서 미국 동부로의 14시간에 걸친 여행은 예상보다 더 힘이 들었다. 파김치가 되어 기어들어간 플러싱의 코리아타운에 있는 YMCA호텔은, 종교적인 선의를 암시하는 그 이름과는 달리 인간성을 철저히 무너뜨린 곳이었다. 뉴욕 치고는 파격적이게도 1박에 80달러라는 말에 현혹되어 왜 이따위 호텔을 예약했을까 싶었다. 방은 그저 나무상자였다. 마루, 천장, 벽이 모두 나무판자였다. 서너 평 되는 방에 침대만 두개 있고 화장실은 물론 세면대도 텔레비전도 냉장고도 전화기도 없었다. 이름뿐인 옷장에는 옷걸이도 없었다. 큰길 가에 면해 끊이지 않고 소음을 뿜어내는 외계와의 사이에 거의 여닫을 수도 없는 창문이 있었고, 그나마 바깥바람이 들어오는 철망 붙은 창문은 겨우 2센티정도밖에 열리지 않았다. 화장실과 샤워실은 각층에 공용으로 있으나 2인 1실의 방 열쇠와 화장실 열쇠를 묶어서 한 방에 하나밖에 주지 않는다. 한 사람이 화장실에 가면 다른 한 사람은 꼼짝없이 방에서 기다릴 수밖에 없으니, 나와 홍화백은 샴쌍둥이처럼 묶여버린 것이다. "열쇠를 하나 더……"라고 아무리 애걸해도 호텔 로비와 객실 구역을 가르는 문 옆의 검문소 같은 곳에 퍼져 앉은 흑인 여자는 막무가내로 "NO"를 연발할 뿐, 어떤 설득도 애원도 협박도 통하지 않는 부조리극을 연출했다. 모든 인간적이고 정상적인 사고나 행동을 거부하고 모든 의욕을 시들게 한다. 호텔 옆의 금강산식당에서 두부찌개를 먹고 살펴보니 불신과 불안으로 가득 찬 길에는 오로지 한국인과 중국인만 넘쳐흐르고 있었다. 이것이 뉴욕이구나!

그 이튿날, 한국과 일본에서 늦게 도착한 일행과 로스앤젤레스에서 이동해온 15명 정도가 동포 시민단체와 화교단체, 현지 일본인 등의 협조를 받아 맨해튼의 일본총영사관 앞에서 항의집회를 열어 유엔본부까지 행진하고 유엔본부 앞에서 집회를 가졌다. 일본총영사관 앞에서 한시간 정도 야스꾸니 반대 현수막을 들고 구호를 외치고 행인들에게 전단을 나눠주면서 집회를 하는 동안 영사관 직원은 내내 비디오로 우리의 모습을 찍어댔다. 거기서 유엔본부까지 "NO YASUKUNI SHRINE WORSHIP"이라는 현수막을 앞세우고 구호를 외치고 전단을 뿌리면서 시가행진을 하는데, 뉴욕의 고층빌딩 골짜기를 타고 불어대는 매몰찬 찬바람에 살이 에이고 몸은 새우처럼 오그라들었다. 유엔본부에 도착한 우리는 요망서를 제출하기 위해 이해학(李海學) 대표 등이 본부에 찾아갔지만 끝내 담당자는 나타나지 않아서 후일 우편으로 우송할 수밖에 없었다. 유엔본부 앞길을 건너 조그만 공원에서 집회를 했으나, 일본에서 온 아사노 켄이찌(淺野健一) 교수의 딸이 찾아왔을 뿐, 누구의 발길도 닿지 않았다. 오오 저 높은 곳에 백성의 목소리를 들리게 하기란 아득하기만 하여라!

11월 7일, 재미 한인들이 풍자만화전이 열린 플러싱 타운홀의 2층에서 야스꾸니 합사 취하를 위한 모금 만찬에 모였다. 「안녕, 사요나라」 상영으로 시작한 후원의 밤에서 케이센(惠泉) 여자대학교 교수인 이영채(李泳采) 일본 사무국장이 "야스꾸니 문제는 일본사람들이 스스로 해결해야 할 역사 인식의 문제이자, 동시에 국제적인 문제이다. 일본이 전후 60년 동안 스스로 해결하지 못했기에 올해 미국에서 국제 연대행동을 실시하기에 이르렀다"고 경과를 보고했다. 강제징용당하고 돌아가신 아버지에 대한 이희자 대표의 절절한 추념을 듣고는, 18년간의 합사 취하 요구운동의 험난한 길에 대하여 참가자들은 눈물과 박수를 보냈다. 한명숙 전 국무총리도 멀리 한국에서 방문해주시고 "동아시아 평화를 위하여 '일본 문제' 해결은 매우 중요하며 일본군 '위안부' 문제에 이어 야스꾸니 문제를 국제연대로 풀어나가는 데에 동참한다"고 결의를 표명했다.

8일은 콜롬비아대학에서 국제학술심포지엄 '인권, 문명, 평화의 눈으로 야스꾸니 신사를 본다'가 개최되었다. 그러나 유감스럽게도 나는 야스꾸니반대 미국 공동행동을 기획해놓고서는 9일부터 제주에서 시작하는 일본평화학회 추계학술대회의 개최 담당이사로서 7일 밤 비행기로 한국에 되돌아가지 않을 수 없었다. 애당초 10월말 김대중 전 대통령을 리쯔메이깐대학으로 모시는 일정과 평화학회 행사 사이에 야스꾸니 미국 행동을 끼워넣은 것 자체가 지극히 무리한 일정이기는 했다. '야스꾸니 촛불행동' 홈페이지와 『한겨레21』은 이 심포지엄을 다음과 같이 전하고 있다.

심포지엄에는 한국, 미국, 일본, 중국의 시민, 연구자 등 약 70명이 참가했다. 마크 셀던(Mark Selden) 코넬대학 교수는 '미 점령통치하에서의 야스꾸니 신사'란 보고에서 "미국은 전후 일본의 점령정책을 원할하게 추진하기 위하여, 천황제를 해체하지 않고 야스꾸니 신사도 종교법인으로 남겼다. 여기에 미국의 야스꾸니 문제에 대한 책임이 있다"고 비판했으며, 배리 피셔(Barry A. Fisher) 변호사는 "미국에서 야스꾸니 문제를 제기하는 것은 미국의 역사 인식까지 바꾸는 일이다"라고 말했다.

도오시샤(同志社)대학의 아사노 교수는 야스꾸니 관계 보도를 분석하면서, 미디어 전체가 일본정부와 마찬가지로 우경화하고 결과적으로는 비판적인 시각을 잃고 야스꾸니 문제를 악화시켰다고 비판했다. 1985년 8월 15일 나까소네 야스히로(中曾根康弘) 총리의 야스꾸니 참배에 대해 『요미우리신문』과 『아사히신문』은 헌법 위반이라며 격렬히 비판했었다. 『요미우리』는 A급 전범 합사에 반대하고, 『아사히』는 야스꾸니 전쟁 미화의 역사 인식을 비판했다. 그후 20년, 코이즈미 총리의 참배 강행에 대해 『요미우리』는 '헌법상은 문제없다'고 했고, A급 전범 합사도 긍정하는데다 야스꾸니의 역사관을 옹호하고 중국과 한국의 반발을 내정간섭으로 규정했다. 『아사히』는 헌법문제에 대해서는 '논의의 여지가 있다'고 소극적으로 언급하며, 오히려 '이웃나라들의 신뢰를 잃고 국익을 해한다'는 국익론을 들고 나왔다. 즉 일본을 대표하는 미디어의 변질에 의하여 『요미우리』도 『아사히』도 야스꾸니 문제를 헌법문제가 아닌 외교문제로 파악하고 '야스꾸니 문제=외국의 반발'이라는 도식을 완성하여, 중국과 한국의 항의를 의문시하면서 외국의 반발이 없다면 여론도 야스꾸니는 문제없다는 식으로 호도했다.

우찌다 마사또시(內田雅敏) 변호사는 야스꾸니 문제는 외교문제가 아닌 역사인식 문제라고 강조했다. 즉 "전후 야스꾸니 신사는 국가시설에서 한낱 종교법인이 되었지만, 지금도 아직 국가를 지키는 신사로서 영령을 현창하여 이전과 같은 방식으로 의식을 계속하고 있다"고 비판하면서 "야스꾸니 문제는 일본 국내문제이며, 외압에 의해서가 아니라 일본인 스스로가 해결해야만 한다"고 했다.

왜 야스꾸니 문제에 한국인이 관여하고 게다가 미국에서 반대운동을 하는가 하는 우찌다 변호사의 의문에 대해서는 앞서 썼듯이 나는 한국과 미국에게도 책임이 있기 때문이라고 답하겠다. "조선사람들이 야스꾸니에 일본의 군신으로 모셔지고 일본군국주의 부활에 이용되고 있다. 왜 한국 정부와 국민은 일본에 아무 말도 하지 않는가? 미국도 점령정책의 문제점을 반성하고 아시아가 평화롭게 되도록 노력을 해야 하는 것이 아닌가?"

심포지엄 다음날 무대는 워싱턴 D.C.으로 옮겨져 일본대사관에서의 시위집회, 일본대사에게 요청서 제출, 동포·시민들과의 야스꾸니 문제 좌담회 등을 실시하면서 미국의 수도에서 야스꾸니 문제를 제기했다.

[제4부]

한반도와 동아시아의 평화를 바란다

노무현 대통령 방일에 바란다*

노무현 대통령의 방일이 발표되었다. 올해(2003) 5월의 방미에서 '당당한 외교'를 기대한 사람들을 실망시켰으나 이번에는 그런 일이 없어야 할 것이다. 가장 시급한 일은 한반도 전쟁위기를 해소하는 일일 것이다. 자칫 잘못하면 일본에 대북제재 빌미를 주고, 전쟁위기가 고조될 수도 있다. 코이즈미 총리의 방미로 대북 포위망이 조여졌고, 노 대통령의 방일로 '한미일 공조'의 대북 봉쇄망을 완성시키려는 그림이 그려지고 있다.

'6월 대북 포위망 완성설'을 불식하여 일본을 '평화번영의 동북아시대'의 동반자로 동참하게 해야 할 것이다. 미국에 대한 추종과

---

* 『한겨레』 2003년 6월 2일자에 실렸던 글을 다듬은 것이다.

뿌리깊은 '조선인 혐오' '아시아 멸시'에 젖어 급격히 우경화, 군사화하는 일본 정부와 사회를 설득하기는 쉽지 않아 보인다. 그렇지만 원칙적이고 격이 높은 메씨지가 전달되어야 하므로 나는 다음과 같이 제언한다.

첫째, 동북아시대의 시작을 선포하여 일본의 동참을 요청하면서 중국, 일본, 남북한이 참여하는 동북아시대 실무협의기구 구성을 제안한다. 엄청난 발전잠재력이 있는 동북아는 미국의 일방주의와 존재위기에 처한 북한의 갈등으로 가능성을 꽃피우지 못하고 있다. 미국을 상대화하고 이 지역의 다자간 안보 및 발전의 기틀을 마련하여 공동의 번영을 누리자는 새 정부의 동북아시대 제의를 전적으로 지지한다. 이 구상은 유럽연합이나 아세안 같은 지역공동체 또는 지역협력체라는 역사의 큰 흐름에 부응한다. 남북화해협력도 동북아 전체의 화해협력 속에서 온전히 이루어질 것이다.

오늘날 국제사회의 위기는 미국의 일방주의가 국제정치의 힘의 균형을 파괴한 데서 비롯한다. 이라크전에 반대한 독일, 프랑스 등 유럽이 미국의 대항축이 될 가능성을 보였다. 만약 일본이 전쟁 반대를 표명하고, 동북아도 반전의 한목소리를 냈더라면 미국도 침공을 감행하지 못했을 것이다. 일본이 동참한다면 동북아가 미국, 유럽과 더불어 '가마솥의 세 발'처럼 버티는 세계의 '삼국시대'가 실현되고, 균형을 잃고 무력화된 국제정치와 국제법을 회생시킬 수 있을 것이다. 다만 일본이 동북아시대에 동참하는 데에는 보편적인 역사인식을 공유하는 것이 필요하다. 1998년 방일 당시 김대중 대통령은 역사인식 문제를 접어두고 미래지향을 내걸어 큰 환영을 받았으나 '야스꾸니 신사 참배'나 '역사교과서 왜곡'이라는 응답이 돌아온 경험이 있다. 이번에는 일본이 지켜야 할 최소한의 원칙을 밝혀야 할 것이다.

둘째, 한반도에서의 전쟁 및 위기 조성 반대의지를 분명히 해야 한다. 제2차 세계대전 후 일본군국주의를 영원히 뿌리뽑기 위해 전쟁과 무력사용 및 전투력 보유를 금지한 평화헌법이 제정되었다. 그러나 일본은 이번에 '유사관련법'(전쟁수행 및 동원법)을 성립시키고, 코이즈미 총리는 국회에서 "자위대는 군대다"라고 했다. 또한 '천황 국가원수' '군대 합법화' '국민의 국방의무' 등을 뼈대로 하는 개헌이 추진되고 있다. 주목할 것은 미국의 이라크 침략을 지지하지 않으면 북한과의 전쟁에서 도움을 받지 못한다는 일본의 입장이다. 이는 한반도전쟁을 상정하고 있어 남북전쟁 절대불가를 외치는 우리나라와는 매우 대조적이다. 일본에서는 북일정상회담 후 불거진 납치문제를 계기로 극우 반북분자와 언론이 광란적인 반북 캠페인을 하고 있다. 이시하라 신따로오(石原愼太郎) 토오꾜오 도지사는 피랍자 가족 탈환을 위한 대북전쟁을 주장하고, 극우 군사주의자인 이시바 시게루(石破茂) 방위청 장관은 북한에 대한 '자위적 선제공격'을 공언하고 있다. 이러한 망언들이 경제적 좌절과 정치적 무력감에 시달려온 일본사람들에게는 울분을 해소해주는 속시원한 소리로 받아들여지고 있다. 한반도전쟁 절대불가, 일본의 군사화 반대, 동북아 상호신뢰 조성 등의 메씨지를 전달해야 한다.

셋째, 민족공조와 남북화해협력정책이 일본에서 천명되어야 한다. 그동안 한국에 대한 일본사람들의 감정이 많이 나아졌다고는 하지만, 군사화 및 대국화의 꿈을 이루기 위해 일본은 냉전붕괴 이후 북한을 희생양으로 삼아왔다. 총련계 동포들에 대해서는 1994년 핵 의혹과 작년의 납치문제를 계기로 박해가 심화되었다. 총련을 불법화하여 와해시키기 위해 기본적 인권을 유린하는 '파괴방지법' 적용을 들먹이고 있고, 대북송금을 차단하기 위해 외환관리법을 개정한다고 한다. 올해 2월에는 문부과학성이 구미계 학교 졸업생에게는 대입수험 자격을 인정해주고, 아시아계 학교(조선학교 12개교, 한국학교 2개교, 중화학교 2개교, 인도네시아학교 1개교) 졸업생에게는 인정해주지 않는 차별정책을 발표했다. 거센 비난을 받아 시행이 유보되긴 했으나 일본정부는 조선학교 말살 기회를 노리고 있다. 이제는 민족화해협력정책이 현해탄을 넘어야 한다. 일본에서 의연히 민족성을 지켜온 조선학교는 겨레의 자산이니 적극 지원해야 한다. 박해받는 총련동포도 보호해야 할 우리 겨레다. 이에 분명한 목소리를 낸다면 남북 겨레의 일체성을 과시하면서 힘없는 북한에 대해서는 행패를 부려도 된다는 일본사람들의 인식을 불식하고, 북한을 핑계삼은 일본의 전쟁 도발과 군사화에 쐐기를 박을 수 있을 것이다. 이러한 민족화해 실천은 재일동포사회에 커다란 감동을 불러일으키고, 북한의 사고와 행동에도 많은 영향을 끼칠 것이다.

끝으로 노 대통령과 일본 및 재일동포 젊은이들의 대화가 실현된다면, 노 대통령 당선에 신선한 충격을 받고 동북아의 밝은 미래를 감지한 젊은이들을 크게 격려하고, 새 정부의 평화지향·인간중심 정책을 일본 전체에 가장 효과적으로 전달할 수 있을 것이다.

'솔직'과 '양보'를 화해와 평화를 위한 도약대로*

북일정상회담에 부쳐

2002년 9월 북일정상회담은 여러 가지 면에서 커다란 충격을 주었다. 납치된 6명을 포함해 8명의 일본인이 사망한 사실을 가족들이 확인하는 영상을 보고 가슴 아프지 않은 이는 없었을 것이다. 납치 사실을 인정하고 공식 사죄한 김정일 총서기의 솔직함에도 놀랐다. 일찍이 민족 전체가 엄청난 피해를 입고 사죄를 받아야 할 일본에게 오히려 사죄를 표해야 하는 굴욕과 분함은 얼마나 컸을까? 그야말로 상상하기 어려운 솔직함이다. 그런데 그 솔직함은 오히려 판도라의 상자를 열어버린 결과가 되었는지도 모른다.

먼저 피해자 가족이 진상규명과 가해자 처벌, 배상을 요구하고,

---

* 「「率直」と「讓步」を和解と平和のバネに」, 『世界』 707호, 岩波書店 2002.

북한의 책임추궁을 외치고 있어서 북일국교정상화교섭 정면돌파를 의도한 솔직함이 오히려 북일교섭에 최대 암초로 떠올랐다. 피해자가 당한 부조리를 정치가나 반공 브로커들이 변질시켜 일부에서는 이전보다 훨씬 더 거세게 반북 캠페인을 벌이고 있다. 피해자가 당한 부조리는 재일조선인도 당하고 있다. 한 동포가 다음과 같은 메일을 보내왔다.

> 납치 피해자 가족들의 원통함, 슬픔, 분노는 가슴이 찢어지는 아픔입니다. 동시에 그것은 우리 민족의 가슴속에 계속 남아 있던 슬픔이나 분노와 같은 것이 아닐까라는 생각이 듭니다. 그러나 그러한 시선은 전혀 없어 (일본사람들에게) 감정의 틈과 거리를 느낍니다.

다음으로 그사이 일본정부에게로 향하던 화살은 안보 및 치안 강화 요구로 선회하고, 이는 배외주의(排外主義)나 군사주의를 정당화해 자유와 민주주의를 질식시킨다. 회담의 파급효과는 일본 국내에 그치지 않는다. 2000년 남북화해에 이르는 과정에서 냉전파가 화해 반대론의 일환으로 제기한, 한국전쟁 당시 일본의 수천배에 이르는 국군포로와 그후 피랍자에 대한 문제가 다시 고개를 들었다. 이는 대통령 선거에 대한 득실 계산과 연결되고 일부 정치세력에 의해 김대중 정권의 포용정책 성과를 전면 부정하는 도구로 이용되려 하고 있다.

마지막으로 무엇보다 냉전시대에 북한의 공식입장을 지지하고 충성을 다한 사람들을 곤경에 빠뜨리고, 최고지도자의 권위와 당의 무류성(無謬性)과 결백성에 상처를 냄으로써 북일회담 결과가 북한판 뻬레스뜨로이까의 신호탄이 될지도 모른다는 점이다. 북일정상회담 결과로 보면 북한정부는 7월 즈음부터 개혁·개방의 방향으로 움직이기 시작하리라고 생각되는데, 한반도와 동북아지역의 평화정착 씨나리오가 대등하고 단계적인 통합을 목표로 한다면 혼란은 바람직하지 않다.

평화의지의 맹세여야 할 '북일평양선언'에서는 정상회담의 화려함은 찾아볼 수 없고, 오히려 최후통첩을 전하는 교전국 대표처럼 경직되고 울며 겨자 먹는 듯한 표정의 두 정상이 서명을 했다. 이것이 상징하듯이 솔직함이 주는 위험을 알면서도, 전쟁위기와 경제적 어려움을 타개하기 위해서는 모든 카드를 내보이는 '솔직함'밖에 없다는 김정일 총서기의 결단은 어렵고 쓰디쓴 것이었다고 생각한다.

평양선언은 북한의 전면 양보이며, 전후 일본이 거머쥔 보기드문 외교적 승리이자 자립성을 발휘한 외교라고 할 수 있다. 단, 이 외교적 승리는 압도적인 힘의 불균형을 배경으로 하면서도 힘의 정치의 상호주의적 원칙으로 관철된 것이라서, 그사이 한반도 협력·화해·평화를 진척시켜온 한국의 포용주의와의 비정합성에 주의를 기울이지 않을 수 없다. 냉전기를 거쳐 그후까지 약소한 나라를 이끌고 아슬아슬하게 외교카드를 구사하면서 국제정치의 험난한 파도를 헤쳐와서 '터프 니고시에이터'(tough negotiator)로서 명성을 날린 북한 외교는, 이번 교섭에서는 정반대로 그간 외교 부재라고 비난받아온 일본에 일방적으로 밀렸다고 할 수 있다. 내용은 물론 성명서 문구 하나하나에서도 "조금 다른 표현이 있을 텐데……" 하는 지적이 나올 정도로 여운마저 남기지 못했다.

납치문제와 북한 불심선(不審船) 문제의 재발 방지 약속은 북한 스스로가 과거와의 단절을 천명한 것이며, 앞서 말한 솔직함과의 상관관계 속에서 북한체제의 전면 전환을 시사하는 것이라고도 할 수 있다. 미국이 주시하는 핵문제에서의 "모든 국제합의 준수"나 미사일발사 실험의 무기한 동결은 일본의 어깨너머로 미국을 의식한 것이다. 동시에 코이즈미 총리의 위상을 배려해 북일공동성명을 국제적으로 공고히 하기 위한 것으로서 결과적으로는 동북아에서 일본의 외교적 영향력을 증대시켜주는 것이었다. 이와 같은 양보의 배경에는 북한의 경제적 곤란과 전쟁위협을 앞세운 일본의 힘의 외교의 성과라는 견해가 일반적이지만, 나는 북한이 납치문제에서의 약한 입지와 과거와의 단절을 강하게 의식한 결과라고 생각한다.

국교정상화와 안전보장 문제와 함께 북일교섭의 세 가지 기둥 중 하나인 과거청산 문제는 한일조약 수준에서 타결했고, 모든 문제에서 일본의 주장이 거의 관철되었다. 이것은 일본과 한반도 전체의 과거청산이 1965년 수준에서 정지되었음을 의미하며, 세계인권선언에서 천명되고 1990년대에 구체화된 국제인권 기준의 실현이 동북아에서 무산된 것을 의미한다. 한국에서도 한일조약에서 왜곡된 한일의 역사청산이 북일정상회담에서 이루어질 것을 기대하는 목소리가 높았다. 그러나 이번 결과는 북한의 자주·독립노선에 공감하고 혹은 일본과 아시아의 참된 화해를 바라면서 일본의 과거청산에서 '진상규명, 가해자 처벌, 배상'의 원칙이 관철되기를 기대해온 많은 사람들을 크게 실망시켰다. 이 문제에 관해 한 재일조선인의 메일을 소개한다.

> 충격 때문에 상당히 우울했지만 조금 냉정을 되찾았습니다. 북일교섭은 단순히 북한과 일본만의 문제에 그치지 않고 가해국과 피해국이 식민지지배 책임을 청산한다는, 전세계의 피해국에 있어 매우 중요한 의의와 사명을 띤 것임에도 불구하고 유감스러운 결과가 되어버렸습니다. 공화국에 대한 제 자신의 신뢰도 조금 동요하기 시작한 상태입니다.

공은 일본에게 넘어갔다. 이후 관계정상화 교섭과정에서 솔직함과 양보를 일본인이 어떻게 받아들이는지가 일본과 동아시아의 미래를 좌우할 것이다. 과거청산은 독일의 예를 들 것도 없이 소련과 중국에서도 역사의 대전환점에 충격적인 모습을 드러냈다. 또 혁명과 전쟁·폭력의 20세기가 막을 내리는 마당에 중남미, 남아프리카, 최근에는 한국과 타이완에서도 예전의 끔찍한 국가폭력 피해에 대한 진상규명, 명예회복, 보상, 화해가 진행되어왔다. 2000년도의 남북공동성명은 이 '화해의 세계화'의 정점에 있으며 남북한은 격심한 적대와 증오, 수백만명의 희생을 넘어 화해와 협력의 시대에 진입했다. 국제정치 속에서 진실이 아무리 왜곡되고 추악하더라도 출발점은 역시 진실일 수밖에 없다. 진실을 인정하고 화해하고 미래를 향해 공동의 관계를 만들어가는 것이야말로 가장 중요하다. 이번 김정일 총서기의 솔직함도 그러한 흐름 속에 있고, 코이즈미의 방북은 그 흐름에서 동아시아 전역에 걸쳐 평화정착을 실현하는 기회로 이해해야 한다.

평양선언 전문(前文)에서는 "지역의 평화와 안정"을 표방하고, 코이즈미 총리는 "이 지역에 안정적인 평화를 구축하는 큰 걸음을 내딛기 위해 평양에 왔다"고 했다. 이것이 최소공약수이다. 상호의 의도를 의심하고 극단적인 대립과 불신 속에서 무력으로 보장된 평화밖에 생각할 수 없었던 북한과 일본이 평화가 최소공약수임을 확인할 수 있었다면 회담은 어느정도 성과가 있었다고 평가해야 할 것이다. 부시가 "무력에 의한 평화"를 부르짖고 있기 때문에, 무력에 의지하지 않는 안전보장과 평화를 전망하는 것은 절박하고 의의가 더욱 크다.

또 이번 결과를 보고 재일조선인 중에서도 사람을 위에서 내려다보는 태도로 "비정상적인 국가 북한은 '보통의 나라'가 되어라"라고 설교하는 사람도 있지만, "비정상"은 쌍방향에서 인식되어야만 한다. 본디 '유격대국가'의 원형은 일본의 식민지지배에 대한 민족해방투쟁 속에서 생겨났다. 38선을 가운데 두고 한국전쟁의 정전협정은 아직 유효하며 북한은 지금도 미국과 전쟁상태에 있다. 한국전쟁 시기에 일본은 한반도에 대한 폭격기지이자 후방기지로 이용되었으며, 일부 일본인이 참전한 사실은 말할 필요도 없거니와 미국의 동맹국인 일본과 북한은 냉전시대를 통해 준(準)전쟁상태였다. 그 비정상적인 상황을 만들어온 관계성은 상호적인 것이다. 비정상적인 관계에서 나타난 문제는 정상화 속에서 해결해야만 한다.

일본에서는 북한에 대한 보복과 제재를 외치는 사람들도 있지만 과거에 대한 보복은 스스로의 미래를 향하기 마련이다. 때마침 남북 철도 연결 기공식이 열려 남북의 화해·협력·평화는 새로운 실천단계에 올라섰다. 북한에 대한 보복 및 제재론은 북일관계뿐만 아니라 동아시아의 평화를 위협하고 한반도 전체와의 관계를 긴장으로 몰고 갈 것이다. 김대중 정권의 대북 '포용정책' 추진과정에서 일본은 한반도에서 협력·화해·통일이라는 시대적 조류를 충분히 수용하지 못하고 한국과의 우호, 북한과의 적대라는 냉전시대의 지향을 답습한 한반도정책에 집착해 북한뿐만 아니라 한국과도 불협화음을 만들어냈다. 한일관계, 북일관계는 일본과 한국·북한의 관계로 인식되어야 하고 대 북한 국교정상화교섭을 대 한반도 정책으로 구상할 필요가 있다.

미국 등은 이번 결과를 '힘의 외교'의 승리라고 하지만, 이 말은 바로 이번 교섭이 정의나 공정에 기반한 것이 아니라 무력과 협박에 의해 이뤄졌음을 보여준다. '힘의 외교'의 실태는 국제법이나 기본적 인권, 나아가 인간적인 감성마저 짓밟는 미국의 반테러 광란이나 아프가니스탄 전쟁, 이라크에 대한 공갈에 여실히 드러난다. 힘은 굴복을 강요할 수 있어도 승복시킬 수는 없으며 원한을 남기고 재앙을 부른다. 평양선언이 북일 사이의 문제에 일단의 결론을 낸다 해도 개인에 대한 보상문제는 해결되지 않았고 광범위한 남북한 민중을 납득시키지도 못할 것이다. 기술적으로 국교회복이 되었다 해도, 솔직함으로 생긴 응어리를 아물게 하여 일본인과 한국인이 진심으로 마음을 열 수 있는 날이 올지도 걱정이다. 나라 안팎의 모든 조선 사람에게는 솔직함에 의해 해방된 창조적이고 자주·자립적인 미래에 대한 전망을 개척해야 하는 과제가 남았다. 일본은 이번 기회에 국가와 국가 사이의 화해뿐만 아니라 동아시아 민중 전체와의 화해를 고려한 통 큰 구상을 가지고 '아시아에 의한 아시아의 평화'로 나아가야 할 것이다.

일본은 어디로 가는가?*

코이즈미 방북 1주년을 맞아

코이즈미의 방북은 역사에 역행했나?

작년(2002) 9월 17일 코이즈미의 방북[1]은 일본과 동아시아의 화해를 최종적으로 실현하고, 일본이 동아시아 지역의 협력·화해·발전의 흐름에 참여해 동아시아 국제정치의 주체로 설 수 있는 가능성을 여는 것이어서, 2000년 남북정상회담과도 맞먹는 일대 사건이었

---

*「日朝首脳會談から一年 平和的解決を求めて」,『週刊金曜日』476호, 2003. 9.

1) 한반도를 둘러싼 위기와 코이즈미 방북의 평가에 대한 상세한 내용은 지난 2월 리쯔메이깐대학에서 열린 국제심포지엄을 기초로 필자 등이 편집한『東北アジア時代への提言 — 戰爭の危機から平和構築』(平凡社 2003)을 참고하기 바란다. 특히 남북, 중국 등 각각의 시각에서 논의된 점에 주목하기 바란다.

다. 게다가 북일평양공동선언에 있어서 과거사에 대한 일본 측의 표명은 무라야마(村山) 담화(1995) 수준의 사과이고, 북한 측은 (간접적으로) 납치문제를 인정하고, 보상이 아니라 한일회담과 같은 수준의 경제협력 방식을 수용했다. 일본에 대한 북한의 전면 양보라고 할 수 있을 것이다. 북한의 전면 양보에는 부시 정권 등장 이후 막혀버린 대미관계를 돌파하려는 의도와 일본의 경제원조를 절실히 필요로 하는 상황이 강하게 작용했겠는데, 일본정부는 기민하게 이 기회를 잡았다.

그러나 국익을 최대화하려고 한 외무관료가 '매국노'로 매도당하는 '비정상' 속에서 북일관계는 코이즈미 방북 이전보다 악화되어 버렸다. 일본에서는 납치문제를 기화로 북한에게 '악마의 나라'라는 낙인을 찍고, 모든 교섭을 배제하고 체제의 무력타도도 불사하겠다는 폭력적인 논의가 압도하고 있다. 이는 전쟁을 금하는 국제법과 유엔체제에 대한 도전이자 난폭한 내정간섭이다. 또 한국의 민족화해협력(평화번영) 정책과 정면으로 충돌하므로, 북한과의 대결뿐 아니라 한국과도 빼도 박도 못하는 대립과 불신을 불러일으킬 것이다.

일본이 현재와 같이 비이성적 · 감정적인 반북의식을 극복하고 한반도와 동아시아의 전쟁위기를 뛰어넘을 지혜와 용기를 가질 수 있다면 '잃어버린 10년'의 회복, 아시아 리더로서 일본이 부상할 수 있을 것이며, 동북아의 비핵화, 안전보장, 경제발전공동체 건설이라는 전망이 열릴 것이다. 지금의 위기는 동북아의 화해와 평화, 공동의 번영으로 나아갈 최대의 기회가 될 것이다.

한반도에서의 화해와 동북아시대

아프가니스탄과 이라크전쟁에서 볼 수 있듯이, 현대 전쟁위기의 원천은 냉전후 미국이 세계에 평화를 배당하지 않고 패권의 절대화에 주력한 것에 기인한다. 특히 미국의 탁월한 군사력이 종래 힘의 균형을 전제로 한 국제정치의 룰이나 국제법을 무력화한 데에 그 원인이 있다. '미국은 스스로 변할 뿐, 타인이 미국을 변하게 할 수는 없다'는 말이 있는데, 세계평화의 실현과 국제정치·국제법의 복권을 위해서는 최소한 단독 패권구조를 희석할 힘의 균형이 필요하다.

미국의 이라크 침략전쟁에 저항해 독일, 프랑스를 중심으로 한 유럽이 균형축(counter balance)으로 부상했다. 일본이 '평화헌법의 중시와 제약'을 이유로 전쟁 지지를 유보했더라면 동북아는 또 하나의 저항의 축이 되어 부조리한 미국의 전쟁을 저지했을 가능성도 있다. 단독 패권으로 인해 깨진 힘의 균형을 회복하는 길은 미국, EU, 동북아의 '신 삼국시대' 형성에 있지는 않을까? 그래서 '전쟁인가, 평화인가' '미국을 추종할 것인가, 아시아를 중시할 것인가' '단독행동주의인가, 국제협조주의인가'라는 일본 외교의 선택은 이제 인류의 운명을 좌우할 정도로 중요한 의미를 가진다.

동북아가 스스로 자신의 운명의 주인공이 되어 평화와 안전에 책임을 진다는 구상에 관해서는 이미 '동아시아 공동체론'이나 '동아시아 공동의 집' 등이 나온 적 있었지만, 노무현 정권의 '동북아시대'는 정권의 최대 중요정책으로 제창되었다는 점이 주목할 만하다.

1993년 대통령직 인수위원회가 발표한 '10대 국정과제'는 ①당당한 상호협력 외교(대미 대등외교), 동북아 평화협력체제 등의 한반도 평화체제 구축 ②동북아경제 중심국가 건설로 안전보장과 경제의 양 측면에서 미국의 영향력을 상대화하고 동북아 각국과의 협력을 강화하는 동북아시대 구상을 제창했다.

동북아지역 경제개발·협력권 설립에 관해 기본적으로 역내에서는 반대의 목소리가 크지 않다. 그러나 미국은 동북아개발은행 구상이나 아시아통화기금 구상을 모두 방해하려 해왔다. 미국 대외채무의 3분의 2를 차지하는 동북아 각국의 단결과 협력은 치명적이라고 생각하기 때문이다. 그러나 '냉전의 주술'에 봉인되어온 동북아 경제공동체의 구상은 필연적인 방향이나, 동북아 한복판에 자리하는 북한의 평화와 안전이 전제되어야 한다. 코이즈미의 방북은 재계의 강력한 지지를 받았다고 하는데, 실로 동북아시대 구상은 이 지역과 세계의 평화와 안정에 기여할 뿐만 아니라 일본의 경제적 소생과 발전에도 무한한 가능성을 열어줄 것이다.

'납치 터부'에 사로잡힌 '비정상적인 나라' 일본

김정일 위원장은 북일평양정상회담에서 납치문제에 대해 언급하고 '비정상 시대의 문제를 정상화 가운데서 해결'할 것을 촉구했다. 이어 실제로 일본의 요청에 따라 생존자 5명의 일시귀국을 신속하게 허락하는 등 유연한 자세를 보였지만 일본은 외교적 약속을 일방적으로 깨고, 납치문제에서 외교적 해결의 길을 스스로 닫아버렸다. 그러고 나서는 광적인 북한 때리기 폭풍이 몰아쳐서 '제재론' '선제공격론' '핵 무장론' '김정일체제 타도론' '대북한 전쟁론'처럼 이번 기회에 편승한 군사주의자, '구원회' '납치 의원연맹' 등의 북한에 대한 증오로 응어리진 무책임한 도발에 선동되어 '평화국가'라는 정체성을 잃어가고 있다.

작년부터 일본에서는 북한·재일조선인·조선학교 아동에 대한 비방·협박·박해·테러가 횡행하는 가운데, 8월 만경봉호의 니이가따(新潟) 입항에 이르러 북한에 대한 맹비난이 절정에 달했다. 수천명의 시위 인파와 100대 이상의 우익 선전차량이 입항금지를 외치는 가운데 경찰 1,500명과 400명 이상의 검사관을 동원한 선박안전검사 소동으로 북한에 대한 적개심과 증오를 부추기는 국가적인 쇼가 연출되었다. '납치는 테러'라고 하면서도 총련 시설에 대한 총격과 폭발물 설치 같은 테러는 방치한 상태이다. 양심과 상식이 있다면 그 비정상과 범죄성을 깨달을 텐데, '중립' '공정'을 표방하는 미디어도 이에 가세하거나 남의 눈치를 보면서 할말을 하지 않는 풍조가 만연하고, 자기와 다른 생각이나 의견을 허용하지 않는 파시즘, '납치 터부'가 일본에 만연해 있다.

코이즈미 총리는 핵 의혹을 증폭시킨 미국의 견제와 폭주하는 납치 여론의 역류로 북일 교섭의 리더십을 상실하고, 일본은 다시금 동북아 국제정치의 후경(後景)으로 물러났다. 핵을 둘러싼 미국과 북한 양국의 강경자세로 교섭은 정체되고, 미국은 대등한 교섭을 하려는 북한의 위치를 폄하하여 평화 아니면 전쟁이라는 선택지를 남기면서 압력정책을 취하며 북한이 지치기를 기다리기 위해 6자회담을 제기했다. 이로써 다시 일본이 관여할 기회가 생겨났다. 그러나 핵과 안전보장 문제를 주된 의제로 삼는 6자회담에 있어 일본은 종속변수에 지나지 않고, 납치문제의 제기 등으로 오히려 동북아 평화정착이라는 모두의 우선과제 해결에 장애가 되는, 부정적인 역할밖에 하지 못하고 있다. 이러한 면에서도 일본은 한반도 남북 모두의 이익과 첨예하게 대립하고 있다.

북한 '악마론'의 구조와 보복

최근 재일조선인 중에서도 조선사람이라 불리는 것을 싫어하여 자신을 한국사람이라 말하는 이들이 늘어나고 있는데, 납치문제를 계기로 터져나오는 북한 때리기의 구조도 이와 관련있다. 조선사람에 대한 차별의식은 식민지지배 국민으로서 일본인의 제국의식에 기인하며, 제2차 세계대전 후에도 한편에서 '국화 터부(천황 비판의 금기시)', 또다른 편에서 배외주의라는 형태로 일본인들 의식의 탈식민지화는 진행되지 않았다.

한국과 일본은 오랜 반일·혐한의 시대를 반공동맹국으로 지내왔는데, 최근의 한일관계는 역사상 가장 좋은 상태라 할 수 있다. 그 원인으로는 한국의 경제성장과 국제적 지위 향상, 민주화와 88올림픽을 계기로 한 이미지 향상, 상호 방문자가 연간 수백만명에 이르는 긴밀한 왕래 등을 들 수 있는데, 동시에 역사교과서 문제나 일본군 위안부, 야스꾸니 신사 문제 등을 소리높여 비판하는 한국에 대한 일정한 '껄끄러움'도 존재한다. 어쨌든 일본인에게 한국은 그 친밀도가 증가할수록 손쉽게 함부로 다룰 수 있는 상대가 아니라는 사실이 분명해졌다.

한편 북한에 대해서는 냉전시대를 통해 반공의식이 적개심을 정당화해왔다. 냉전 붕괴 후 북한은 고립되고 경제적 곤란마저 가중되어, 일본정부가 군사화를 꾀하는 구실로 이용되는 가운데 배외주의의 공인된 배설구가 되어왔다. 이렇게 된 데에는 한국을 정통, 북한을 이단으로 규정해 일본인의 반북의식을 부추기고, 한국의 우월성을 각인하려 한 한국정부의 반공심리전 탓도 있다. 그러나 이러한 냉전·분단의식에 편승한 일본의 북한·재일조선인 탄압은 인권의 관점에서 허용되지 않으며, 평화의 관점에서 위험하고, 무엇보다 분단시대가 끝나고 남북화해시대가 시작했음을 인식하지 못하고 있다는 점에서 시대착오적이다.

필자는 코이즈미의 방북 직후부터 납치문제를 둘러싼 일본의 '비정상'에 대해 일본과 한국의 신문, 잡지를 통해 논해왔다. 지금 막혀 있는 북일관계를 정상화하기 위해서는 일본과 북한+한국의 관계를 정상화하지 않으면 안된다.

또 6월의 노무현 대통령 방일을 맞아 「노무현 대통령 방일에 바란다」(이 책 263~66면 참조)에서 10개 항을 건의했고, 이 글은 청와대 홈페이지에 실렸다.[2] 여기에서는 대통령 부처가 조선학교를 방문하는

2) http://www.president.go.kr/warp/app/home/kr_home;2003.6.2(현재는 삭제된 페이지)

등, 박해받는 조선학교 아동을 격려하고 일본에서 민족화해의 메씨지를 발신할 것을 주장했다. 이는 재일조선인사회, 남과 북에 대한 화해의 메씨지이며, 일본사회에 강력한 경고가 될 것이기 때문이다.

유감스럽게도 이 제안은 실천되지 않았지만 『한겨레21』(2003. 8. 21. 472호)은 일본사회의 재일조선인동포 박해문제를 커버스토리로 실었다.[3] 그후 한국의 각종 미디어는 만경봉호를 둘러싼 일본사회의 재일조선인에 대한 테러를 크게 다루기 시작했다. 올 가을에는 많은 한국 시민단체들이 재일조선인의 인권, 교육권, 민족화해 문제에 본격적으로 참여할 준비를 진행하고 있다. 재일조선인에 대한 불합리한 박해, 북한에 대한 무리한 공격은 결국 한민족 전체를 공격하는 것이라는 점을 다시 한번 확인해두고 싶다.

코이즈미 방북 1주년을 기념하여 본래의 의의를 명확히 하고 북일국교정상화를 진행시켜 일본과 아시아 공동의 미래를 열어나가고자 하는 시도가 일본에서도 없었던 것은 아니다. 그러나 유감스럽게도 일본은 잘못된 방향을 수정하지 못하는 듯하다. 마지막으로 쑨원 선생이 1924년 코오베에서 했던 '대아시아주의 연설' 마지막 부분, 일본은 "서양패도의 앞잡이가 될 것인가, 동방왕도의 수호자가 될 것인가"라는 강력한 충고를 상기하기 바란다.

3) 『한겨레』(2003. 8. 25)는 '묵과할 수 없는 일본 우익의 테러'라는 제목의 사설에서 일본정부에 '총련과 동포에게 보다 온당하고 균형 잡힌 정책'을 요구하고, 한국정부에게도 '민족 전체의 관점과 인권 차원에서 개입할 것'을 요구했다.

재일조선인 문제, 다시 생각할 때다*

노골적이고 후안무치한 일본의 조선인 차별정책

2003년 2월 21일자 『아사히신문』 1면 머리기사에 '대학입시자격, 조선학교에는 인정하지 않는다—납치사건 영향인가'라는 표제의 기사가 실렸다. 내용인즉, 일본에 있는 외국인학교 졸업자에게 대입자격을 부여하는 데 있어 구미계 국제학교에 한해서만 자격을 부여하고, 조선학교 등 민족학교에는 종전대로 대입자격을 인정하지 않는 방향으로 검토한다는 것이었다.

종전대로라고 함은 일본의 '학교교육법' 제1조에서 정한 학교(이른바 '1조교')가 아니면 이발학원이나 요리학원처럼 각종 학교로 취급되어, 일본정부로부터 지원금을 받을 수 없고 졸업생은 대입자격

* 김동춘 외 엮음 『아웃사이더』 13호, 아웃사이더 2003.

검정시험에 합격하지 않으면 대학입학자격을 얻을 수 없다는 규정이다.

학교교육법 제1조는 "이 법률에서 학교란 소학교, 중학교, 고등학교, 중등교육학교, 대학교, 고등전문학교, 맹(盲)학교, 농(聾)학교, 양호학교, 유치원으로 한다"고 규정하고, 제3조 '학교의 설치기준'에서 문부과학성(문과성) 대신이 정하는 기준에 따를 것을 규정하고 있다. 그 핵심 요건은 일본 문과성이 정한 커리큘럼에 따라야 한다는 것이다.

조선학교 등의 대입자격 부여 문제는 이미 수십년 전부터 논란이 되어온 것이다. 그러나 금년에 문과성이 이와 같은 방침을 발표한 배경은 다음과 같다.

첫째, 1998년 일본 변호사연합이 낸, 조선학교 교직원조합인 재일본조선인 교직원동맹 중앙본부 및 교직원과 학부형의 모임인 재일본 중앙교육회에서 제출한 인권구제신청에 따른 일본정부에 대한 권고서이다. 둘째, 외국인 주재원이나 해외에 있다가 돌아온 일본인 귀국 자녀들이 구미계 국제학교에 입학하는 경우가 늘어난 문제에 대한 대처이다. 셋째, 유엔 아동권리조약위원회(1998. 6. 5), 자유권규약인권위원회(1998. 11. 19), 인종차별철폐조약위원회(2001. 3. 20), 사회권규약인권위원회(2001. 8. 31) 등의 최종 견해에서 조선학교와 재일조선인 학생에 대한 박해문제가 다뤄지는 등 국제적인 비난이 고조되어왔다는 점 등이 작용하고 있다.

특히, 주재원의 귀국 자녀 문제는 일본 재계에서 강한 요구가 있어 작년 3월 이래 구미계 국제학교 졸업생의 입학기회 확대를 포함한 '규제개혁추진 3개년 계획'을 내각회의에서 결정하고 문과성이 검토해왔다. 그 결과 나온 방침이 아시아계 학교의 배제이다.

이런 노골적인 차별정책을 실시하는 핑계로 구미 '학교교육 평가기관'의 인증을 받은 "고등학교 졸업자와 동등 이상의 학력이 인정되는 자"를 요건으로 한다면서 객관성을 가장하고 있지만, 이것은 영어교육을 전제조건으로 삼아 아시아계 학교를 배제하려는 잔꾀일 뿐이다. 사실 그 의도는 조선학교를 말살하기 위함이다. 이는 신문기사 해설에 있는 "국민에게는 북조선에 불식하기 어려운 불신감이 있다. 지금 (조선학교를—인용자) 인정하면 북조선을 이롭게 하는 듯한 인상을 줄 수도 있다"라는 익명의 문과성 간부의 말을 인용한 데에서도 알 수 있다. 북한은 코이즈미 방북에서 국교정상화에 합의한 상대국이고, 북한을 '적국'으로 규정한 공식문서가 있는 것도 아니다. 그런데 한국 국가보안법의 이적죄 주장을 방불케 하는 발언이 일본 고위관료의 입에서 나온 것도 놀라운 일이고, 자민당 등 일본 신보수주의 국회의원들이 아예 조선학교 폐교를 주장하는 것에는 더욱 놀라지 않을 수 없다.

조선학교란 무엇인가

'민족학교 졸업생 대입수험자격 설문조사'(2001. 1. 30)에 의하면, 수험자격을 인정하는 학교가 국립대학교(95개교)는 0퍼센트, 공립대학교는 51.5퍼센트(66개교 중 34개교), 사립대학교는 49.9퍼센트(457개교 중 226개교)인 것으로 나타났다. 이런 결과에 대해 쿄오또대학 교수회 등에서 시정하려는 움직임이 있기는 하나, 국립대학은 외국인학교 졸업자의 응시자격을 완전히 배제하는 점이 눈에 띈다. 근본적으로 일본정부의 반아시아적이고 반조선(한국)적인 시책으로 말미암아 오랫동안 리쯔메이깐대학과 메이지학원대학 등 지극히 소수의 사립대학교에서만 응시를 인정해왔다. 1980~90년대에 접어들어 국제화 추세와 더불어 1980년대에 시작된 반차별 마이너리티 권리운동이 고조되는 분위기 속에서 응시 및 입학을 인정하는 공립대학과 사립대학이 늘어났으나, 일본정부 특히 '교육'을 담당하는 문과성은 반교육적·반인권적·국수주의적인 모습을 전혀 바꾸려 하지 않았다.

이처럼 뻔뻔스럽고 야비한 일본정부의 시책은 여러 유엔 인권조약을 위반함은 물론이다. 무시험으로 공짜 입학을 시켜달라는 것도 아니고, 일본사람과 똑같은 시험을 치르게 해달라는 지극히 당연한 요구를 일본정부는 단지 커리큘럼이 다르다는 핑계로 거절해왔다. 그렇다면 커리큘럼이 전혀 다른 교육을 받은 외국인 유학생은 왜 받아들일 수 있는지 설명되지 않는다.

이에 한국정부가 항의했다는 이야기는 아직 듣지 못했는데, 문과성은 재일조선인을 비롯한 일본 각계의 거센 비판에 눌려, 4월 1일부터 시행 예정이던 시행안을 일단 '동결'한다고 3월 27일에 발표했다.

수험자격 문제에서는 일단 물러섰지만, 4월 1일부터 구미계 국제학교에만 '특정 공익증진법인' 자격을 부여해 세제상 우대조치를 취함으로써 차별정책에는 여전히 아무 변화도 없음을 보여주었다.

조선학교는 일본에 끌려간 동포들이 해방과 더불어 일제에게 빼앗겼던 민족성을 회복하기 위해 자생적으로 만든 학교다. 해방 직후 냉전이 시작되자 우후죽순처럼 생겨난 민족학교에 대해 일본은 공산주의 단속을 내세워 조선학교 폐교령을 공표(1948)하고 그들을 탄압하였다. 1948년 4월 24일, 1만명이 코오베에 모이고 3만명의 동포들이 오오사까에 모여 이에 항의하는 집회를 열자 급기야 발포, 14세 소년 김태일(金太一)을 사살하는 만행을 저지른 것이 바로 한신(阪神)교육투쟁이다. 1952년 미연합군 점령 종료 후에도 일본정부의 민족교육 탄압정책은 계속되었기 때문에, 재일동포 학부형이 돈을 내서 각종 학교로서의 명맥을 유지할 수밖에 없었다.

한국정부는 애당초 재일동포의 민족교육에 큰 관심이 없었다. 현재도 '해외동포는 그 나라에서 정착해 잘살아라'라는 것이 한국정부의 해외동포정책이다. 그래서 일본의 조선학교는 1955년 창설된 재일조선인총연합회(총련)와 북한이 주도해왔는데, 그 강령의 세번째에서 "우리들은 재일조선동포의 자제에게 모국어로 민족교육을 실시하고, 일반 성인들 속에 남아 있는 식민지 노예사상과 봉건관습을 타파하여, 문맹을 퇴치하고 민중문화 발전을 위해 노력한다"고 규정함으로써 민족적 형식으로 민주주의교육을 실시하는 '민주주의적 민족교육'을 표방했던 것이다.

이에 대해 일본정부는 "조선인으로서의 민족성 또는 국민성 함양을 목적으로 하는 조선학교에 대해 우리나라(일본) 사회에서 각종 학교로서의 지위마저 부여할 적극적인 의의가 없으며, (…)학교교육법 1조 학교로서 인정하지 말아야 한다"고 각 지방지사에 지시했다(1965. 12. 28. 문과부 사무차관 통보).

내가 대학생이던 이 시절에는 아직 일본에서 진보적 세력이 힘을 가진 때였고, 일본학교에서는 '민주교육'이 강조되던 때였음을 상기한다면, 일본정부와 일본인에게 우리 민족에 대한 얼마나 뿌리깊고 무시무시한 증오가 잠재하는지 짐작할 수 있을 것이다.

현재 조선학교 학생은 1만 1천명 정도라는데, 1960년대 중반에 4만명, 1988년에 2만명이었던 것을 생각한다면 그 쇠퇴경향이 뚜렷하다. 그 원인으로는 재일동포사회가 3, 4세대로 바뀌면서 동화경향이 심화되고, 조선학교의 정통성과 물질적 기반을 뒷받침해온 북한이 1990년대 이후 고립되고 궁핍해졌다는 것 등을 들 수 있다. 하지만 무엇보다도 핵과 납치 문제로 인한 일본의 광란적인 반북 캠페인 영향이 가장 크다고 할 수 있을 것이다.

북일평양회담에서 김정일 위원장이 일본인 납치를 시인함으로써 대두된 재일동포 박해문제는 이미 『한겨레』(2002. 10. 14. 특별기고), 『역사비평』(2002년 겨울호 「시론」) 등에서 다루었기 때문에 되풀이하지 않겠다. 일본정부는 민족학교 말살정책과 더불어 이미 조선신용조합에 대한 접수를 끝내고 총련의 양대 기둥인 교육과 은행을 제압했으며, 외환관리법 개정으로 대북송금을 금지함과 동시에 이번 코이즈미 방미에서 북한에 대한 "보다 강경한 조치"를 명시함으로써 만경봉호에 대한 초법적 통제와 여타 압박을 한층 강화할 것을 시사했다. 일본정부는 살인사교집단 '옴 진리교'에도 적용 못한 '파괴방지법'을 적용해 총련을 완전히 와해시키려 하고 있다.

그런 반면, 2000년 남북정상회담 이후 총련동포 한국방문, 부산아시안게임과 월드컵대회에 총련동포 대거 참관, 2002년 9월 조선학교 학생가무단의 한국 방문공연 등을 통해 한국에서도 총련동포들에 대한 인지도와 관심이 어느정도 높아져가고 있다. 특히 민족학교에 대한 관심이 높다. 일본에 오는 한국의 각계 인사는 조선학교 방문을 원하고 과거에는 폐쇄적이던 조선학교도 적극적인 자세를 취하고 있다. 방문한 사람들은 한결같이 일본의 어려운 여건 속에서도 민족교육을 지켜온 조선학교와 그 천진한 어린이들을 보고 감격의 눈물을 흘리기도 했다.

나는 "조선학교야말로 온 겨레의 보배"라고 말한 바 있다. 냉전·분단시대의 사고로 생각한다면, 총련과 조선학교의 몰락이 한국으로서는 고소하고 반가운 일일 수도 있겠다. 그러나 조선학교를 세워 지켜온 사람들은 일제의 민족말살정책과 그 맥을 잇는 전후 일본의 민족차별정책에 가장 의연하게 항거해온 우리 민족사의 가장 순수한 부분을 상징한다고 할 수 있다.[1] 조선학교의 소멸은 체제나 이데

1) 김덕배가 인터뷰한 토오꾜오의 한 민족학교 교장의 발언에서도 조선학교에 거는 재일동포의 민족적 성향을 엿볼 수 있다.「민족학교에 대한 일본정부의 노골적인 차별 가시화」(『민족 21』, 2003년 4월호)로, 인터뷰 내용은 다음과 같다.
"민족성을 지키는 교육과 일본에서의 생활을 함께 생각하면서 교육하고 있습니다. 그리고 한국 국적 아이들이 반 이상입니다. 민단 간부의 80퍼센트 이상도 민족학교 출신이지요. (…) 특수한 상황에 놓인 재일조선인이 일본에 정주하면서

올로기의 문제가 아니라 가장 소중한 민족정통성의 소멸임을 알아야 한다. 또한 앞에서 말한 극우 일본인들의 말살의지가 관철된다는 의미에서, 일본의 민족배외주의와 국수주의를 고무하여 재일동포의 입지뿐만 아니라 일본에 사는 많은 외국인의 입지도 어렵게 하는 것이다.

한국계 학교는 학교와 학생 수에서 모두 조선학교의 10분의 1 정도이며, 그나마 일본어 수업을 제외하고는 모든 수업을 우리말로 진행하는 조선학교와 달리 우리말 국사, 사회생활 등의 몇몇 과목을 제외하고는 모두 일본어로 교육하고 있다. '1조교' 지정을 받은 오오사까 한국학교의 경우 일본 문과성의 강한 지도에 따라 일본어를 '국어'로, 우리말 과목을 '한국어'로 표시해야 하는 수모도 겪고 있다. 이 대목에서 주목할 것은 조선학교 내에서도 '민족화해와 통일의 시대'를 맞아 거듭나려는 움직임을 보이며, 학생과 학부모가 중심이 되어 조선학교를 자주적으로 운영하는 방향으로 변화해가고 있다는 점이다. 교과내용 면에서도, 금년에 초등 역사교과서가 우리

민족성을 심어줄 어느정도의 교육은 필요하다고 생각합니다. (…) 학교의 모든 재정은 스스로 확보해야 하는데 납부금, 기부금, 행정보조금으로 운영하고, 북의 교육원조비는 액수보다는 상징적이고 심정적인 의미입니다. (…) 역사나 지리를 가르칠 때 북만을 가르치지는 않습니다. 반도 전체를 통합적으로 가르칩니다. 현실은 조금 다르지만 아이들도 모두 알고 있습니다. 모두 우리의 조국인데 둘로 나누며 가르칠 필요는 없지요. (…) 지금까지 우리가 중립을 유지했다면 학교는 유지될 수 없었을 것입니다. 어느 한쪽을 선택해야 했고, 우리에게는 선택권이 없었습니다. 남쪽에서는 우리에게 알아서 살아가라고 했고, 북에서는 교육지원금을 보내왔습니다. 우린 그 은혜를 잊지 않겠다는 것입니다. 통일이 되면 통일된 나라에 당당히 학교지원을 요구할 겁니다."

전체 민족사와 재일동포 현실에 맞게 개정되었고, 내년에는 중등, 내후년에는 고등 역사교과서가 개정될 예정이라고 한다. 그래서 이러한 현실을 두고 재일동포사회 일각에서는 조선학교와 한국학교 통합론도 제기되었는데, 이 경우도 질적으로나 양적으로 우세인 조선학교가 중심이 될 수밖에 없을 것이다. 한국에서도 이러한 여건과 상황의 변화에 따른 적극적인 조선학교 지원책이 모색되어야 할 것이다.

북일회담 이후 일본인 납치문제와 일본의 군사화[2)]

오늘날 조선학교가 겪는 고난의 직접적 원인은 작년 북일회담에서 불거진 납치문제에서 비롯했다고 앞에서 언급했다. 남북분단사뿐만 아니라 세계사에서도 비일비재한 비밀기관의 특수공작이나 권력의 암부의 작용에 대해 일찍이 국가 최고책임자가 인정한 예는 없다고 한다. 그러나 김정일 위원장은 '통 크게' 솔직히 '비정상적인 관계에서 일어난 문제'로 인정하고 정상화 속에서 풀어갈 것을 제의해 받아들여진 것으로 인식했다.

따지고 보면 비정상적인 관계는 '납치문제'에만 국한된 것이 아니다. 항일투쟁기부터 조선과 일본은 적대관계였고, 냉전시대를 통해서 38선은 북일 사이에도 놓여 있었다. 또한 납치사건이 일어난

---

2) 일본의 우경화와 군사화에 대해서는 월간 『우리』 2003년 5월호(대우출판)에 실린 졸고 「'비정상국가' 일본의 이해와 극복」 참조; 이 책의 299~312면 참조.

1970년대는 베트남전쟁 막바지로 미국이 대량살육과 특수작전이라는 이름하에 암살, 마약, 납치 등 온갖 불법행위를 일삼을 때였고, 세계적으로 민족해방투쟁과 도시게릴라가 성행할 때였다. 일본 국내에서도 아사마(淺間)산장 사건(1972), 동아시아 반일무장전선 사건(1974), 적군파의 하이재킹 시도(1977) 등 도시게릴라와 직접 무력투쟁이 성행한 시절이었다. 그래서 만약 그 문제들을 일일이 해결해야만 일본과 (우리나라의 절반인) 북한의 식민지지배 및 피지배 문제 청산이 가능하다면, 앞으로 영원히 정상화는 불가능할 것이다.

그래서 남북은 우선 분단시대의 문제를 접고 남북공동선언을 선포한 것이다. 물론 이 점은 코이즈미도 알고 있었기 때문에 애당초 작년 말까지 국교를 정상화하기로 쌍방이 양해한 것으로 알려졌다. 그러나 납치문제에 더해서 미국이 일본의 대북관계 정상화라는 돌출행동을 달가워하지 않았고, 2002년 10월 제임스 켈리 국무차관보를 평양에 보내 핵문제를 들고 나옴으로써 방해했다는 설도 있다.

물론 일본의 반북 캠페인은 요사이 시작된 것이 아니라 냉전시대를 통해 일관되게 진행돼왔고, 특히 1990년대에 두드러지기 시작했다. 책방마다 북한을 마귀나 도적처럼 그린 단행본 잡지와 만화 등이 넘쳐흘렀고 텔레비전에서는 온종일 '북한 때리기'에 열을 올렸다. 이러한 현상은 냉전붕괴 후 새로운 '적'을 찾아 이른바 '불량국가'론을 제기한 군산복합체국가 미국의 요구에 부응하는 것이기도 하지만, 군사화를 꾀하는 극우 일본 신보수주의자들에 의해 의도적으로 부추겨진 면도 있다. 여기에 일본대중 다수의 잠재의식에 있는 조선인 혐오와 차별의식이 쉽게 선동, 이용되었다고 볼 수 있다.

일본에서는 1997년 미일안보조약 재정의·미일안보조약 가이드라인 개정과 1999년 주변사태법 제정, 2001년 테러대책특별조치법(테러특조법), 금년 5월에 무력공격사태대처법, 자위대법 개정, 안전보장회의설치법 개정을 포함하는 '유사(有事)관련법(전쟁대비 및 국민동원법)'이 국회에서 통과되었다.

코이즈미 총리는 그동안 자위대는 군대가 아니라고 우겨왔는데, 5월 20일 국회에서 "자위대는 군대다"라고 공언했다. 나아가 천황 국가원수제, 헌법 9조 폐지, 자위대의 '합법화', 국민의 국방의무 규정 등을 포함한 개헌이 곧 이루어질 기세다. 게다가 2002년 3월에는 아베 관방차관이, 5월에는 후꾸다 야스오(福田康夫) 관방장관이 '핵보유 합법론'을 언급했고, 북한 괴선박을 빌미로 삼은 해상자위대, 해상보안청의 장비 대폭 갱신, 올 3월에는 군사첩보위성 발사, 미국의 미사일 방위체계(MD) 적극 가담 표명 등 일본의 군사화는 거침없이 진행되었다. 더욱이 이번 도지사 선거에서 300만이라는 압도적인 표를 얻은 이시하라 토오꾜오 도지사는 "피랍자 가족의 탈환을 위해 북한과 전쟁"할 것을 주장했으며, 극우 군사주의자인 이시바 방위청 장관은 북한 미사일 기지 선제공격을 공언했다.

문제는 이러한 일본의 목적이 무엇인가 하는 점이다. 제2의 한국전쟁이 일어난다면 일본 자위대는 북한을 미사일로 선제공격할 수도 있고, 주변사태법으로 미군을 따라 한반도에 또다시 상륙하게 될 수도 있다. 일본에서는 북한의 미사일 위협을 운위하면서 마치 북한이 선제공격할 것처럼 선전했고, 많은 일본사람들이 그렇게 믿고 있다. 이러한 인식과 감정이 있기에 일본 여론의 80퍼센트가 미국의 이라크 침략은 반대하면서, 북한문제가 결부되면 80퍼센트가 대북 제재 불가피론으로 기울어진다.

우리에게 가장 시급한 일은 한반도에서 전쟁 발발을 막는 것이다. 그것을 위해서는 미국의 전쟁기도를 봉쇄하고, 북한의 자제를 촉구함과 동시에 일본의 호전주의자들을 견제해야 한다. 아마도 노 대통령은 6월(2003) 방일에서 한반도와 동북아의 평화와 안전을 위한 올곧고 뚜렷한 목소리를 내기가 어려울 것이다. 지난 방미(2003. 5)에서 노 대통령은 "추가 조처"를 운운하면서 미국에게 듣기 좋은 소리만 했다. 코이즈미는 5월 방미에서 "보다 강경한 조치"로 대북 강경론을 한층 높이고 실질적인 봉쇄조치를 취하기로 했다. 미국의 의도는 노 대통령 방일을 계기로 '한미일 공조'에 의한 대북봉쇄망을 완성하려는 것이다. 그러나 이러한 방향은 민족공조를 내세워온 새 정권의 지향에 위배되며 한반도 전쟁위기를 고조시킬 것이다. 만에 하나 이러한 강경책이 성공하여 북한을 굴복시킨다면, 짐작건대 '공갈과 협박'으로 무엇이든지 이루어낼 수 있다는 그릇된 자신감을 얻은 미국이 또다시 새로운 희생자를 찾아 피비린내나는 무력을 휘두르게 될 것이다. 동시에 우리의 허가를 받아 자신감이 생긴 일본은 우경화와 군사화를 더욱더 가속화하고, 우리 민족문제에 공개적으로 개입하여 동북아 패권국가로서의 야망을 드러내며 이 지역의 평화를 더욱더 위협할 것이다.

조선이냐 한국이냐?—민족화해협력정책과 재일조선인

이러한 난국을 넘어 평화를 지키고 민족의 자주성을 유지할 수 있는 길은 남북과 해외민족의 공조밖에 없다. 즉 민족의 화해와 일체성을 구체화할 수 있으면 그만큼 외세가 끼어들 여지가 적어지는 것은 당연한 이치이다. 그러나 우리에게는 분단시대의 불신과 적대의 잔재가 아직도 많이 남아 있어 문제가 쉽지 않다. 북한도 올해 주요 세 신문의 공동사설에서 '민족공조'를 호소한바, 점점 조여오는 봉쇄망 속에서 고립을 피하려면 민족공조의 길밖에는 없다. 그럼에도, 알 수 없는 구석이 많아 속단할 수는 없으나 북한이 과연 '민족공조 카드'를 통 크게 구사할 수 있을지는 불투명하다. 북한의 입장에서 보면, 미국이 한국군의 작전지휘권을 가지고 있으며, 이번 노 대통령 방미에서도 드러났듯이 미국의 압력에 금방 자세가 오락가락하는 남한에 자신의 생존과 안전을 전적으로 내맡기기는 불안할 것이기 때문이다. 그러나 어쨌든 한반도 위기를 넘기고 평화와 민족번영으로 나아가는 길은 이 길밖에 없다.

이럴 때 민족공조를 실천할 수 있는 좋은 자리가 일본에 있다고 생각한다. 앞에서 언급한 것처럼, 2000년 남북공동선언 이후 재일동포사회에도 일정한 변화가 생겼다. 그러나 38선을 넘어 북으로 향한 민족화해협력정책이 진정한 의미에서 현해탄을 넘어왔다고 생각하지는 않는다.

작년 여름에 내가 지도하는 리쯔메이깐대학 학생들을 데리고 전남대, 제주대, 오끼나와대학 학생들과 제주도에서 4박 5일 동안 '동아시아 평화인권 학생캠프'를 가졌다. 거기에는 몇몇 재일동포 학생도 참가했는데, 조선학교를 나와 한국 국적이 아닌 '조선적' 여학생들은 여권을 받는 데 많은 어려움을 겪어야 했다. 여권을 받기 위해 반나절을 들여 영사관에 가서 만난 정보영사는 스무살이 될까말까 한 여학생에게 "왜 국적을 바꾸지 않느냐"부터 시작해, 가족과 신상에 대해서 꼬치꼬치 캐묻고 "네가 여자냐"라는 등 폭언을 서슴지 않았으며, 가족 모두 국적을 바꾸지 않으면 여권을 주지 않겠다고 협박하기도 했다.

감옥에서 산 출소자에게도 감옥의 추억이 있는 법인데, 하물며 일본사람의 따가운 눈총을 받으며 치마저고리를 입고 우리말과 우리 것을 배워온 청춘의 자존심과 정체성을 송두리째 부정하고 업신여기며 '자유대한'의 우월감을 과시해서 어쩌자는 것일까? 모멸감에 휩싸인 그 여학생은 결국 눈물을 흘리며 "살아서 다시는 이런 꼴을 당하기 싫으니 한국에 다시는 안 가겠다"고 그 심정을 토로했다.

요즘은 이전과 사정이 조금 달라졌으나, 친북 총련 지지자로 간주되는 '조선적'의 동포는 한국에 입국하기 위해 신청서류를 내고 정보담당 영사과의 면접을 거쳐 딱 한 번 다녀올 수 있는 단수여권을 발급받는다. 이것은 1970년대 유신시절부터 정보부가 주도해 대공심리전 차원에서 '조총련동포 모국방문단'을 시작한 이래, '발전된 조국 자유대한'의 모습을 보여줌으로써 그 '자유대한'의 품으로 사상전향시키려는 의도에서 시행한 것이다. 한번 와보고 '조선적'을 '한국적'으로 변경하여 '국민등록'을 하지 않으면, 다시는 한국에

발을 붙일 수가 없었다. 재일동포사회는 남북의 각축장이 되었고, 대부분 남한에 고향이 있는 재일동포들이 이러한 공작의 대상이 되어온 것이다.

이제는 분단시대의 대공공작 차원에서 총련동포를 바라보지 말아야 한다. 그들도 우리 겨레의 성원임을 인정한다면, 일본사람들의 박해를 수수방관만 해서는 안될 것이다. 이 문제에 분명한 목소리를 낸다면, 일본도 남북화해에 대한 한국정부의 확고한 의지와 실천을 분명히 깨닫게 될 것이다. 남북을 갈라놓고 남쪽에는 눈치를 보지만, 힘없는 북쪽에 대해서는 온갖 행패를 다 부려도 된다는 일본사람들의 인식을 바꾸고, 한반도 남북 겨레의 일체성을 과시하면서 북한을 핑계 삼은 일본의 전쟁 준비와 군사화에 쐐기를 박을 수 있을 것이다. 한국사람도 조선사람도 같은 민족이고, 한국과의 우호증진이나 한국사람과의 교류는 북한동포들과의 우호이자 교류임을 일본이 알게 해주어야 한다. 이렇게 일본사람들의 인식과 태도를 바꾸는 것이 동북아 평화시대를 만들어나가는 데에도 결정적인 구실을 할 것이며, 납치문제로 막혀 있는 북일 간의 관계정상화를 시작하고, 무도하게 날뛰는 일본 극우세력을 잠재우는 가장 효과적인 방법일 것이다.

한편 조선학교에 대한 관민 양측의 지원은 일본에서 민족전통을 지켜나가는 길이며, 재일조선동포사회에 커다란 변화를 몰고 올 뿐만 아니라, 북한의 사고와 행동에도 많은 영향을 미칠 것이다.

세계평화를 구현하기 위해서는 미국의 무법자적인 행동과 사고로 무력화된 국제정치의 룰과 국제법의 유효성을 회복하고, 미국 단독 패권의 지배구조를 바꾸어나가야 한다. 그것을 위해 미국의 일방주의에 저항한 프랑스, 독일을 비롯한 유럽과, 일본까지 포함한 동북아가 축이 되어 국제정치의 삼국시대를 만들어내고 힘의 균형을 회복해야 할 것이다. 문제는, 일본을 어떻게 동북아의 일원으로 바꾸어나갈 것인가이다. 남북공조를 강화해 일본이 동북아에서 살아가는 법을 알게 해야 한다. 어느 때보다도 민족의 운명이 민족공조에 달려 있음을 남북 모두 자각한다면, 재일동포사회에서의 화해와 민족공조가 지금 가장 시급하고 실효성있는 실천의 장임을 알아야 할 것이다.

‘비정상국가’ 일본의 이해와 극복*

한반도 전쟁위기를 어떻게 막아낼 것인가

침략적 ‘도미노이론’

미국의 이라크 침략전쟁은 한달도 가지 못해 어이없이 끝났다. 씨름꾼과 갓난아이의 싸움 같은 전쟁의 승패는 시작하기 전부터 뻔한 것이었다. 물론 앞으로 언제 끝날지 모를 미국의 군사점령이 계속될 테니 군사점령 종료까지 전쟁은 계속된다고 볼 수도 있을 것이며, 거기서 미국은 대가를 지불하게 될지도 모른다. 그러나 가장 중요한 것은 군사적인 패배가 곧 정치적인 패배를 의미하는 것만은 아니라는 역사의 교훈이다.

---

* 월간 『우리』 2003년 5월호, 대우출판.

5·18광주민중항쟁에서 힘없는 민중을 상대로 국군 정예부대가 거둔 피비린내나는 군사적 승리는 바로 군부의 정치적, 도덕적 패배가 되어 전두환 군부지배의 몰락으로 이어졌다. 1931년 압도적인 무력에 의한 일제의 만주 강점은 15년 전쟁과 일제의 패망으로 이어졌다. 니까라과의 싼디니스따 민족해방전선(FSLN)은 미 해병대에 일방적으로 패하면서 그 운동이 시작된 반세기 후에 일단 승리했다.

당장 이기고 지는 게 중요한 것이 아니라, 어떻게 이기고 지느냐가 가장 중요하다. 대의(大義)있는 패배는 역사에서 거의 궁극적인 승리를 거둬왔다. 발가벗은 폭력을 통해 승리를 얻은 미국은 자기만족과 오만으로 인해 국제법 위반, 유엔 무시, 유럽과의 동맹 균열, 세계의 민심 이반, 이슬람권과의 대립이라는 대가를 지불했다. 그러나 한편, 후세인 정권이 대의있는 패배를 했느냐가 문제이다. 막대한 인명피해를 막아야 하니 전쟁이 빨리 끝난 것을 잘못이라고만 할 수는 없으나, 많은 사람들은 강도 같은 미국에 대항해 이라크가 좀더 의연하게 저항하고 자부심을 보여주리라 기대했다. 바그다드에서의 혈전과 수많은 희생은 미국에게 커다란 도덕적 부채가 될 것이기에, 미국의 군사적 승리는 곧바로 도덕적 패배로 이어질 수도 있었던 것이다. 그런데 저항다운 저항이 눈에 띄지 않았던 결과로, 적어도 단기적으로는 미국을 기고만장하게 만들어 '도미노이론'을 주장하는 신보수주의자를 고무하게 된 것이다.

'도미노이론'은 일찍이 베트남전쟁에서 미국이 전쟁을 정당화하기 위해 썼던 논리이다. 베트남전쟁에서 지면 공산주의가 동남아, 나아가 세계를 석권하니 그것을 막아내기 위해 미국과 직접적으로 큰 이해관계가 없는 베트남에도 '반공십자군'을 파견하여 기어코 이겨야 한다는 논리였다. 이것을 가상방어적 '도미노이론'이라고 한다면, 이라크전에서는 승리가 '악의 추축(樞軸)'이나 독재국가의 연속적인 체제 붕괴(Regime Change)로 이어진다고 기대하므로 '역 도미노이론'이라고 할 수 있다. 미국의 신보수주의자들이 주장하는 '민주화의 도미노이론'은 베트남전 당시와는 달리 지극히 침략적인 '도미노이론'이다. 이러한 이론은 당연히 북한에 대한 무력 협박이나 침공으로 이어질 가능성을 내포하고 있다. 이라크 다음으로 표적이 될 수 있는 북한 침공을 크게 우려하지 않을 수 없다. 이러한 우려는 비단 우리나라뿐만 아니라 동아시아 여러 나라와 서민들에게 커다란 위협으로 다가온다. 그러나 그 와중에 오히려 이를 호기로 삼으려는 일본정부와 일부 호전적인 신보수주의자는 매우 예외적인 존재라고 할 것이다.

'평화국가 일본'의 이라크전 지지—'미일동맹'에서 '북한위협론'으로

일본에서는 헌법을 '평화헌법'이라 부르고 과거 군국주의와 결별의 징표로 내걸어왔다. 일본 헌법 9조 '전쟁의 포기, 전력 및 교전권의 부인'에서는 "① 국권의 발동인 전쟁과 무력에 의한 위하(威嚇) 또는 무력행사는 국제분쟁을 해결하는 수단으로서는 영구히 포기한다. ② 전 항의 목적을 위해 육해공군 기타의 전력은 이를 보지하지 않는다. 국가의 교전권은 이를 인정하지 않는다"고 명시하고 있다. 1947년에 구 대일본제국 헌법을 개정하여 만든 이 헌법은 기본적으로는 일본이 다시는 미국에 대한 도전세력으로 전쟁을 도발하지 못하게 철저히 무장해제하려는 미국의 의도로 만들어졌다. 그러나 오랫동안 일본사람 스스로가 지지하고 지켜온 헌법이고,[1] 다시는 아시아에 침략야욕을 품지 않겠다는 증거로 선전되기도 했던 것이다.

그러한 일본정부가 아프간전쟁 때에도 해외파병을 억지로 적법화하고, 초헌법적인 '테러특조법'[2]을 제정하여 이지스함 등을 인도양에 파견해 미국의 침략전쟁 수행을 '후방지원'했다. 올해(2003) 3월 17일 부시가 이라크 침공을 선언하자 맨 먼저 지지하고 나섰을 뿐만 아니라, 그동안도 유엔안보리 비상임이사국인 아프리카 여러 나라에 경제지원 철회를 빌미로 협박하여, 미국에 대한 지지를 강요하는 공작을 벌여왔다.

되돌아보면 한국전쟁을 계기로 매카서의 지령에 의해 자위대 전

1) 제2차 세계대전 후 한국에서는 9차례나 헌법이 개정되었지만, 일본에서는 단 한 번도 개헌이 없었다. 여기에는 기본적으로 미국의 견제가 있었다고 보아야 하나, 일본국민 스스로가 '평화와 민주주의'를 국가의 기본적 가치로 인정하고 떠받들어왔음을 부인할 수는 없다.

2) '헤이세이(平成) 13년(2000) 9월 11일 미합중국에서 발생한 테러리스트에 의한 공격 등에 대응해 행해진 유엔헌장의 목적달성을 위한 제외국(諸外國)의 활동에 대해 우리나라가 실시하는 조치 및 관련하는 국제연합 결의 등에 기초한 인도적인 조치에 관한 특별조치법'(헤이세이 13년 법률 제113호)이 정식 명칭이다. 이 명칭으로 보아도 무슨 수를 쓰더라도 헌법과의 괴리를 포장하려는 일본의 기만적 태도를 알 수 있다.

신인 경찰예비대가 창설된 후, 일본정부는 헌법 9조와 자위대라는 이름의 군대가 존재하는 데 대해 정합성을 찾기 위해 임시방편의 억지논리를 써서 호도해왔다. 그 억지논리는 다음과 같다.

① 경찰예비대는 군대가 아니다.

② 근대적인 전쟁을 수행할 능력이 없으므로, 헌법이 금하는 전력에 해당하지 않는다.

③ 필요 최소한의 실력조직이며, 헌법상 허용된다.

④ 전수방위(專守防衛), 즉 국내에서만 활동하여 해외파병하지 않으니 헌법에 위배되지 않는다.

⑤ 유엔 결의하에 해외에 나가니 헌법에 위배되지 않는다.

이런 억지를 부려도 넘을 수 없었던 벽은 '집단적 자위권'이다. 즉 미일동맹에 기초하여 어느 한편이 공격을 받으면 다른 한편이 자동적으로 개입 참전하는 이 제도[3]는 아무리 헌법을 확대해석해도 '자위'의 범위를 벗어날 수밖에 없기에, 법적으로 넘을 수 없는 벽이었다. 그러나 1997년 미일안보조약의 가이드라인 개정, 1999년 주변사태법 제정으로 일본에 대한 직접 공격이 없어도 세계 어디서든 미군

---

3) 그러나 실제로 미일안보조약은 순전한 의미에서 쌍무적인 군사동맹조약이 아니라, 일본이 미국에게 일본 전영역에서 군사기지를 설치할 권리를 인정하고, 미국은 일본을 포함한 극동의 '안전'을 위해 그 군사력을 사용한다는 내용이 핵심이다. 따라서 일본이 미국 영역에 군사기지를 설치하거나, 미국이 전쟁을 벌일 때 일본이 영역을 넘어 동맹국으로서 참전할 권리도 의무도 없다.

에 대한 '후방지원' 명목으로 참전할 수 있게 되어 헌법은 무의미해졌다. 이어 테러특조법이 제정되어 인도양에 자위대의 이지스함 등이 출격했다. 그때 일본내각 법제국장은 "미사일 발사중 미 군함에 급유 등의 '후방지원'을 하더라도 미사일이 적에게 떨어질 때까지는 전투지역이라고 간주되지 않기에 ('후방지원'으로) 법적으로 허용된다"는 황당한 답변을 하였다.[4]

최근에는 일본 여론도 마냥 미국이 시키는 대로 질질 끌려다니는 데 대한 비판의 목소리가, 종전과는 달리 혁신계보다는 주로 신우익 쪽에서 제기되기도 하지만, '미일동맹'이라는 무조건성의 주술은 일본 정치외교를 반세기 이상 사고 정지시켜왔다. 그러나 이번에 유엔 결의를 거치지 않고 국제법을 위반하면서까지 선제공격을 감행한 미국의 이라크 침략에 대해서는 '유엔 결의 없는 무력행사'에 대한 지지를 어떻게 정당화하느냐는 문제로 일본정부가 고심했다. 결국 종전 '미일동맹'의 중요성만 가지고서는 설득력이 없다고 판단한 코이즈미는 자민당 등 정부 여당의 의견에 밀려 '북한위협론'을 들고 나왔다. 즉 "지금 미국을 지지하지 않으면 북한과 전쟁이 벌어질 때에는 도움을 받을 수 없다"는 논리로 이라크 침략전쟁 지지를 표명하게 된 것이다.[5] 여기서 주목해야 할 것은, 한일 양국이 결과적으로는 모두 미국의 전쟁 지지라는 점에서 같을지라도, 우리나라는 적어도 논리상으로는 한반도에서 전쟁을 막기 위해 미국에 대한 발

4) 이상 內田雅敏「法の支配の復權のために」,『軍縮問題資料』(2003년 5월호) 참조.
5) 「"北朝鮮脅威"論は劇薬?」,『朝日新聞』(2003. 3. 30. 조간 2면),「小泉首相が仕方なく出した"朝鮮カード"の意味」,『週刊朝日』(2003. 4. 4.) 참조.

언권을 유지해야 하기에 지지한다는 것이며,[6] 일본은 전쟁이 일어나면 미국의 무력으로 북한을 때려야 한다는 논리이므로 양자는 정반대 입장이라는 것이다. 즉 일본은 한반도에서의 전쟁을 전제로 행동을 결정했으며, 또 많은 일본사람이 이러한 정서를 공유하고 있다. 이는 전쟁은 남북 모든 겨레의 전멸로 이어지므로 절대 있어서는 안된다고 믿는 한반도 주민들에게 매우 도발적이고 적대적인 태도라는 점을 분명히 알아야 한다. 물론 이러한 일본의 논리는 북한과 명시적인 군사적 적대입장에 서게 되어 북한과 대립의 골이 깊어질 뿐만 아니라, 코이즈미 스스로 최대의 외교성과로 자랑하고 싶은 북일평양선언의 성과를 무력화하고 대북 대화통로를 차단할 수 있는 '극약처방'이라는 평가도 있다.[7] 그럼에도 불구하고 북일정상회담 후 불거진 납치문제는 극단적인 반북분자와 극우 일본 정치가의 주도와 언론의 선정적인 과잉보도에 의해 일본국민의 반북 감정을 극도로 고조시켰으며, 그것을 배경으로 '북한위협론'이 전면에 부상하게 된 것이다.[8]

물론 일본의 반북 여론은 어제오늘 나타난 것이 아니다. 냉전붕괴

---

6) 초강대국인 미국을 규율할 수 있는 것은 미국 자신뿐이므로, 그 괴물에 대한 비판, 지지, 아부, 설득이 모두 아무런 의미가 없다고 보는 전문가들도 많다(福田和也「啓蒙の時代は終わり, 我々は凍えついた」, 『朝日新聞』 2002. 4. 15. 석간). 그러므로 한국정부는 지지만으로는 자기 이익을 관철하는 것밖에 관심없는 미국에게 아무런 감동도 영향도 줄 수 없을 것이다.

7) 「"北朝鮮脅威"論は劇薬?」 참조.

8) 북일 '평양선언'과 '납치문제'에 대해서는 졸고 「납치의 소용돌이를 넘어서」, 『역사비평』 2002년 겨울호 시론; 「재일조선인 박해는 잊었나」, 『한겨레』(2002. 10. 14) 참조.

후, 새로운 '적'을 찾아 미국에서는 이른바 '불량국가'론이 제기되었고, 그에 맞장구를 치며 일본에서는 마치 "물에 빠진 개를 매질"하듯 야비하고 가학 취미적인 '북한 악마론'이 팽배해왔다. 그 여론을 지렛대로 일본의 군사화가 급진전했고 1997년 미일안보조약 재정의, 미일안보조약 가이드라인 개정, 주변사태법 제정, 테러특조법, 그리고 올봄에는 전시에 일본 전체를 전시체제로 만들기 위한 자위대법 개정을 포함하는 '유사법'의 입법화를 바라보고, 나아가 헌법 9조의 폐지, 자위대의 '합법화'를 포함한 개헌까지 다가서게 된 것이다. 게다가 1998년 북한의 미사일 발사 실험 때는 그렇게 호들갑을 떨던 일본이 당초 미국의 반대에도 무릅쓰고 지난 3월 28일에는 북한 미사일 감시와 그에 대한 선제공격을 의식한 군사첩보위성을 발사했고, 미국의 미사일 방위체계 가담을 결정했다. 또한 작년 5월 후꾸다 관방장관이 "핵 보유는 위헌이 아니다"라고 한 말도 핵무장 의지의 표명으로 생각해볼 필요가 있다.

급기야 최근에는 확신범적 극우군사주의자인 이시바 방위청 장관이 북한 미사일 기지에 대한 선제공격까지 공언하게 되었다. 이 주장은 기본적으로 '방위적 선제공격론'을 펴는 부시 독트린과 맥을 같이하는 것이다. "북한이 미사일 발사 단추를 눌러버리면 때는 이미 늦으니, 단추를 누른다고 판단될 때 먼저 부숴야 한다"는 논리로, 이러한 난폭하고 호전적인 논리가 점차 일본 여론에 침투하고 있다.

이러한 논리에는 문제가 있다. 우선 군사정보는 미국과 일본 정부의 일부가 독점하고 있는데 북한이 미사일 발사 단추에 손을 댄 순간을 누가 정확하게 알겠는가. 정보가 조작될 가능성은, 1998년 북한이 인공위성을 발사했을 때 미국은 한달 전에, 일본정부도 며칠 전에 알았음에도 불구하고 국민에게는 의도적으로 알리지 않은 채 사후에 "흙발로 안방에 뛰어들었다"라고 표현한 데에서 나타나듯이, 기습적인 행동임을 부각해 일본국민을 공포와 전율의 도가니로 몰아넣은 일을 되새겨보라. 그 미사일이 일본을 겨냥하는지 아닌지는 누가 알겠으며, 무엇보다도 방위적인 선제공격론을 공식화한다면 상대에게도 같은 논리가 허용되어 상호 군비확장과 선제도발의 악순환을 초래할 것이니 '양치기 소년의 늑대'가 진짜 튀어나오게 될지도 모른다.

오늘날 미국은 일찍이 로마제국이나 대영제국도 누리지 못했던 절대적인 권력의 제국으로 등장했다. 게다가 '테러에 대한 전쟁'은 국내치안과 주권국가간의 전쟁 사이에 있던 종전의 벽을 허물어뜨렸다. 미국을 위한 경찰치안행동이 곧 대외적인 전쟁이 된 것이다. 이런 국제정치 틀의 근본적인 변화는 근대 이래 다져진 주권국가를 단위로 한 민족자결의 존중, 내정불간섭, 전쟁금지, 유엔에 의한 분쟁조정과 집단안보체제라는 원칙을 완전히 망가뜨렸다.

신처럼 오류를 범하지 않는 절대적인 선의의 미국을 상정하지 않는 이상, '민주주의제국' 미국의 독선은 인류의 미래에 파멸적인 결과를 초래할 것이 뻔하다. 이러한 미국의 행동을 어느정도 제약해 국제사회를 정상적인 틀로 되돌릴 가능성은, 한편으로 국제적인 힘의 균형을 이루고, 다른 한편으로 국제사회에서 가장 끄트머리로 밀린 이슬람이나, 미국으로부터 '범죄자' '불량자'로 몰리거나 이른바

'국제화' 속에서 탈락된 광범한 대중을 규합하여 반미연대를 구축하는 길 외에는 찾기 힘들 것이다.

이라크전쟁의 정당성에 의문을 제기한 유럽이나 세계의 광범한 반전 여론은 그 가능성을 시사하고 있다. 만약 그때 유럽이 하나의 축이 되고 동아시아가 또다른 축이 되어 분명한 반전의 목소리를 냈더라면 미국이라 할지라도 전쟁을 감행할 수 있었을까. 여기서 노무현 정부의 동북아 중심 안전보장 및 경제공동체 구축이라는 정책 방향은 크게 주목할 만하다. 경제적인 가능성에서나 지역 평화를 위한 당위성에서도 동북아의 지역공동체론이 거론된 지 오래다. 그러나 냉전이 종식되어 중국의 개혁개방정책이 본궤도에 올라 눈부신 경제성장을 거듭함과 동시에 중국이 미국의 유일한 대항 강대국으로 지목되어 남북화해정책이 진전되면서, 그 가능성과 당위성이 부쩍 현실화되기 시작했다. 이 지역이 어느정도의 구심력을 가지고 협동한다면, 미국에 독자적인 목소리를 낼 수 있는 축으로 등장하기에 손색이 없을 것이다.

여기서 거의 유일한 걸림돌이 되는 것이 아시아에는 등을 돌리고 맹목적인 대미 추종을 일삼는 일본의 외교안보정책이라 하겠다. 일본이 동북아와 과거청산과 화해를 이루어내고 지역의 평화와 번영을 위해 발벗고 나선다면 남북한의 협력·화해·통일과 동북아의 앞날에도 크게 이바지할 것이며, 무엇보다도 평화헌법을 가진 일본이야말로 지역 리더로서의 역할을 무리없이 해나갈 수 있을 것이다. 그러한 최선의 길을 막고 있는 것이 무엇인지 검토해보기로 하자.

'비정상'국가 일본

일본의 비정상성은 다음과 같이 정리할 수 있을 것이다.

1. 천황제 국가의 연속성: 민주국가를 표방하는 일본 헌법 제1장 8개 조항이 천황에 대한 규정으로 구성되었다는 것 자체가 비정상이다. 천황이 메이지유신 이후 제2차 세계대전까지 일본군국주의의 침략, 대량살육 등 인도(人道)에 반하는 범죄를 면책받으면서 일본의 국가범죄는 아무도 책임지는 자가 없어졌다. 구 제국헌법이 폐지되지 않고 개정이라는 연속성을 가진 것은 구 헌법의 '국가무답책(國家無答責)' 즉 개인이 국가(천황)의 책임을 물을 수 없다는 논리가 유효함을 의미한다. 일본의 반인도적 범죄에 책임을 묻는 일련의 '전후보상' 재판에서 일본 재판부는 기각 결정을 내려왔는데, 그 주된 근거로 시효와 국가무답책의 논리가 사용되어왔다. 일본이 전쟁범죄를 인정하게 되면 필연적으로 천황이 책임을 면할 수 없기에 세계적인 비난을 받으면서도 그런 억지를 부려온 것이다. 천황제를 전제로 하는 이상 일본이 과거와 단절하기를 바라기란 어려울 것이다. 민주화의 근본이 과거 권위주의체제를 극복하는 데 있다면, 일본은 아무리 훌륭한 헌법을 가지고 "아시아 최초의 가장 성숙한 민주국가"를 자처한들 아무런 설득력이 없으며, 그동안 동아시아의 여러 나라가 착실하게 민주화의 방향으로 발전해온 데 반해 일본은 오히려 역행하는 이유 중 하나를 여기서 찾을 수 있을 것이다.

2. 보편적 인식의 결여: 이시하라 토오꾜오 도지사를 포함해 일본의 많은 정치가들은, 산증인도 있고 일본을 제외한 세계가 공통적으로 인식하고 있음에도 난징 대학살이나 일본군 위안부의 존재를 부인한다. 더욱이 그러한 망언이나 일본군국주의에 대한 찬미 등 범죄적 주장과 민족차별이 아무런 규제법률 없이 당당하게 횡행하고 있다.

3. 가해자의식의 결여: 히로시마와 나가사끼의 원폭 피해가 일본사람의 가해의식을 희석하고 피해의식만 조장했다고 한다. 원폭으로 우리나라 사람도 5만명 사망, 10만명 피폭이라는 피해를 입었다는 사실마저 오랫동안 의식하지 못하고, 원폭 피해자 원호(援護)에서 우리나라 사람과 일본사람 간의 차별은 오늘까지도 이어져왔다. 특히 작년(2002) 북일평양정상회담 이후, 납치문제를 둘러싸고 일본사람의 피해자의식은 더욱더 증폭되었다.

4. 표리부동한 태도: 평화헌법을 자랑하면서도 군사예산 지출은 세계 2, 3위이며 미국의 전쟁을 앞장서서 지지하고 있다.

5. 자주성의 결여: 세계 2위의 경제대국이면서도 일본의 외교안보정책은 미국 추종 일변도이고 자주적 결정을 한 바가 거의 없다.

6. 배외주의와 아시아 멸시: 일본은 비굴할 만큼 구미를 숭배하지만, 아시아 특히 한국사람에 대해서는 가혹하고 왜곡된 우월감으로 일관해왔다. 벌써부터 아시아인과 재일동포에 대해 입주 거부 등의 차별이 행해졌으나, 최근에는 치마저고리 자르기나 치마저고리 입은 학생들에 대한 승차거부, 공갈, 협박 등이 정상을 벗어난 범위에서 행해지고 있다.

7. 탈식민지화의 실패: 탈식민지화란 식민지지배를 경험한 민족이 식민통치 속에서 만들어진 사회제도, 문화, 인적 구성, 인성까지도 낡은 틀에서 벗어나는 것인데, 이는 피식민지만의 문제가 아니라 식민지지배국에서도 마찬가지다. 우리나라는 '친일파문제'로 대표되는 탈식민지화의 과제를 오늘날까지도 완전히 해결하지 못하고 있다. 그런데 일본은 앞에서 언급했듯이 천황제의 연속성 문제를 포함해, 탈식민지화(과거청산)가 거의 이뤄지지 않았다. 특히 천황에게 충성을 다한 황군 장병들에게는 막대한 은급(恩給)을 지출하면서 일제 때 '치안유지법' 등 국가폭력에 희생된 사람들의 문제는 전혀 해결하지 않으며, 국민 대부분이 이 문제에 지극히 무관심하다. 한국을 비롯한 많은 아시아 나라에서 국가폭력 피해자의 명예회복보상법 제정이 급진전하고 있는 요즘 상황이나, 정부의 권력행사 과오에 대해 스스로 과거청산을 하고 있는 세계적 추세와는 매우 대조적이다. 스스로의 문제도 해결하지 않는 나라가 아시아 여러 민족에게 전후보상을 하리라고 기대할 수는 없는 일이다.

여기까지 살펴보았듯이 '무법자 미국'의 등장으로 인류평화는 크게 위협받고 있으며, 일본이 동아시아와 한반도의 평화실현과 화해, 번영의 길에 커다란 장애물로 등장한 것을 알 수 있다. 전쟁의 도탄에서 우리 겨레와 동아시아 민중을 구해낼 길은 동아시아 민중이 연대하여 반전평화운동을 한층 더 거세게 벌여나가는 것은 물론이고, 과거 피상적이고 구호에만 그쳤던 반일감정에서 벗어나 일본이 지닌 본질적인 문제를 냉철하게 인식하면서 일본사람 스스로가 달라질 수 있게 일본사회의 양식있는 세력을 북돋아주고 대중에게 무엇이 필요한가를 이해하도록 도와줘야 할 것이다.

그러기 위해 시급한 것은 정부와 민간 두 차원에서 한반도 남북이 불가분의 관계임을 일본사람에게 인식시키고 무분별한 북한 적대, 총련동포들에 대한 가해행위를 분명히 비판하는 것이며, 일본이 동아시아 여러 나라와 함께 과거를 극복하고 공동의 미래를 열어나가야 한다는 것을 이해시키는 일이다. 1997년 이래 7년에 걸쳐 타이완, 제주도, 오끼나와, 광주, 쿄오또, 여수 등지에서 6차례 수백명이 모여 개최해온 '동아시아 냉전과 국가테러리즘' 같은 목적의식을 가진 민간 차원의 교류와 연대운동이 그런 활동의 일례가 될 수 있을 것이다. 또한 일본의 반동적인 정치구도를 하루아침에 뒤바꾸기란 쉬운 일이 아니므로, 일본군 위안부, 교과서 문제 등에서 부문별로 이루어져온 동아시아 과거청산운동을 민간 차원의 '동아시아 진실화해위원회' 같은 총체적인 운동으로 승화시켜나가는 일도 생각해 봄 직하다.

이전에는 '일본의 군국주의화'를 외치면서도 실제로 그렇게 되기에는 아직 멀다는 '여유'가 있었다. 그러나 이제는 일본이 한발 내디디면 전쟁의 길로 갈 수 있다는 악몽이 현실화하고 있다. 그것도 바로 한반도문제를 빌미로 삼아서 말이다. 지금이야말로 일본문제와 제대로 마주 서야 할 때가 아닌가.

광주민중항쟁 30년 시점에서 본 동아시아의 평화와 인권*

올해(2010) 광주 심포지엄은 일본평화학회가 해외에서 개최하는 심포지엄으로는 2007년 제주 심포지엄에 이어 두번째이며, 내가 광주에서 조직한 두번째 심포지엄이기도 하다.

10년 전 5월 18일에 일본, 타이완, 오끼나와 등 동아시아의 수난자, 연구자, 운동가 200여명은 광주 금남로 도청 앞 광장에서 열린 5·18기념식 전야제에 참석했다. 광주민중항쟁 20주년을 맞아 열린 '동아시아 냉전과 국가테러리즘' 제4회 심포지엄은 '부활 광주, 동아시아의 인권과 평화의 승리를 위해'라는 주제로 '동아시아와 광주민중항쟁' '동아시아의 전쟁과 제노싸이드의 경험' '역사, 기억,

* 2010년 4월 30일 일본평화학회 특별심포지엄 광주민중항쟁 30주년 기념 특별 강연 발제문.

기념' '국가폭력과 트라우마, 가족과 여성의 고통' '21세기 남북통일과 동아시아의 평화' 등의 섹션으로 나뉘어 4박 5일의 일정으로 치러졌다.

그로부터 10년 후 광주민중항쟁 30주년을 맞아 나는 '다시 한번 광주로 돌아가지 않으면 안된다'라는 귀소본능과 같은 기분에 내몰려 일본평화학회에 광주 심포지엄을 제안했고, 우쯔미 아이꼬 선생을 대표로 특별실행위원회를 조직, 다양한 분야에 종사하는 분들이 참가하여 오늘을 맞게 되었다. 이번 심포지엄 주제인 '저항과 평화'는 광주민중항쟁의 화가 홍성담 화백이 제안한 것인데, 평화는 전쟁과 지배, 파괴와 살육에 저항하는 명확한 의지로 쟁취할 수 있다는 의미심장한 메씨지가 담겨 있다. '광주월간'이 마련한 다채로운 행사의 첫머리를 장식하는 이 심포지엄의 특징은 한류 붐 속에서 피상적으로 가까워진 한일관계의 내실을 광주의 빛으로 비춰보고자 하는 것이다. 다시 말해 30년이라는 한 세대의 시간이 지나 다소 객관적으로 조명할 수 있게 된 시점에서, 광주민중항쟁은 일본에 어떤 영향을 주었고 그것이 광주에 다시 어떤 영향을 끼쳤는지 운동의 교류사를 중심으로 검증해보고 싶다는 유혹에 내몰린 것이다.

10년 전 심포지엄 자료집을 꺼내 다시 읽어보고서, 광주민중항쟁에 대한 나의 인식수준은 거의 발전하지 않았다는 사실을 깨달았다. 시간이 흘렀기 때문에 당연하기도 하고, 재작년에는 일본에서 영화 「광주 5·18」이 상영되기도 했지만, 자료집에 비춰 판단해보면 광주에 대한 일본인들의 의식이나 관심은 옅어졌다고 할 수 있다.

광주의 지난 10년은 어떠했나? 광주는 지금도 크나큰 영광에 휩싸여 한국 민주화의 확실한 근거지 역할을 하고 있다. 그러나 광주민중항쟁 30주년을 맞은 '광주월간'의 구호가 '들리는가! 오월의 함성, 보이는가! 민중의 횃불'인 것을 보아도 광주가 자신의 도달점에 결코 만족하지 않는다는 사실을 미루어 헤아릴 수 있다. 광주가 아직도 많은 사람들에게 "들어달라, 보아달라"고 목에 힘줄을 세워 외쳐야 하는 현실을 토로하는 것이기도 하다. 거기에는 광주를 역사박물관화하고 박제화하는 데 대한 위기감이 드러나 있다.

광주민중항쟁의 역사적 의미에 관해서는 다양한 평가가 이뤄져 왔지만, 내 나름대로 정리해보면 다음과 같다. 첫째, 한국 근현대사의 기본적 대립구조인 민족해방세력과 외세 및 외세추종의 친일·친미세력간 모순의 폭발이자 한국 민주화의 분수령이었다. 둘째, 패자가 승자가 되는 위대한 패러독스를 통한 반군부독재·민주화의 거대한 실천이었다. 셋째, '5월운동'을 통한 한국과 동아시아에서의 과거청산운동(인정투쟁, 정의실현)의 선구였다. 넷째, 미국 추종에서 해방되어 자주적인 사고를 배우고, 민주화운동과 통일운동의 결합을 지향했다. 다섯째, 인간공동체(꼬뮌, 대동大同세상)의 실험이었다.

올해는 일본의 한국병합 100주년을 맞는 해이기도 하다. 근대 이후 서구제국주의의 동아시아 침탈 물결 속에서 한반도는 그 물결에 휩쓸려버렸다. 특히 동아시아의 소제국 일본에 병합된 이후, 일본의 지배체제와 조선의 피지배민중 사이에 대립구조가 만들어졌다.

1945년 해방을 맞았지만, 남북분단으로 해방의 꿈은 좌절되고 냉전이 고착되어갔다.

작년에 『친일인명사전』(민족문제연구소 2009) 간행을 계기로 '친일파' 논란이 있었는데, '분단국가 대한민국'의 정통성을 주장하는 사람들 사이에서 "친일파는 애국자다"라는 황당한 주장이 제기되었다. 즉 일제 식민지지배하에서 군사기술을 배우고 고등경찰의 고문기술을 배우고 경제성장을 하지 않았다면, 어떻게 북한과 대항해 대한민국의 건국과 그후 발전이 가능했겠는가 하는 문제제기이다. 이것은 자신의 민족과 민중의 자주적 역량에 대한 패배주의이며 '자학사관'이라고 할 수 있다. 친일파란 일본을 사랑하고 일본에 협력한 조선인을 가리키는 것이 아니라, 민족성도 조국도 없고 민족공동체에 귀속되지 않은 일본의 동아시아 지배 레짐의 일부라고 해야 할 것이다. 그 지배 레짐은 식민지시대와 냉전시대를 통해 이 지역에서 계속 군림해왔으며 지금도 존재하는 것이다. 그러므로 다소 난폭한 표현을 쓴다면 "친일파는 일본 그 자체"라고 할 수 있다. 광주민중항쟁은 그 지배 레짐과 민중 사이의 일대 결전장이었으며, '패자가 승자가 되는 위대한 패러독스'를 통해 미국과 일본을 정점으로 하는 '동아시아 지배 레짐'의 일각을 무너뜨린 것이다. 바로 그 때문에 광주민중항쟁이 민주화, 과거청산, 남북한화해협력이라는 2000년 남북공동선언 등의 위업을 만들어낸 것이다. 그런 의미에서 광주민중항쟁이야말로 한국병합 100주년보다 훨씬 더 의미 깊은 역사적 사건이라고 하겠다.

그런데 문제는 일본에 있다. 일본은 1960년의 미일안보조약 개정 반대투쟁을 거쳐, 1970년대에 운동의 좌절을 경험한 가운데 김대중 사건, 김지하사건을 계기로 '저항하는 한국민중'과 만났고, 광주민중항쟁으로 그 관심은 더욱 커졌다. 사건 자체의 의인화로 김대중 전 대통령에게 다소 관심이 집중된 감은 있지만, 일본시민은 광주에 대한 커다란 우려와 연대를 표명했다. 그러나 일본정부는 오히려 광주민중항쟁을 폭동이나 소란으로 보는 관점이 강했던 듯하다.

항쟁 발발에 즈음하여 일본정부는 우선 광주에 있는 일본기업의 안전부터 신경썼고, 여전히 광주의 초연과 혈루가 사라지지 않은 9월 1일 전두환 대통령 취임식에, A급 전범 용의자이자 전 수상인 키시 노부스께를 비롯한 축하사절단을 보냈다. 1983년 1월에는 나까소네 야스히로가 현직 일본 총리로는 처음으로 방한해, 당시 사회당이 지적한 것처럼 '전두환 대통령의 군사독재정권을 국제적으로 승인'하는 역할에 앞장섰으며, 한미일 3각 군사동맹의 내실을 굳히며, 40억 달러의 경제적 지원을 했다. 이것은 미국의 냉전체제에 깊이 편입된 일본 외교정책의 본질을 보여주면서 일본, 미국으로 이어지는 동아시아 지배 레짐의 건재를 확인시켜주는 일이었다. 동시에 일본의 아시아 멸시를 다시 한번 드러낸 것이다. 메이지 이래 일본은 두 개의 얼굴을 가지고 서구에는 문명의 얼굴로, 아시아에는 야만의 얼굴로 대했다. 일본이 전두환 정권을 인정한 기저에는 군사적·정치적·경제적 국익이 강하게 작용했겠지만, 동시에 서구 '문명'의 기준에서는 도저히 용인할 수 없는 전두환 정권의 학살행위를 아무렇지도 않게 받아들인 것은 '아시아에서는 그런 일이 당연하다'라는 아시아 멸시가 저변에 깔려 있었다고 추측할 수 있다.

그러면 오늘 광주에서 우리는 무엇을 기대하는 것일까? 광주의 역사박물관화·박제화·제도화·국영화를 우려하는 사람들은 광주를 여전히 자유와 평등의 상징으로 여기며, 민주주의 수호, 평화통일 및 민족화해 실천의 구심으로서 중요한 역할을 하기를 기대하고 있다. 그러나 30년 전의 사건을 지금 세대의 과제로 영원히 살아남게 하기 위해서는(많은 사람들이 그것을 기대하고 있다), 현재의 문제에 민감하게 대처할 필요가 있다.

조희연 선생(성공회대)은 신자유주의에 대항하는 "민주주의의 그레이드 업, 즉 사회민주주의와 지역공동체 모델의 실천"(「광주정신을 어떻게 세대를 넘어 살아있게 할 것인가?」, 5·18기념재단 『주먹밥』 27호, 2010)을 제안한다. 분명 중대한 제안이라고 생각한다. 특히 광주를 인간의 얼굴을 한 공동체적 도시로 발전시키자는 제안에 공감한다. 그런 면에서는 이딸리아의 볼로냐가 하나의 모델이 되어왔지만, 광주를 그와 같은 도시로 발전시키자는 제안은 여러 가지 상상력을 자극한다. 거기에는 사회민주주의적인 경제설계도 따라올 것이다. 그러나 신자유주의에 대한 대항은 이제 전인류적인 과제이며 광주 고유의 과제라고는 할 수 없다.

근대 이래 식민지, 분단, 냉전의 시대를 살아오면서 지배 레짐과의 일대 결전에서 부분적 승리를 거둔 광주에 대한 기대는 더욱 큰 전망을 열어주는 것이어야 한다. 때마침 한국병합 100주년을 맞아 나는 동아시아의 뜻있는 사람들과, 2001년 남아공 더반에서 개최된 유엔 주최의 '반인종주의·차별철폐 세계회의'에서 '노예제와 식민지지배의 청산'이 제기된 것으로 촉발되어, 병합 100주년을 한국과 일본 사이의 문제로만 축소하지 않고, 동아시아에서 제국주의 침략과 식민지지배의 역사적 청산을 지향하는 '동아시아 역사·인권·평화 선언과 행동계획'을 제창하고자 준비하고 있다.

광주야말로 국가폭력 청산과 수난자의 권리회복이라는 과제를 해결하기 위한 실마리를 만들어냈다고 할 수 있다. 김대중·노무현 정권을 통해 한국은 동아시아에서 과거청산 작업의 선두에 서왔다. 광주가 그 원동력이자 실천의 핵이었다는 사실은 의심할 여지가 없다. 광주가 그 성과를 동아시아와 전세계에 되돌려주기 위한 최선의 길은 광주가 동아시아 선언을 기점으로 '동아시아 진실화해위원회'를 설립하고, 지역의 국가폭력에 관한 자료와 정보를 모아 조사 및 연구의 구심점이 되어 평화와 인권을 실현하는 운동을 조직해가는 데 있다. 이것이야말로 실로 광주가 역사적 사명과 기대에 답하는 것이라 생각한다.

‘동아시아의 역사·인권·평화 선언’을 위해*

‘한국병합’ 100년에서 일제 140년 동아시아 침략사를 생각한다

‘한국병합’ 100년을 둘러싼 한국과 일본의 움직임

일본에서는 ‘한국병합’ 100년의 의미에 대해 크게 주목하고 있다. 이와나미 출판사는 잡지 『세까이』와 『시소오』 신년호에 특집을 꾸렸으며 몇몇 잡지도 뒤를 따랐다. NHK는 특별프로그램 「한국병합에의 길(韓國併合への道)」(전5회)을 기획하고, 제1회 「이또오 히로부미와 안중근(伊藤博文と安重根)」을 방영했다. 신문도 여러 중앙지와 지방지에서 특집을 기획했으며, 8월에는 매일 특집기사가 게재되었다. 센고꾸 요시또(仙谷由人) 관방장관이나 오까다 카쯔야(岡田克也)

* 『역사비평』 2010년 겨울호에 발표했던 글을 다듬은 것이다.

외무대신으로부터 8월 15일 또는 9월 29일 '한국병합' 100년에 맞춰 총리 담화를 발표할 것이라는 소식이 전해지면서 분위기가 고조되었으며, 마침내 8월 10일 칸 나오또(菅直人) 총리의 담화[1]가 나왔다.

1) 2010년 8월 10일 칸 나오또 총리의 담화는 다음과 같다.

"올해는 일한관계에 큰 전환점이 되는 해입니다. 100년 전 바로 8월 일한병합조약이 체결되고, 그후 36년에 이르는 식민지지배가 시작되었습니다. 3·1독립운동 등의 격렬한 저항에서도 드러났듯이, 정치적·군사적 배경하에 당시 한국인들은 그 뜻에 반한 식민지지배로 인해 나라와 문화를 빼앗기고 민족의 자긍심에 큰 상처를 입었습니다. 저는 역사에 대하여 성실히 임하고자 합니다. 역사적 사실을 직시하는 용기와 이를 받아들이는 겸허함을 가지고 자신의 잘못을 성찰하는 데 솔직하고자 합니다. 아픔을 준 측은 잊기 쉽고, 당한 측은 그것을 쉽게 잊을 수 없는 법입니다. 이 식민지지배가 가져온 다대한 손해와 고통에 대하여, 이에 다시금 통절한 반성과 진심어린 사죄의 마음을 표명합니다. 이러한 인식 아래 앞으로의 100년을 내다보며 미래지향적인 일한관계를 구축해나가겠습니다. 또 지금까지 실시해온 이른바 재사할린 한국인 지원, 한반도 출신자의 유골봉환 지원 같은 인도적인 협력을 앞으로도 성실히 실시하겠습니다. 그리고 일본의 통치기간에 조선총독부를 경유해서 들어와 일본정부가 보관하고 있는 조선왕조의궤 등 한반도에서 온 귀중한 도서를 한국인들의 기대에 부응하여 가까운 시일에 인도하고자 합니다. 일본과 한국은 2천년의 활발한 문화교류와 사람들의 왕래를 통해 세계에 자랑할 만한 훌륭한 문화와 전통을 깊이 공유하고 있습니다. 더욱이 오늘날의 양국 교류는 매우 중층적이고 광범하며 다방면에 걸쳐 있어 양국 국민이 서로에게 느끼는 친근감과 우정은 일찍이 유례가 없을 만큼 강해졌습니다. 또한 양국의 경제관계와 인적 교류 규모는 국교정상화 이래 비약적으로 확대되었고, 서로 절차탁마하면서 그 유대는 지극히 굳건해졌습니다. 일한 양국은 지금 이 21세기에 민주주의와 자유, 시장경제 같은 가치를 공유하는 가장 중요하고 긴밀한 이웃나라가 되었습니다. 이는 양국관계에 그치지 않고 장래의 동아시아공동체 구축도 염두에 둔 이 지역의 평화와 안정, 세계경제의 성장과 발전, 그리고 핵군축과 기후변화, 빈곤과 평화구축 같은 범세계적인 과제에 이르기까지 지역과 세계의 평화와 번영을 위하여 폭넓게 협력하며 리더십을 발휘하는 동반자관계입니다. 저는 이 큰 역사의 길목에서 일한 양국의 유대가 더 깊고 더 견병합 100년에 관하여 여러 단체에서 성명과 선언이 발표되었다. 5월 10일에는 '한일지식인 공동선언'이 발표되었다. 1월 31일에는 NGO를 중심으로 '한국 강제병합 100년 공동행동 일본실행위원회 결성모임'이 발족하여 8월 22일에는 토오꾜오에서, 29일에는 서울 성균관대학교에서 한일시민대회를 열고 성명을 발표했다.

이들 민간에서 발표한 성명과 전개한 운동의 내용은 약간의 차이가 있긴 하지만, 기본적인 주장은 다음과 같이 요약할 수 있다.

①근대 이후 일본은 조선을 침략했다. ②한국병합은 불의부당이다. ③병합조약은 위법이다. ④식민지지배를 매듭짓기 위해 1965년 체결한 한일기본조약에서는 병합조약에 대한 평가가 애매하다. ⑤조선민족의 절반인 북한과의 식민지지배 청산을 위한 '조일평양선언'(2002. 9. 17)은 조속히 이행되어야 한다. ⑥병합 100년을 기하여 일본 총리는 병합조약의 불법·무효를 선언하고 사죄하여 과거청산을 매듭지어야 한다. 즉, 병합 100년을 둘러싼 한일 간의 논의내용은 '한국병합의 과정은 불의부당이며, 병합조약도 불의부당이다'('한일지식인 공동선언')라는 것이다.

종래의 한국병합 논의는 주로 명성황후 살해나 이또오 히로부미에 의한 고종의 강제 퇴위 등 어두운 일화로 점철된 병합과 병합조약 강요의 불법성을 둘러싼 것이었다. 최근 일본정부의 공식입장은 '적법론'에서 '부당합법론'으로 변화하고 있다고 한다. 한편 한국측의 입장은 '부당불법론'이다. 한국병합은 무력 협박과 강제에 의

고해지기를 강력히 희구하는 동시에, 양국의 미래를 열어나가기 위하여 부단한 노력을 아끼지 않을 결심을 표명합니다."

한 것이니 부당할 뿐만 아니라, 제국주의시대의 국제법 자체가 '늑대의 법'으로 당연히 부정되어야 하며, 조약문서 자체의 하자, 즉 황제의 날인과 비준 수속의 결여로 인해 조약이 불법이라는 두 단계의 부정논의다.

일본정부가 병합조약의 불법성을 인정하고 조약 무효를 선언한다면 한일기본조약도 전면적으로 재검토될 것이고, 북일평양선언 이행에도 도움이 될 것이다. 또 조선 침략과 식민지지배가 범죄였다고 일본 총리가 전면적으로 사죄한다면 일본군 위안부나 강제연행, 칸또오대지진 때의 조선인 학살, 야스꾸니의 조선인 강제합사 문제 등에 대한 과거청산의 길도 열리므로 역사적으로 큰 의의가 있을 것이다.

그러나 8월 10일에 발표한 칸 총리의 담화는 전체적으로 보아 무라야마 총리의 담화(1995) 내용에 비해 획기적인 변화가 없다. 병합의 강제성을 일부 인정한 것에 대해 진일보라는 평가도 있으나, 이전의 담화보다 후퇴했다는 평가도 있다. 칸 총리의 담화를 간단히 살펴보겠다.

우선 "정치적·군사적 배경하에 당시 한국인들은 그 뜻에 반한 식민지지배로 인하여"라는 기술을 새롭다며 높이 평가하는 사람들이 있다. 게다가 이명박 대통령의 8·15연설이 전문 약 8,000자 중 '병합'과 관련해 언급한 부분이 200자를 넘지 못하고, 강제병합의 원인을 "우리가 스스로 지키는 힘이 없었기 때문"이라고 하면서 오히려 그 책임을 우리 스스로에게 돌리고 있는 것에 비하면, 칸 총리의 그것은 더 낫다고 평가할 수도 있다. 그러나 칸 총리의 담화문 전체를 보면 다음과 같은 점에서 불충분하다고 생각한다.

1. 병합조약의 불법성을 인정하지 않고, 적법하게 체결되었다는 종전의 일본정부 입장을 답습한다.

2. 사과와 보상은 한일기본조약으로 해결되었다는 종전의 일본정부 입장을 답습한다.

3. 병합은 한반도 전체를 대상으로 이루어졌으며, 한국병합이라고 할 때의 '한국'은 한반도 전체를 영역으로 하는 대한제국이지 현재의 분단국가 '한국'을 지칭하는 것이 아닌데도, 담화에서는 전체를 지칭하는 듯하다가 어느새 남한만을 의미하는 '한국'으로 바뀌었다.

4. 따라서 북에 대한 언급이 전혀 없고, 식민지지배 청산으로서의 북일평양선언 이행에 대한 언급도 없다.

5. 식민지시기 우리 민족의 피해에 대해서 "나라와 문화를 빼앗기고"라는 구절이 있는데, 가장 중요한 '생명과 재산'의 약탈에 대한 언급이 없다.

6. 한일 양국은 "민주주의와 자유, 시장경제 같은 가치를 공유하"고 있다고 했으나, 양국에서 이들 가치가 얼마나 실현되고 있는지는 의문의 여지가 있으며, 이 말은 냉전시대 반공동맹을 지칭하는 완곡한 표현이자, 나아가 냉전회귀의 지향도 엿보인다.

7. 식민지 피해와 관련해 중요한 일본군 위안부, 강제연행, 칸또오대지진 학살, 야스꾸니 강제합사, 원폭 피해 등에 대한 언급이 없고, 겨우 이미 합의한 유골, 사할린 동포 문제만 언급했다.

8. 약탈문화재와 관련해서는 극히 일부에 대해서, 반환이 아니라 "인도"라는 말을 쓰며 범죄의 책임에서 벗어나려 한다.

9. 무라야마 담화에는 있던 아시아에 대한 가해는 아예 언급조차 없다.

나는 일본에서의 병합조약 불의부당 논의에 크게 이의가 있는 것은 아니지만 몇가지 점에서 불충분하다고 생각한다. 우선 '병합' 100년의 논의는 자칫하면 조약의 적법·불법 논의로 왜소화되어버릴 우려가 있다. '제국주의시대의 법도 절차적인 적법성이 있으면 괜찮다'라는 논리에는 함정이 있다. 민중을 노예화하고 차별하는 지배를 위한 제국주의 법 자체를 문제삼아야 할 것이다. 또한 '100년'이라는 시간에 초점을 맞추는 논의만으로는 한국의 식민지화 과정이 지니는 역사적 위상을 충분히 밝힐 수 없다고 생각한다. 일본의 침략은 강화도사건(1875)부터 시작되었고, 실질적인 식민지지배는 1905년 러일전쟁부터 이미 시작되었다.

일본의 식민지지배는 잔혹했다. 그러나 조선인의 입장에서 우리만 가장 비참하고 참혹한 체험을 했다고 강조하는 것은 옳지 않다. 서구제국주의 지배 아래서 비(非) 서구 사람들은 때로는 조선보다 더 잔혹한 체험을 했다. 따라서 '병합' 100년에 대한 논의는 식민지지배 자체의 부정이라는 보편성 위에 자리매김되어야 한다. 한국병합은 한일 양국의 민족대립으로 왜소화해서는 안되며, 메이지 이후 홋까이도오와 오끼나와 그리고 타이완에 대한 일본의 침략과 지배의 연속선에서 기억되어야 한다.

일본의 '병합' 100년, 한국의 '병합' 100년

일본에서 '병합' 100년 논의가 고조되는 이유를 정확히 설명하기는 어렵다. 왜냐하면 그 논의들에는 한편으로 근래 중국과 동아시아의 정치경제적 대두 속에서 일본도 차를 놓치면 안된다는 위기감에서 눈을 돌리기 시작한 '동북아시아공동체'론이나 동아시아연대론을 의식한 부분도 있기 때문이다. 다른 한편 일본의 대중소설가 시바 료오따로오(司馬遼太郎)의 『언덕 위의 구름(坂の上の雲)』(文藝春秋 1999)[2]을 둘러싼 논의에서 알 수 있듯이, 메이지를 일본의 성공담으로 자리매김하기 위해서는 한국병합이 피할 수 없는 대목이기 때문이다. 여기에는 요즈음 일본에서 팽배하는 사까모또 료오마(坂本龍馬) 붐에 나타난 일본의 '순수하고 젊은' 시대로서의 '메이지 흠모론'이 저변에 깔려 있음이 분명하다. 안중근은 이또오 히로부미의 위대함을 강조하면서 더불어 언급되는 정도라는 데에 주목해야 하며, 경우에 따라서는 이또오 히로부미의 위대함을 강조하기 위한 양념으로 쓰인다는 느낌마저 든다. 어쨌든 일본에서는 직감적으로 한국병합 100년이 일본 근대역사의 큰 고비이자 승승장구 성공담의 시작이라고 의식하는 모양이다. 물론 이 같은 분위기가 이에 위기를 민감하게 느낀 시민 및 전문가들을 대대적으로 집결시키는 측면도

---

2) 시바 료오따로오의 이 장편소설은 메이지유신의 성공스토리이자, 일본인에게 자부심을 부추기는 이야기로 크게 흥행했다. NHK TV에서는 2010년부터 2년에 걸친 장대한 기획으로 이 드라마를 방영하기 시작했다.

간과할 수는 없다.

한편 한국에서는 2010년 초부터 조선일보·동아일보·중앙일보 등 보수언론뿐만 아니라 한겨레와 경향신문 등도 특집을 기획하고 KBS, MBC 등 방송국에서도 특집을 편성해 방영했다. 또 8월에는 한국역사학회와 동북아역사재단 등이 다양한 기획을 전개했다. 그러나 전체적으로 학술심포지엄 중심으로 이루어지고, 일본에 비해서 활기가 없다는 인상을 받는다. 그 이유는 아마도 현 정부가 과거청산과 역사인식에 관심이 없고 특별한 준비가 되어 있지 않으며, 일반국민들에게는 '병합' 100년의 논점이 이미 다 나와버린 감이 있기 때문일 것이다. 누군가의 말대로 "병합 100년은 우리에게 수치스러운 역사이지, 대대적으로 다룰 명예로운 이야기는 아니다"라는 심리도 깔려 있을 것이다. 그러나 무엇보다도 여기에는 일제 식민지지배에 관한 평가를 둘러싼 분열된 논의가 결정적으로 작용하고 있다고 생각한다.

아라이 신이찌(荒井信一)는 2002년 이래의 '일한역사 공동연구'를 '일중역사 공동연구'와 비교하면서, "중국에 비해 한국과의 역사 공동연구가 잘 안되는 이유는, 기본적으로는 한국의 일제 식민지지배에 대한 평가가 국교회복 때 (한일기본조약에서) 매우 모호하게 처리되어버렸기 때문일 것이다"[3]라고 말한 바 있다.

아라이의 논의에서 한걸음 더 나아가 생각해보면, 원래 한일회담

---

3) 荒井信一「植民地責任と向き合うために」,『世界』(2010. 7), 99면.

에서 식민지지배 책임을 명확히 제시하지 못한 이유는 국제정치의 영향을 강하게 받았기 때문이다. 당시 베트남전쟁에 발목이 잡혀 있던 미국은 군사적인 관점에서 한일동맹을 강력하게 추진하여 한일회담을 성사시켰다. 그것은 만주군 출신인 박정희 장군과 일본의 구식민지지배층으로 구성된 '한국 로비'가 재결합한 회담이었다. 그 회담은 국교정상화 회담의 성격상 식민지지배에 대한 평가가 은폐되고, 한일 간 군사·정치적인 결합이라는 가장 중요한 의도가 우선했기에 식민지지배의 책임을 묻지 않는 합의가 가능했다. 그후에도 한국에서는 식민지지배에 대한 평가가 명확하게 이루어진 적이 없었고, 반공보수파의 식민지지배 긍정론이 뿌리깊게 자리잡고 있었던 것이 논점을 더 흐리게 했다. 물론 그 저변에는, 제2차 세계대전에서 일본·독일·이딸리아 추축국의 전쟁 도발은 '평화에 대한 범죄'로 단죄하고 유엔 성립의 근거로 삼은 동시에 유엔헌장에도 명기된 데 반해, 식민지지배 범죄는 국제적인 규범으로 '범죄'라고 명시되지 않았다는 사실이 있다. 따라서 일본정부로서도 중국(더구나 5대 연합국의 하나인)에 대해서는 침략전쟁의 책임을 분명하게 인정할 수밖에 없었던 반면, 식민지지배에 대해서는 어디까지나 책임을 피하려 하는 것이다. '일한역사 공동연구'와 '일중역사 공동연구'는 그 출발점부터 큰 차이가 있다고 할 수밖에 없다.

한국에서는 작년 12월에 민족문제연구소에서 약 5천명에 가까운 친일파를 망라한 『친일인명사전』을 간행했다.[4] 이 사전은 여러 차

---

4) 졸고 「『親日人名事典』—分斷國家'大韓民國'の正統性をめぐる血戰」, 『圖書新聞』(2010. 1. 1).

례 좌절을 겪으면서도 일본 식민지지배 체제의 협력자들을 밝히려고 한 노력의 결과물이었다. 그러나 놀랍게도 그런 시도에 반발한 우익 쪽에서 '친북 · 반국가인명사전' 편찬 구상을 발표했다. 북한을 칭찬하거나 시장경제를 부정하여 대한민국의 정통성을 부정하는 사람을 '친북한 · 반국가인사'로 지목하여 '빨갱이' 낙인을 찍으려고 한 것이다.

한국에서는 10년간 김대중 · 노무현 개혁정권[5]을 거쳤지만, 이명박 정권에 와서는 역사의 시계를 역전시키려 하고 있다. 한국에서는 몇년 전까지만 해도 속으로는 어떻든간에 친일파를 내놓고 옹호하기 어려웠지만, 『친일인명사전』이 출판된 뒤에는 보수파들이 "친일이야말로 애국이다"라고 서슴지 않고 주장하기 시작했다. 사실 1980년대부터 이미 식민지지배가 조선의 근대화에 기여했다는 '식민지근대화론'이 등장했다. 이로부터 경제분야뿐만 아니라 일본의 식민통치를 전면적으로 긍정하는 논의도 나타났다. 그들의 논리는 민족해방보다 1948년 분단국가 대한민국의 수립에 더 큰 가치를 두고자 하는 것이다. 그들은 "일본에 협력한 것은 사소한 죄에 불과하고 친일의 공적이 더 크다. 대한민국정부를 수립하여 북한의 침략에서 한국을 지키고 국내의 빨갱이와 싸우며 오늘날에 이르게 된 것은 바로 일본의 군사교육과 경찰기술, 경제를 배운 덕이다"라고 주장한다. 이에 더하여 이명박 정부는 취임 후 '광복절'을 '건국절'로 명

---

5) 김대중·노무현 정권의 대북정책 평가에 대해서는, 徐勝 · 中戶祐夫『朝鮮半島の和解 · 協力10年 — 金大中 · 盧武鉉政權の對北朝鮮政策の評價』(御茶の水書房 2009) 참조.

칭을 바꾸려고 해서 큰 물의를 일으켰다.

이것은 단지 남북한 사이의 알력문제가 아니라 민족적 정통성과 민족해방투쟁 그리고 근대 이후 세계에서 일어난 '침략받은 사람들의 투쟁'의 정당성을 둘러싼 싸움이다. 한국에서는 일제의 식민지배로 이익을 얻은 친일파가 청산되지 않고 면면이 생명을 이어 지배층으로 권세를 누려왔다. "친일은 애국"이라는 상상도 못할 담론이 부상했다는 사실은, 식민지체제의 청산(탈식민지)이 아직도 우리나라 최대의 과제라는 것을 드러낸다.

'한국병합'은 메이지 이래 일본의 숙원이었다. 청일전쟁과 러일전쟁은 그것을 위해 일어났다. 이 두 전쟁의 결과로 일본은 서구 열강과 맺은 불평등조약을 개정하고, 제국주의국가로서 서구 열강과 어깨를 나란히 하게 되었다. 결국 그 성공에 따른 오만과 사기의 고양이 제2차 세계대전 패전이라는 큰 파국을 거쳐 미국의 군사점령으로 이어지는 오늘날 일본의 모습을 만들었다. 동시에 일본에게 식민지지배 책임이라는 크고 무거운 짐을 짊어지게 했다. '한국병합'은 근대일본이 올라온 언덕 위에 위치하고 있다. 그래서 '한국병합'은 일본에게 성공의 달콤한 추억과 더불어 실패에 대한 씁쓸한 자책을 상기시키는 것이다.

식민지지배는 지배자에게도 깊은 상처를 남겼는데, 이 부분은 심각하게 논의된 적이 거의 없었다.

내가 강연할 때 청중 속에서 "동아시아의 과거청산을 위해 일본인들은 무엇을 해야 합니까?"라는 질문이 자주 나온다. 그러나 나는 일본에 많은 기대를 하지 않는다. 왜냐하면 일본이 식민지지배 책임을 지는 것은 매우 중요한 일이지만, 먼저 일본은 자신의 과거청산조차 못하고 있기 때문이다.

근래 일본에서 『카니꼬오센(蟹工船)』[6]이라는 소설이 신자유주의 유행 속에서 '격차와 빈곤'에 허덕이는 일본 젊은이들에게 수십만 부나 팔려 화제가 되었다. 저자인 코바야시 타끼지(小林多喜二)를 공권력이 참혹한 고문으로 살해한 것은 일본에서 널리 알려졌지만, 일본정부는 아직 그 사실을 인정하지 않고 진상규명과 사죄, 유족에 대한 보상은 물론이고 사회적인 재발 방지 약속도 하지 않고 있다. 제2차 세계대전 말기에 일어난 언론인 및 지식인 탄압 사건인 요꼬하마 사건은 65년이 지나서야 겨우 무죄 판결을 내렸지만, 일본은 대부분의 옛 국가범죄를 덮어둔 채 오늘에 이르고 있다.

덧붙여 전후 냉전시대 좌익에 대한 탄압도 중대한 국가범죄였고, 수만명이 직장에서 추방되는 등 희생자가 많았다. 미군 지배하에서 일어난 한국전쟁에 대한 반전시위인 스이따(吹田) 사건(1952)의 피

---

6) 『카니꼬오센』은 전일본무산자예술연맹(NAPF)의 기관지인 『센끼(戰旗)』에 1929년 발표된 코바야시 타끼지의 소설이다. 프롤레타리아문학의 대표작으로 꼽히고 국제적 평가도 높아, 한국어를 비롯해 몇개 언어로 번역되었다. 이 소설에는 게잡이 공장모선에서 혹사당하는 가난한 노동자 군상이 그려져 있다. 깜차까 앞바다에서 게를 잡아 그것을 통조림으로 가공하는 게 공장모선은 떠돌이 노동자를 싼 임금으로 혹사시키고, 비싼 게 통조림을 생산하는 해상의 폐쇄공간이다. 노동자들은 자신들의 노동으로 비싼 제품을 만들어내고 있는데도 게 공장모선의 자본가들에게 부당하게 착취당했다. 무자비한 감독은 노동자들을 인간취급하지 않고, 노동자들은 징벌이라는 이름하에 폭력이나 학대, 과로와 각기병으로 차례로 쓰러져간다. 처음에는 어쩔 수 없다고 체념하거나 그런 상황에 적응한 사람도 있었지만, 마침내 노동자들은 인간적인 대우를 요구하고 지도자의 지휘 아래 단결해서 파업을 단행한다. 한국어판 『게공선』(문파랑 2008).

고는 '소요죄'라는 중심적인 기소 항목에 대해서는 무죄를 쟁취했지만, 십수년 동안의 재판투쟁으로 인해 사회에서 소외되어 청춘을 잃었다. 그 사람들에게도 원상회복은 이루어지지 않고 있다.

이렇게 보면 일본은 비정상적인 나라라고 할 수밖에 없다. 일본과 같은 '문명국가' 가운데 과거에 일어난 국가범죄에 대해 아무 처치도 하지 않은 사례는 없다. 유럽은 물론, 근래에는 한국과 타이완에서도 어느정도 과거청산이 이루어졌는데, 일본만 아무것도 하지 않았다. 이는 천황제와도 깊이 관련되는데, 스스로 과거청산을 하지 않는 일본에게 동아시아 사람들이 과거범죄의 청산을 기대할 수 있을까?

'한국병합' 100년과 더반 회의

작년 8월 토오꾜오 우에노 이께노하따(池之端)에서 가진 야스꾸니 공동행동 집회에서 "내년은 한국병합 100년으로 행동하자"라는 한국위원회의 제안이 나왔다. 그때 타이완 원주민 측에서는 "우리는 115년이다"라는 발언을 했다. '병합' 100년을 한일 간의 문제만이 아니라 근대 이후 서구와 일본제국주의 지배에 대한 민중투쟁이라는 보편적이고 역사적인 맥락에 자리매김하는 인식을 명확하게 할 필요가 있다.

여기서 구체적 구상의 기초로 2001년 남아공 더반에서 열린 '반인종주의·차별철폐 세계회의'에서 채택된 '더반 선언 및 행동계획'

(이하 '더반 선언')이 검토되었다. 더반 회의에서는 서구제국의 노예제·식민지지배가 인도주의에 반한 범죄라고 천명했다.[7] 이것은 서구자본주의가 제국주의로 변모해가면서 세계를 지배한 400~500년간의 세계사를 근본적으로 재검토하는 획기적인 사건이었다.

메이지 이후 일본은 서구 열강의 동아시아 침략 속에서 자존자립을 도모하여 청일전쟁과 러일전쟁에서 승리하고, 서구 '신사'들과 어깨를 나란히 하며 문명사회의 반열에 끼었다. 그 확실한 물증으로 한반도가 확보되었다. 서구의 식민지·노예로 전락하지 않는 방법은 "부국강병, 곧 아시아 침략"밖에 없었다는 주장에 일리가 있다 하더라도, 그것으로 타자를 침략하고 지배한 역사를 정당화할 수 있는 것은 아니다.

더반에서는 근대를 서구 '문명'의 '야만'에 대한 지배 역사로 규정하고, 그 지배가 차별과 편견을 만들어냈으며 노예제도와 식민지지배라는 야만적인 행위를 초래했다고 지적했다. 서구 근대는 주권국가체제를 수립하여 평등·내정불간섭의 국제사회질서를 만들었다. 그러나 이 서구 '문명'사회의 '평등'은 외부적으로는 아시아, 아프리카, 중남미의 '야만'에 대한 지배를 정당화하는 것이었고, 그런 의미에서 이 '문명'은 본질적으로 '야만'이었다. 그래서 '문명개화'를 내세우고 서구에 추종해온 일본은 '야만'일 수밖에 없는 것이다.

더반 선언은 현대세계의 지배와 차별의 근원을 고발하는 21세기

7) 국가간 회의에서는 노예제가 인도주의에 대한 범죄라는 점에 합의했으나, 식민지지배에 대해서는 미국을 위시한 서구와 일본의 반대에 부딪쳐 NGO회의에서만 채택되었다.

최대의 사업이 될 것이다. 다만 아프리카에서 개최되었기에 논의의 중심이 노예제도였고, 식민지지배 문제는 수백 가지에 이르는 항목 중에서 불과 두 항목에서만 언급되었다.

나는 더반 선언에 촉발되어 '병합' 100년을 계기로 일본의 침략, 전쟁, 식민지지배가 한세기 반에 걸쳐 동아시아에 막대한 피해를 주었다는 것을 일본이 인정하고, 그에 따라 사죄, 배상, 재발 방지라는 과거청산이 성실하게 이루어지는 것이 평화로운 미래를 향한 동아시아 협동의 불가결한 전제라는 것을 확신한다. 그래서 시민들이 주도하는 더반 선언 동아시아판의 작성을 생각했다. 이를 통해 일본의 식민지지배 책임을 더욱 보편적이고 장기적으로 물을 필요가 있다고 생각하여 2009년 가을, 토오꾜오조형예술대학의 마에다 아끼라(前田朗) 교수 등 몇명과 함께 '동아시아 선언'[8]을 작성하기로 결심했다. 병합 100년을 한일의 '사죄와 용서' 의례나 일과성 행사로만 끝낼 것이 아니라, 세계사와 동아시아 근현대사 속에 자리매김하고 보편적인 문제로 제기할 예정이다. 이 선언을 준(準)유엔 문서로 자리매김하도록 하고, 동아시아공동체에 관한 논의가 제기될 때 반드시 참조해야 하는 문서로 만들고자 한다.

우선 2010년 8월 22일(일본)과 29일(한국)에 열린 '한국강제병합 100년 한일시민공동선언대회'에서 이를 제안했다. 이제 동아시아의 각 NGO들이 각 분야의 현상과 과제를 집약하고, 행동계획을 완성하여 2011년 10월 2일 더반 선언 10주년을 기해 '동아시아 선언' 보

8) '동아시아 선언'은 2부로 구성된다. 상세한 것은 '동아시아 역사인권평화선언 및 행동계획' 블로그(http://easiahhpa.exblog.jp) 참조.

고대회를 개최했다. 이 운동이 크게 발전하여 동아시아에서 평화와 협력의 시대가 도래하기를 기대하고 있다.

서승의 동아시아 평화기행

초판 1쇄 발행/2011년 11월 1일
초판 3쇄 발행/2020년 10월 15일

지은이/서승
펴낸이/강일우
책임편집/황혜숙
펴낸곳/(주)창비
등록/1986년 8월 5일 제85호
주소/10881 경기도 파주시 회동길 184
전화/031-955-3333
팩시밀리/영업 031-955-3399 편집 031-955-3400
홈페이지/www.changbi.com
전자우편/nonfic@changbi.com

ISBN 978-89-364-8334-0 03300

* 책값은 뒤표지에 표시되어 있습니다.